ものが語る歴史　17
古代日本海の漁撈民

内田律雄

同成社

まえがき

　日本海は対馬海峡をぬけて北上する暖流黒潮が沿岸を洗い、大陸から朝鮮半島に沿ってやってくるリマン海流が合流することによって四季折々に多様な様相をみせてくれる。この日本海には、島根半島、丹後半島、能登半島という三つの大きな半島が突き出していて、あたかも海流が運んでくる海の文化を受信するアンテナのようだ。
　日本海沿岸の原始・古代の遺跡には、この海流によって運ばれたさまざまな情報・文化が蓄積されているに違いない。その遺跡の中の情報を一つひとつ丹念にひろい上げていけば、より豊かな歴史を復元することができる。本書はそのような思いで、これまで機会があるごとに発表してきたいくつかの拙文を整理・修正し、一書にまとめたものである。
　まず、沿岸漁撈に関しては遺跡から出土する漁撈具を取り上げ、それらを使った漁撈の具体的な復元を追求した。その結果、大型魚類は、鐖をもつ骨角製大型釣針で動きを封じ、銛でもってとどめを刺す方法で捕獲していたこと、その釣針が骨角製から鉄製に変わると、釣針の軸頂部を尖らせる必要があったこと、日本海の名産の一つであるイカについては、イカ釣りの疑似餌の起源が縄文時代にあり、イカの種類に応じて2種類が存在したこと、内水面漁撈における土錘は古代のうちに魚種に応じて形態が機能分化が始まること、などを明らかにした。
　また、アワビ真珠の採取には専門の潜水漁民がいたこと、日本海のサケの関連資料から在地首長と中央政権との貢納関係成立が古墳時代後期に求められること、内水面で行われていた延縄漁は平安時代になって漁村の庄園化を背景に日本海沖合に漁場を広げたこと、などを論じた。
　さらに、『古事記』『日本書紀』『風土記』といった古典の中から、漁撈民の

精神面を描き出すことを試みた。先史時代の日本海漁撈民に間にワニの信仰があったことを論じるとともに、それらの神話・伝承の中に漁撈民の広範にわたる海を介した交流の軌跡をたどった。

　最後に、日本海における原始・古代の漁撈民の活動を現段階で総括し、本書のまとめとした。

　この地域の原始・古代の漁撈民の果たした歴史的役割を明らかにしていくには、まず漁撈の具体的な姿の復元をなさねばならないが、多くの漁撈具は原始・古代からその材質は変わっても形態はあまり変化していない。形態を決定するのは機能であり、形態が変化していないことは機能も変化していないことになる。このことを中軸線におけば、具体的な漁撈活動が必ずや復元されるはずである。現代に行われている漁業、民俗資料や文献にまで分析が及んだのはそのためである。

　しかし、それは最初からそのような意識で行ったわけではなく、漁村の取材を行っているうちにおそまきながらそのことに気づかされ、自然にこうした手法をとることになってきたというのが実情である。今後は、このような方法論の是非を自問自答しながら、さらに研究対象地域を広げていきたいと考えている。

目　次

まえがき　1

第1章　沿岸漁撈の諸相ーーーーーーーーーーーー9

第1節　鉄製釣針の出現……………………………9
1．原始・古代の鉄製釣針　10
2．日本海のブリバリ　13
3．日本海の鰤漁　17
4．ブリの生態と漁場　18
5．ブリバリの復元　19

第2節　古浦遺跡出土の疑似餌………………………23
1．「しらやき」　25
2．疑似餌の類例　28
3．原始・古代のイカ漁　30
4．古浦遺跡の疑似餌の時期と性格　31

第3節　イカ釣具の成立と展開………………………33
1．縄文時代　34
2．古代・中世　36
3．近　世　37
4．近現代　39

第4節　沖合延縄漁の成立……………………42
1．『日本三代実録』の記事から　42
2．日本海に現生する珊瑚　44
3．古代楯縫郡の延縄漁　45
4．小伊津漁港の延縄漁　46

5．考古資料による延縄漁　50
　　6．古代楯縫郡の漁村　53
　　7．古代史の中の出雲の漁業　56
　第5節　古代島根半島の漁撈民……………………………………57
　　1．海　藻　類　57
　　2．貝　　　類　63
　　3．大型魚類の捕獲　74
　　4．海　獣　漁　80
　第6節　双孔棒状土錘について……………………………………82
　　1．分布と時期について　82
　　2．魚網錘としての復元案　88
　　3．形状の観察　91
　　4．西庄遺跡の双孔棒状土錘　92
　　5．山陰の双孔棒状土錘　95
　　6．内陸部出土の双孔棒状土錘　99
　　7．捕獲対象魚類の問題　102
　　8．双孔棒状土錘の出現と消滅　104
　第7節　捕鯨銛の成立と展開……………………………………106
　　1．捕鯨銛の年代観　108
　　2．資料の観察　109
　　3．捕鯨銛と網掛突取捕鯨法　119
　　4．萬銛の成立　122

第2章　内水面漁撈の諸相──────────────129

　第1節　西日本におけるサケ・マス論……………………………129
　　1．サケのオオスケ　129
　　2．サケの民俗資料　131
　　3．古代のサケ・マス　134

4.『出雲国風土記』にみえるサケ・マス　135

　　5. サケを描いた古墳　137

　　6. 山内清男のサケ・マス論　139

　第2節　内水面漁業における土製魚網錘 …………………………… 142

　　1. 資料の観察　143

　　2. 土錘の製作復元　146

　　3. 古代・中世の土錘　149

　第3節　朝酌促戸の漁撈民 ………………………………………… 153

　　1. 朝酌促戸の景観　153

　　2. 筌漁と白魚漁　155

　　3. 島根郡条朝酌郷の地名起源説話　159

　第4節　魚網錘を出土する古墳 …………………………………… 163

　　1. 漁網錘を出土する古墳　163

　　2. 古墳と魚網錘の特徴　174

　　3. 沖縄の貝製漁網錘を出土する墳墓　174

第3章　神話・伝承にみる漁撈民――――179

　第1節　「天眞魚咋(あめのまなぐひ)」考 ………………………………………… 179

　　1. 国譲り神話　179

　　2. 海　　藻　180

　　3. 製　　塩　181

　　4. 鵜　　飼　182

　　5. スズキ延縄漁　184

　　6. 出雲の服属と贄の貢納　186

　第2節　『出雲国風土記』蜈蟶島伝承の背景 …………………… 187

　　1. 蜈蟶島伝承　187

　　2. 蛸漁の民俗事例　188

　　3. 中海における近世の蛸壺漁　199

4. 蛸　釣　漁　200
　　5. 中海の飯蛸釣漁　204
　　6. 南太平洋の蛸釣具　208
　　7. 蜈蟖島伝承の背景　211
　第3節　ワニを信仰する漁撈民 …………………………………… 213
　　1. ワニとサメ　213
　　2. 川を上るワニ　215
　　3. 考古資料にみるワニ　216
　　4. 『出雲国風土記』意宇郡条安来郷のいわゆる「毘賣埼」伝承　219
　　5. 「毘賣埼」伝承の検討　220

終章　日本海沿岸の漁撈民 ──────────────235

　1. 縄　文　時　代　235
　2. 海と山の猟人　238
　3. 弥生時代前・中期　239
　4. 弥生時代後期〜古墳時代　248
　5. 製　　　塩　252
　6. 延縄漁の問題　253
　7. 浦（漁村）の成立　254
　8. 内水面漁撈の発達　258

引用文献一覧　261
あ と が き　285
初 出 一 覧　286

古代日本海の漁撈民

第1章　沿岸漁撈の諸相

第1節　鉄製釣針の出現

　北太平洋の一角で四方を海に囲まれた日本列島は、原始・古代からとりわけ漁具の発達した地域であった。釣針は人間が魚類を捕獲するための道具の一つである。列島では縄文時代の前期に出現し、今日もなおわが国の漁業を支えている。この釣針の製作にあたっては縄文・弥生時代には鹿や猪といった動物の骨や角、牙が利用された。基本的な形態はひらがなの「し」の字状をしており、魚類が口に入れることによって捉えるようになっている。今日市販されている金属製のものも数千年を経過しているのにもかかわらず、基本的な形態は何ら変化をしていない。

　骨や牙が釣針の材として選択されたのは、ある程度の強度をもち、加工しやすい材質というよりも、もっと重要な理由があった。それは、骨角器としての釣針がそれ自体疑似餌となったことである。すなわち、水中で白く燐光を反射しながら不自然な動きをして集魚する、いわゆるルアーである。したがって、餌は不要であった。

　そのころの釣針、つまり骨角器としての釣針は、軸頂部に釣糸を掛けるための工夫がされているのが通例である。たとえば、軸頂部の端を肥大化させたり、刻み目を入れたり、さらには孔をあけたものもある。それは、軸部と釣部が別作りになっている結合式釣針においてもそうであった。このことは世界各地の骨角製釣針に共通していることでもある。

　ところが、石器や木器、骨角器の多くが、その材質が鉄器にとってかわる弥生時代後期になると、釣針の形態に部分的に異変が生じてくる。後述するように、それは骨角器にみられた軸頂部の掛かりがなくなり、逆に軸頂部に向い細

く尖る釣針となるのである。もちろん、骨角製釣針にも鉄製釣針にもこの現象の指摘を否定するような例外がまったくないわけではない。とくに中世以降は細部をみるとさまざまな形態の釣針が併存しながら今日に至っている。

　そこで、この初期鉄製釣針の軸頂部の形態変化に対して、どのようにして釣糸を掛けたのか、またなぜそのような形態変化が起こったのかという疑問が生じる。以下、近代まで使用されていた日本海におけるブリバリを材料としながら、列島での初期鉄製釣針の形態がいかに決定され、どこで出現したのかを探り、その意義を考えてみたい（釣針の説明にあたっては渡辺誠『考古学資料ソフテックス』の名称〈渡辺 1986b〉を使用した。図1-①）。

1．原始・古代の鉄製釣針

　原始・古代の鉄製釣針を検討するにあたっては、名古屋大学で精力的に進められているX線撮影による研究成果を利用することとした（渡辺 1986b〜1993a・1994・1995a）。まず、原始・古代の釣針の中からできるだけ完形に近いもの、また軸部に釣糸の痕跡が認められるものを選んだ。そうして検討した結果、原始・古代の鉄製釣針の中には、骨角器のそれにみられたような軸部に明確に糸を掛けるための工夫がなされているものは皆無であることが知られるのである。これらの鉄製釣針は、鐖（アグ）は内側につき、若干の例外を除き、サイズを考えなければとくに時期や地域によって形態に大きな違いはみられない。軸部に残る痕跡から、釣糸は軸頂部から半分以上巻きつけられていたと観察される。

　現在、鉄製釣針の確実な最古の資料は弥生時代後期のものである。それは九州地方を中心に瀬戸内地方に広がりをもつ（渡辺 1995b）。しかし、全体を知ることのできる例は、長野県大町市の弥生時代後期の住居跡から出土している1点（図2-1）である[1]。全体的にみると、原始・古代の鉄製釣針の古い資料は九州北部に多く、それも比較的大型のものが目立つ。最大のものは高さ15.5㎝を測る福岡県博多遺跡出土資料である（図2-7）。

　こうした大型の鉄製釣針の出現について、渡辺誠氏は骨角製の結合式釣針の

第1章 沿岸漁撈の諸相 11

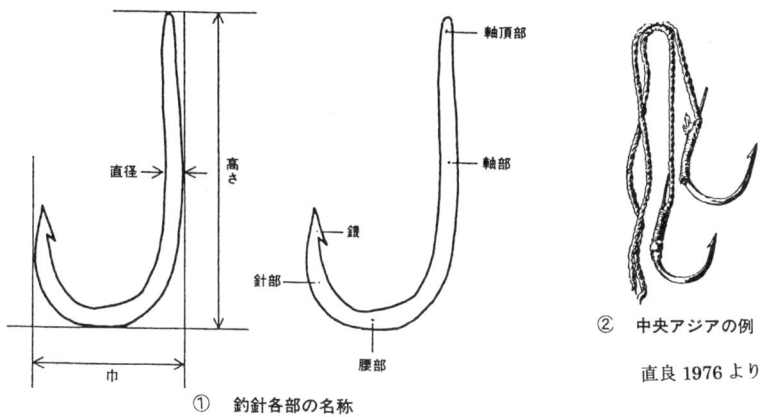

① 釣針各部の名称

② 中央アジアの例

直良 1976 より

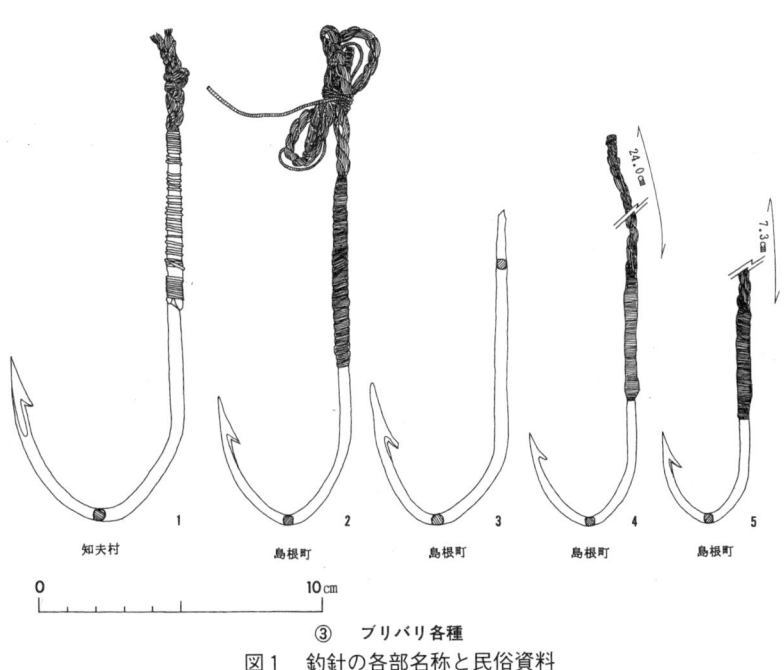

③ ブリバリ各種

図1　釣針の各部名称と民俗資料

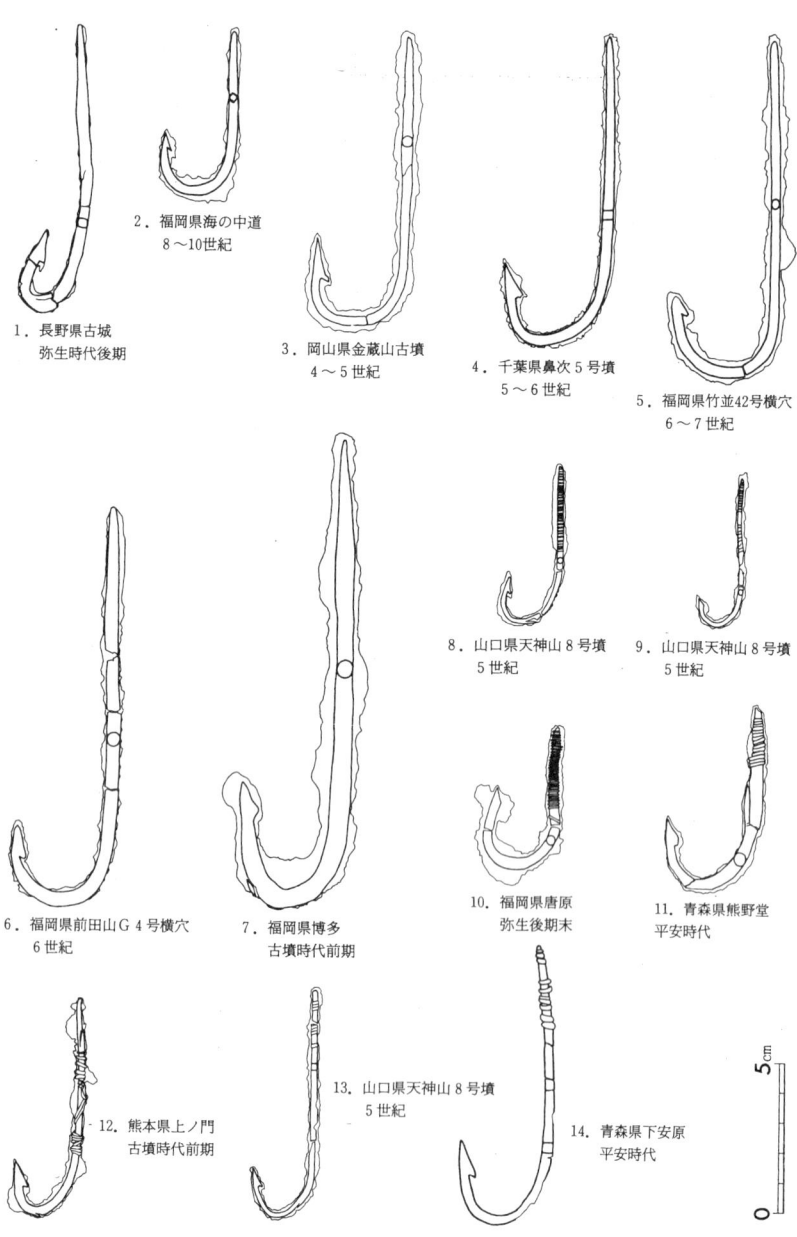

図2 原始・古代の鉄製釣針

サイズを路襲している点をあげ、材質が骨角類の制約から開放され本来的な単式釣針にもどったとされた（渡辺 1995b）。また、青銅による釣針は、全羅南道霊岩出土の青銅斧の鋳型にみられるように骨角製釣針の形態を模倣しているようだ。しかし、その実用化は疑問視されている。おそらくそれは単なる模倣ではなく、骨角製から鉄製に変わろうとする過渡期の釣針素材の模索の中で試されたものであろう。さらに、軸頂部の形態は韓半島においても同様な変化をたどっていったようである。渡辺誠氏が集成された韓国の原三国時代（初期鉄器時代）の釣針の中にも、同形態のものがみられるからである（渡辺 1995b）。それらの出土地は対馬海峡に面した地域であることが注目される。

2．日本海のブリバリ

釣針の軸頂部が先細りして尖る形態に対して、早くから一つの回答を示唆したのは直良信夫である。直良は、その著『釣針』（直良 1976）において、世界各地の骨角製釣針を紹介しながら、その中に軸部に糸を結ぶ細工がないものがあることに注目しつつ、「私は、この種の釣針をみるたびに、中央および西南アジア地域の人たちが、淡水魚釣りに使っている、同型の釣針に対する糸の結び方をおもい出さずにはいられないのである」として中央アジアの民族誌の例を図示している（図1-②）。直良の見識に敬意を表しつつ、同様な視点をもって列島でのこの問題を別の角度から検討したい。

この第一の疑問に対して直接的な回答を与えてくれたのは、近代まで日本海で行われていた鰤曳縄漁の釣針であった。まず、資料の紹介をしておこう。取り扱うのは島根町歴史民俗資料館、隠岐島後・海の博物館、隠岐島前・知夫村郷土資料館にそれぞれ所蔵してあるブリバリ（鰤針）の資料である。

最初に隠岐島後海の博物館所蔵資料を使って、釣針のサイズによってA・B・Cの3種類に分類した（図3）。いずれも鍛造品である。これらの釣針の形態は、軸頂部が先細りして尖るという特徴をもつほかに、腰部がU字型に曲げられ、針部に向かい外方向に若干開く。そして、針部の先端は鋭く尖り、いわゆる研ぎが施され、内側に鐖がつけられている。A類は高さ14〜16㎝、幅6.1㎝

（図3-A）、B類は9.5～11.0cm、幅4.5cm（図3-B）、C類は7.0～8.5cm、幅3.4cm（図3-C）である。この3種はブリの各成長期にあわせたサイズである。ブリは出世魚の一つで、地域によって名称は変わるが、ハマチ→マルゴ→ブリへと成長する。3種に分類した釣針が、それぞれA類＝ブリ、B類＝マルゴ、C類＝ハマチに対応して製造されたものであるのはいうまでもない。

　ブリバリの道糸への結合の方法は2種あるのを確認した。一つは隠岐島後海の博物館所蔵資料にみられるものである。軸部に中央で二つ折にした釣糸を副え、軸頂部の上に輪ができるようにする。その上から別の糸でしっかりと巻きつける。こうしてできた輪状のハリスに道糸を結ぶ。これをⅠ類としよう（図3-C'）。他の一つはⅠ類のように軸頂部の上に輪を作らずハリスを巻きつけてある。隠岐島前知夫村郷土資料館や島根町歴史民俗資料館にみられた。これをⅡ類とする（図3-A'・B'、図1-③1・2・4・5）。Ⅰ・Ⅱ類とも、一見すると釣針に巻きつけられたハリスの結び目がないようにみえるものである。軸頂部から道糸までの長さは、図3A'で35.0cm、同B'で21.5cmである。つまり、ハリスに工夫がなされているのである。ソフテックス資料によって知ることのできる現段階での道糸への初期鉄製釣針の結合方法はⅠ・Ⅱ類のいずれかのようである。

　ハリスと道糸の関係は以上のようであるが、軸部へのハリスの結合方法にはもう一つの工夫がなされていたと考えられる。それはハリスをそのまま軸部へ縛りつけるのではなく、軸部にかかる長さのハリスの糸をほぐす。そうしてちょうど茶筅のようになったハリスを軸部を包むようにかぶせ、その上から別の糸できつく縛りつけるのである。今日でも大物をねらう場合には「根つけ」と呼ばれるこの方法が用いられている。縛りつける糸は「寝巻き糸」という。

　これらのⅠ・Ⅱ類によってもっとも関心のあった第一の疑問は解けた。次に第二の疑問であった軸頂部の形態変化については、以下のような理由が考えられる。

　それは、鉄製釣針が基本的にはそれ以前の骨角器の結合式釣針の形態を継承し、ブリやサワラなどの大型魚をねらったものであることである。大型魚は当

第1章 沿岸漁撈の諸相 15

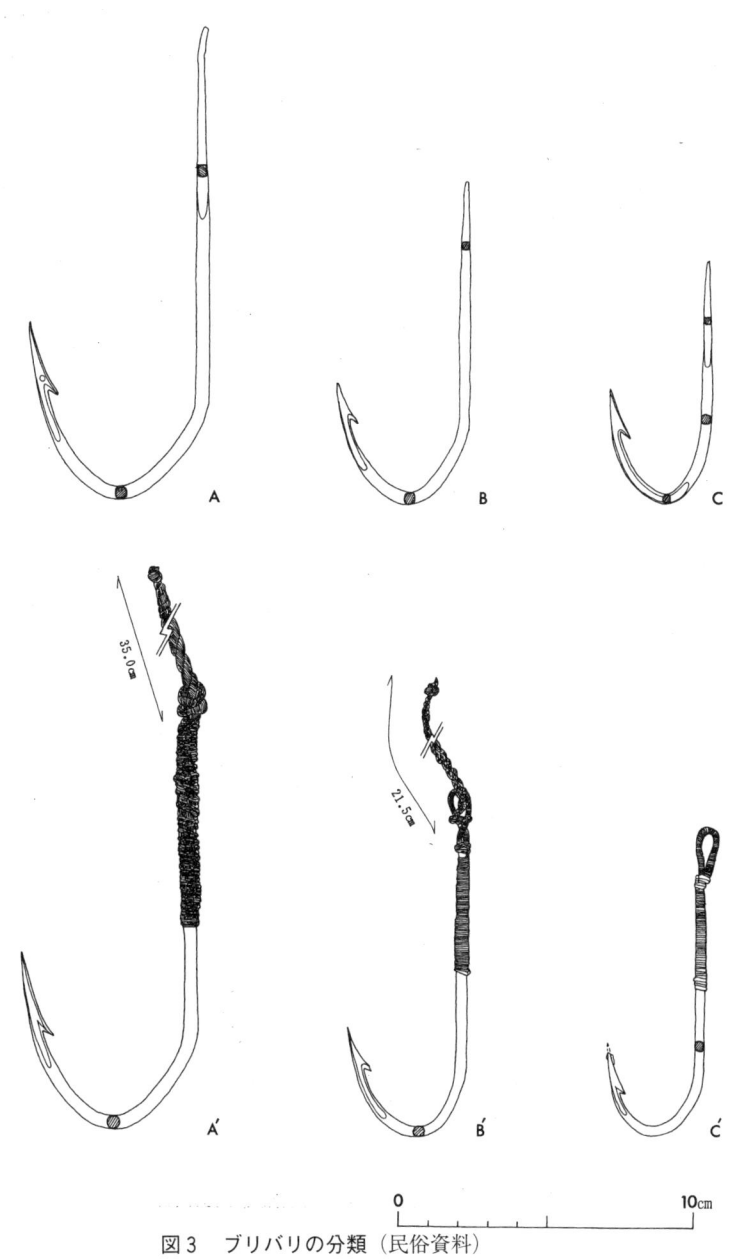

図3 ブリバリの分類（民俗資料）

然のことながら釣針にかかったときの引きが強い。仮に鉄製釣針に骨角器のように軸部に結び目があるとすれば、力がそれに集中しハリスが切れるおそれがある。また、大型魚をねらう場合には活き餌を泳がせて釣る方法がとられることが多い。ハリスが太いままであればどうしても活き餌の泳ぎが不自然になる。このような理由が鉄製釣針の軸頂部の形態を先細りさせたのであろう。

このようなブリバリには、たとえば図-1③2のように、別の細紐が取りつけられているものがある。これ以外にもA類の数点に同様な資料があった。これは普通「餌止め糸」と呼ばれ、釣針に餌を着けた後に餌が外れないように縛るための糸であって、現在でも大型の魚をねらう釣針に使用されている。既にこの種の釣針による曳縄漁は行われていないので、厳密にいえば、具体的な餌の装着方法が今日と同じであるのか不明である。しかし、『日本水産捕採誌』(農商務省水産局 1926)にはその具体例が示してある(図4)。

筑前地方ではブリとサワラは同じ漁法である。漁期は「小寒の頃に始め大雪の頃に終る」とする。図4-1は具体的な施餌方法が示してある。これによると、釣針の道糸への結合はⅠ類のようである。それは「餌魚に鉤を刺し糸にて巻き鯊の皮にて作りたる袋を餌魚の頭に冠らしむ是れ釣絲を傷はざると餌の廻轉を防ぐがためなり」と説明される。餌は「鰮」または「サゞ魚の鹽漬」。また同じ頃、安房では擬餌鉤が用いられ(図4-2・3)、そのうち、図4-2は「長さ四寸幅二寸厚さ八分許」の鯨骨製の軸部に「一寸五分許」の鉄製の釣針を嵌め込み、そのまわりにフグの皮を短冊状に切ってつけたものである。これはブリの好むイカに擬したものであるという。その他、鰤延縄漁ではイカやサバの切り身が使用されていた(図4-4・5)。

『日本水産捕採誌』のいう「餌止め糸」の機能は、「餌の廻轉を防ぐ」とするが、それは餌そのものが回転するという意味ではなく、糸の螺旋状の回転を防ぐということであろう。魚類の捕餌行動にはさまざまな型があり、ブリやカツオなどは餌を発見すると突進してきて捕らえるのであるが、餌をくわえる前にいったん軽く餌に触れてくる、いわゆる「アタリ」をみせる習性がある(富永1946)。餌が螺旋状に回転すれば、そうした習性では喰い外してしまうことが

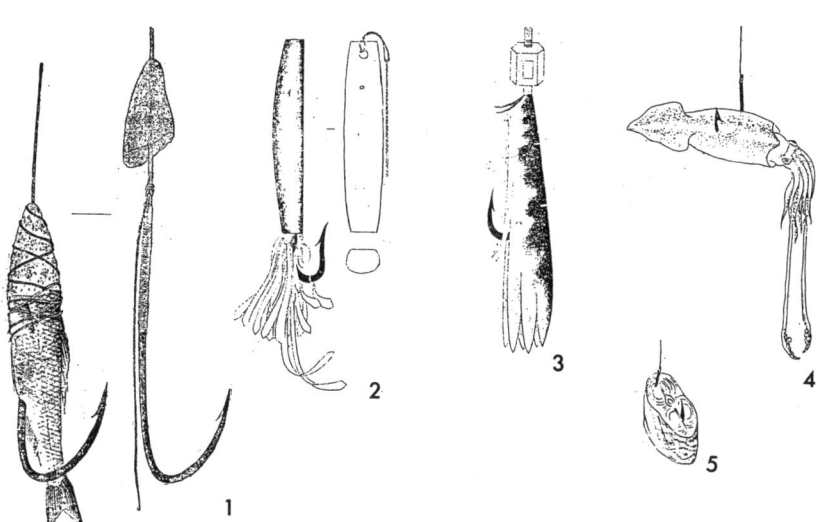

図4　近現代のブリバリ

多くなる（勝木 1946）。活き餌を使用しない場合でも「餌止め糸」は大型魚をねらう曳縄漁の釣針に必要であった。

3．日本海の鰤漁

　前項で紹介したブリバリを用いた日本海の鰤漁は、昭和10年（1935）に発刊された櫻田・山口による『隠岐島前漁村採訪記』に報告されている（櫻田・山口 1935）。報文は隠岐島前では鰤漁を「漕釣」、あるいは「鰤漕」といい、安達武夫氏談として次のように記す。

　　和船を櫓で漕ぎながら鰤やヒラを釣る漁業は隠岐島前では相當古くから行はれてゐたものゝ如くであるが、現在では発動船に代り而も生餌を用ひず、船の速力の早いのを利用して凝餌鉤で釣つてゐる。かうなつたのは昭和五年頃からのことださうだ。（中略）船越の漕釣は和船の時代には巾七、八尺の船に三人位の漁夫が乗り、繙絲と釣鉤を用い、小烏賊を餌として鰤やヒラを釣つたのだが、発動船になると一艘に五、六人の漁夫が乗り、凝餌鉤を用いて鰤、ヨコハ（小鮪）、シイラ等を釣るやうになつた。

また、釣具として、

> 約三十尋の縄に十尋の錘のついた縉絲をつけその先きに二本の鉤をつけてある。この縄の外にマタと呼ばれる十五尋の糸をたれその先きにも餌をつける。此三箇の釣鉤は所謂濱坂バリで、長さ六寸位の大鉤であった。船は肩巾七尺五寸、八寸、八尺五寸、九尺位で、ゴザ帆を使用する。古海にはこの鰤漕船が二十艘もあり、郡にも四、五艘あった。

とし、そして漁期は冬至の頃とされている。

隠岐島の「濱坂バリ」がここでいうA類にあたり、それが漁法とともに九州地方と密接な関係にあったことがうかがわれる。「長さ六寸位の大鉤」はA類、および福岡県博多遺跡出土例ともに15.5cmという高さに近い値である。『日本水産捕採誌』が記すように安房において擬餌鉤が使用されているのは、太平洋が一方では鰹漁の盛んなところであって、かつ骨角器のもつすぐれた集魚機能は鉄製釣針が出現した後も、カツオの一本釣漁やイカ漁などの釣針に受け継がれていった歴史的事情があったからである[2]。

4．ブリの生態と漁場

道具の形態を決定するのは機能である。その機能は漁具の場合、魚の生態と不可分離の関係にある。そこでブリの生態と漁場についてみておくことにする。

ブリはアジ科のブリ属で主に日本沿海にみられる回遊魚である。同じ仲間にはヒラマサやカンパチがいる。九州西海域の沖合はブリの主要な産卵場として知られている。つまり、成魚が回遊している沿岸域より沖合の、いわゆる流れ藻が産卵場である。孵化してから全長が17cm前後になるまでこの流れ藻について漂流する。この流れ藻についている稚魚を採取してハマチの養殖がなされているのはよく知られているところである。ワカナとは流れ藻を離れたころのものをいい、全長が60cm以上で成魚となる。その間に成長に応じハマチ、ブリへと変名する（末広 1989）。

温帯性の回遊魚であるブリは普通、健康に生育できる最低水温が10度といわれており、基本的には春から夏に北上してオホーツク海域ぐらいまで達し、秋

から冬にかけて南下する。そのため、日本列島沿岸には多くのブリの漁場が存在した。日本海の場合を例とすると、北上する群れは1、2年魚を中心とし、スケトウダラ、イワシ類、イカ類など、ブリの好む餌を追いながら比較的ゆっくりと北上していく。これに対し南下する群れは3、4年魚の大型で、あまり漁場に留まることなく南下していく。それは産卵のためだといわれている（三谷 1960）。正保年間（1644〜1647）に成立したとみられる松江重頼の『毛吹草』には、「越中鰤」、「丹後伊禰浦鰤」、「出雲友島鰤」、「壱岐鰤」、「対馬鰤」として日本海沿岸の主要な鰤漁場が記されているが、これは南下していく大型のブリの漁場である。

　暖流の日本海への入り口にあたる対馬列島から五島列島にかけては、日本海側における鰤漁が網漁・釣漁とももっとも盛んで、漁獲量の多い地域である。このあたりは日本列島を南下する群れのほかに、韓半島東沿岸沿いに南下してくる別の群れも通過する。それは11〜16kgにもなる特大ブリで、漁場としてのみならず、このあたりの海域が著名な『魏志韓伝』の弁辰条に記されているような鉄産出地域を控えていたこととも相俟って、鉄製釣針の出現にも重要な意味をもっていることが推察されるのである。

5．ブリバリの復元

　それでは、このようなブリバリは具体的にはどのようにして製作されたのだろうか。現在では製造過程を知ることはできない。そこで今日でも漁具を製作されている鍛冶屋を捜すところから始めることにした。幸い知人から島根県太田市邇摩町宅野の高橋紀男氏（1935生）を紹介していただいた。宅野は古くからの漁村であるが、近年の漁業不振から後継者も人口も急速に減りつつあるところは、他地域と同様である。高橋家は三代前から主として鍬や鎌といった農耕具類、調理用の庖丁、スルメイカ用のイカ割き包丁（五寸舟行）などを作ってきたとのことであった。イカ漁が盛んであったころは、長崎方面から数百丁単位でイカ割き包丁の注文がきたこともあったという。現在では地元の漁業協同組合や一部の人々から、イカ割き包丁やヤスの注文がときおりくる程度であ

るという。釣針は打ったことはなかったという。鍛冶工房は自宅付近の別棟。20m²弱の工房内に鍛冶炉や万力など、さまざまな道具が配置されている。フイゴの上には能義郡広瀬町の金屋子神社が祭ってある。

このブリバリの復元製作にあたっては図3-A・B・Cを示し、あまりあれこれと注文はつけないようにした。できるだけ高橋さんの長年の経験と感性に任せたほうがよいと判断したからである。材料は鳥取県米子市の鋼材を扱う某業者から購入したもの。これには角材と丸材があり、ブリバリは断面が方形だが、材を適度な径のものに割る必要のない丸材が選ばれた。

炉に入れること数分（写真1-①）、先端の真っ赤に焼かれた鋼材が最初に打たれたのは、高橋さんを挟んで炉の反対側にある油圧式のプレス機であった（写真1-②）。プレス機の周辺は2～3cmの大きな鍛造剥片が堆積している。ここで釣針の先端のアグにあたる部分の原形が形作られる。次に金床の上で先端部、つまり針部をハンマーにより薄く成型していく（写真1-③）。火花は意外と飛び散らない。腰部はハンマーと別の金床の上で鋼材と加工部は長さを決定して鏨により切断される（写真1-⑤）。ハンマーで軽く（そのようにみえた）2打であった。切断された釣針は再び炉の中に入れられる。金箸が用いられ軸部の加工が続く（写真1-⑥）。

このようにして大方釣針の形ができると針部の細部の加工をする。それには万力で固定し鑢が用いられる（写真1-⑦）。別の金床で再度微整形して加工は完成した。火花は飛び散らなかったが微量の鍛造剥片が金床の上に残っていた。焼入れは発火点の低い機械油を使用（写真1-⑧）。そのままでは硬すぎるとのことで若干の焼戻しが行われた。

こうして、ブリバリのA・B・C類は復元された（図5-A'・B'・C'）。途中、図と比較したり世間話をしながらではあったが、1本につき1時間弱を所要した。A'・B'・C'のそれぞれの重量は32.86g、17.01g、10.71gである。図3-A・B・Cをもとに製作したため、実物より一回り太い釣針ができ上がった。なお、使用する炭は松材で、自前であった。炭窯は工房に隣接して作られていた。

第1章 沿岸漁撈の諸相　21

①鋼材の加熱

⑤鋼材から切断する

②プレス機による鍛造

⑥軸部の加工

③針部先端の加工

⑦ヤスリによる細部の加工

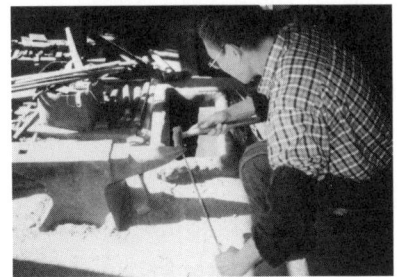
④金床を使って腰部を曲げる

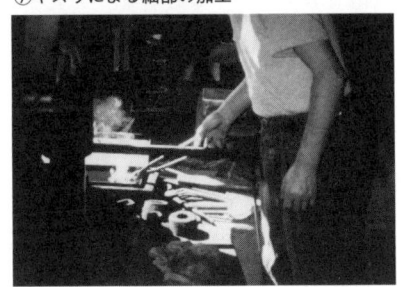
⑧焼入れ

写真1　ブリバリの製作実験（高橋紀男氏）

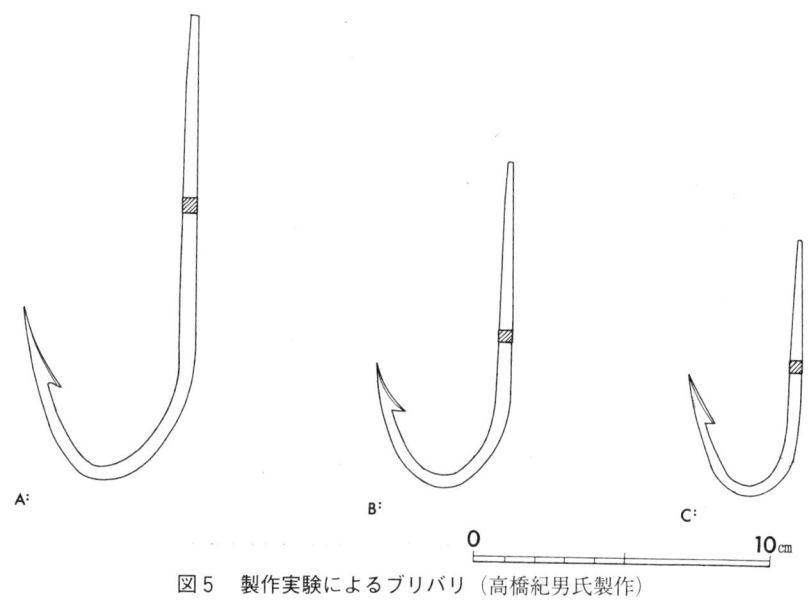

図5　製作実験によるブリバリ（高橋紀男氏製作）

　高橋さんによる鉄製釣針製作を通して、釣針の形はハンマー一つでかなりの細部まで仕上げることが可能とわかったが、その過程の中からさらに形態決定の糸口を見出すことはできなかった。この点については今後の課題としたい。

　鉄製釣針は暖流の通過する五島列島や対馬列島を含めた、北部九州から韓半島南部の間の海域において、ブリやサワラのような大型魚を捕獲の対象として出現したことが考えられる。もちろん本節で取り上げた鉄製釣針のすべてがブリやサワラや鰆のような魚種をねらったものではない。しかし、魚種によっては弥生時代後期にルアーと決別し、鉄製釣針の導入あるいは選択が行われ、それが急速に拡がっていったことがうかがえる。それは餌となる小魚の大量捕獲の技術や釣針製作・修理のための鍛冶技術もあわせて発達したことと表裏一体となったものであったことが想像できる。そして、それはいち早く列島に拡がり、弥生時代後期のうちには北陸地方にまで伝えられ、内水面漁撈にも影響を与えることになったのであろう。

第2節　古浦遺跡出土の疑似餌

　昭和38年（1963）7月30日付け、当時の『島根新聞』は第三次古浦遺跡の発掘調査について、「日本最古の弥生人　古浦遺跡　イカの擬餌も発見」という見出しで報道した（島根新聞社 1963）。

　これは金関丈夫氏を団長とする調査を報じたもので、新聞は、保存状態良好な弥生時代前期の人骨とあわせて、弥生中期層から「シカの角を長さ十センチ中央部直径二センチの紡錘状に糸を通す穴をあけたもの」という外観をし、「この下に針をつけてイカをつるが現在県下で一本づりに使っている白磁製の擬餌と寸分ちがわないところから調査団一行も舌をまいている」として、この骨角器をその当時まだ使われていた漁具と比較して、その機能を説明している。また、発掘調査当時、鳥取大学医学部の助手として調査を担当した藤田等氏はそのときの様子を、

　　擬餌は第四層から単独で出土した。出土したときに発掘見物にきていた漁師の一人が「これはイカ一本釣用のしらやきと同じだ」といって、見物人の間で2000年前にそんなものがあるはずがないと議論になり、ではしらやきを持ってくるといって走って行った。しらやき（擬餌）を見た時、余り似ているので驚いた。相違点は材質で鹿角か白い釉薬の焼き物かというだけであった。

と回顧している（藤田 1987）。

　出土した資料は1個体で鹿角製である（図6）。現存する長さ10.1cm、中央での径は1.9×1.4cmで楕円形。重さは20.2ｇである。鹿角の両端を削り、1孔ずつ合計2孔をあけている。孔は径3㎜。疑似餌の一端は孔の一部を残し、先端が欠けている。復元すれば全長は10.5cmほどになろう。孔の位置は端部から1cmで、孔から端部にかけて断面V字形の溝が施してある。

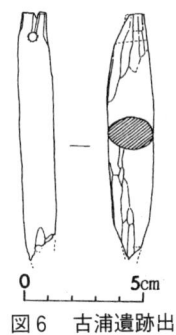

図6　古浦遺跡出土疑似餌

表1 古代のイカの関連資料

表1 古代のイカ関係資料

道	国	延喜式	木簡 太宰府	木簡 平城宮	木簡 藤原宮	発掘資料 疑似餌(図番号)
北陸道	佐渡					
	越後					
	越中					
	能登					
	加賀					
	越前					
	若狭	調・交易雑物				
山陰道	丹後	中男作物		●		
	但馬					
	因幡					
	伯耆					
	隠岐	調		調	●	●図10-18
	出雲	調		中男作物	大贄	●図6
	石見					
山陽道	長門					●図7-1
西海道	豊前	調				
	筑前		○			●図7-2～6
	対馬					
	壱岐					
	肥前					●図7-7～11
	筑後					
	肥後					●図7-12

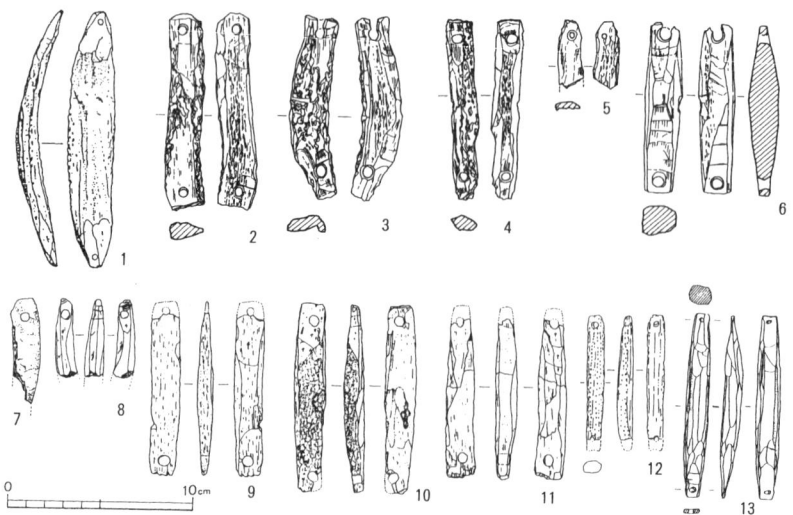

1：山口県筏石　2～6：福岡県海の中道　7～11：長崎県串島　12：熊本県沖ノ原　13：三重県白浜

図7　各地出土疑似餌

1.「しらやき」

　この骨角器に「余り似ている」という「しらやき」とはいかなるものなのか。

　「しらやき」はその色調から「白焼き」＝白く焼いた焼き物という意味であろう。発掘当時も、このしらやきは漁師によってイカの一本釣の疑似餌として使用されていた。山陰地方の民俗資料館にはわずかではあるが、他の漁具に混じってこのしらやきが保管されている。いずれの資料も大同小異であるが、よくみると微妙に形態やサイズが異なり、時期や地域によって工夫がなされてきたことがうかがえる（図8）。これらを形態の上から、Ａ・Ｂ・Ｃ類の3種に大別した。

(1)「しらやき」Ａ類

　図8-5・6・7は島根町歴史民俗資料館所蔵資料。5・6は縦に長い紡錘形で、中央での断面は隅丸長方形である。6は長さ9.7cm、中央は1.8×1.7cm、5は長さ11.9cm、中央で2.9×2.4cmを測り、前者を大型化したもの。7は長さ10.0cmの円柱状。中央での径は1.80cmで両端の径が中央よりやや小さくなっている。

　8は隠岐郡知夫村郷土資料館所蔵資料。「しらやき」としては最大のもの。長さ13.2cm、中央は2.2×2.8cmの隅丸長方形。9は隠岐海洋自然館所蔵資料。長さ10.6cm、中央部は1.8cm四方の隅丸方形を呈す。10は兵庫県香住町金刀比羅神社資料館所蔵資料。長さ11.6cm、中央部で2.1×18cmを測る。6や9の資料をやや大型化したものである。

　これらの資料は、地域によって若干の相違はあるが、いずれも磁器製でいわゆる白釉がかけられている。それぞれの生産地を確認していないので不明な点が多いが、無釉の部分が一面のみか、どちらかの端部のみにみられるので、とくに大量生産が行われたのではなく、他の磁器製品と同時に焼かれたと思われる。両端に近いところに孔が穿たれ、その孔から端部に向かい紐をかける浅い溝が施されていることが注意される。

　この「しらやき」の下方に釣針が着けられるのであるが、4ヵ所においてそのような例を確認した。図8-1は兵庫県香住町金刀比羅神社資料館所蔵資料で、「しらやき」の下方に4個の釣針がつけられる（図示したのは1個）。それらは

26

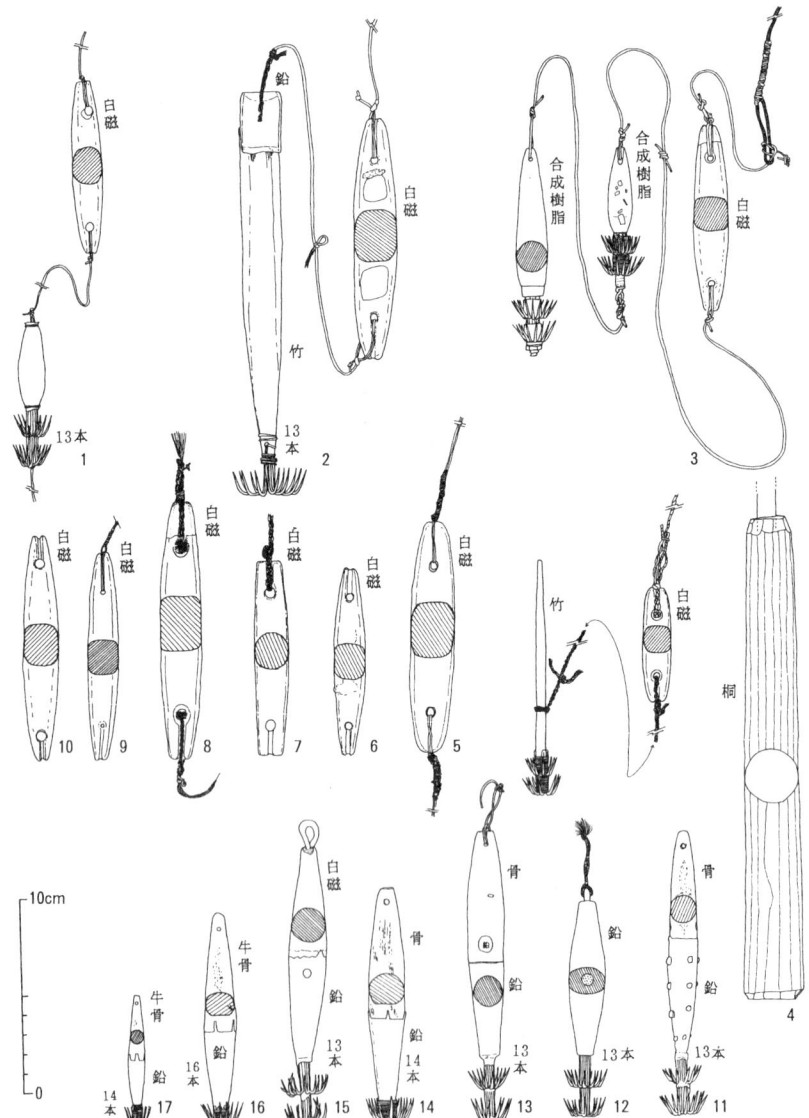

1・10・16・17：香住町金刀比羅神社資料館　2・8：隠岐郡知夫村郷土資料館　3：隠岐郡海士町歴史民俗資料館　4：佐渡郡相川町郷土資料館　5・6・7：島根町歴史民俗資料館　9：隠岐海洋自然館　11・12：隠岐郡西ノ島町歴史民俗資料室　13：浜田市・島根県水産試験場　14・15：益田市歴史民俗資料館

図8　「しらやき」各種(1)：A類（1～10）、B類（11～17）

第1章　沿岸漁撈の諸相　27

胴部に赤布が巻かれており、鈎部は錨型の13本、2段の釣針である。シロイカ用の釣針であるとの説明がある。「しらやき」は長さ8.8cm、中央部は1.9×1.6cmの楕円形。図8-2は隠岐郡知夫村郷土資料館所蔵資料で、長さ12.4cm、中央部が2.7×2.3cmの隅丸長方形の「しらやき」の下方に、長さ20.8cm、13本、1段釣針がつけられる。釣針の胴部は竹製で、一方の端は鉛錘が装着されている。この竹製の釣針には魚の切り身など餌が装着された可能性もある。図8-3は隠岐郡海士町歴史民俗資料館所蔵資料。長さ9.5cm、中央部が1.8cm四方、重量40gの「しらやき」の下方に、二つの釣針がつけられている。釣針はいずれも2段の合成樹脂製である。図8-4は佐渡郡相川町郷土資料館所蔵資料である。一本トンボと呼ばれる。長さ4.8cm、中央部が1.40cm四方の小型の「しらやき」の下方19.5cmに長さ12.0cmの釣針がつけられている。釣針は端部を尖らせた竹製の胴部で、針は10本2段である。この釣針はヒキデと呼ばれ、イカの切り身が餌として巻きつけられる。この「しらやき」と釣針は、長さ25.0cm、径3.0cmの桐製の握り部のある釣竿につけられ、比較的浅いところにいるイカを釣ったことが報告されている（池田他 1986、池田 1993）。

　これら1〜4によって「しらやき」の使用法が知られる。その機能は「しらやき」を島根半島部では「シマメイカダマシ」、兵庫県香住町では「イカヨセ」と呼ばれていることから、イカ用の疑似餌であることは明らかである。

(2)「しらやき」B類

　この「しらやき」と釣針を一体にして両方の機能をもたせたものが、B類とした図8-11〜17である。このうち13は浜田市の島根県水産試験場所有資料で、長さ15.0cmの最大のものである。最小のものは17の兵庫県香住町の金刀比羅神社所蔵資料で、長さは6.9cmである。いずれも葉巻状の形態であるが、その中央から鈎部にかけては鉛が使用されている。これは錘を兼ねた工夫である。鈎部と反対端の半分に「しらやき」が使用されているのは、益田市歴史民俗資料館所蔵の15のみで意外に少ない。多くは骨製である。そのうち金刀比羅神社所蔵資料の16と17は牛骨であることが確認されている。15の鈎部には円形の貝殻が嵌め込まれている。12は全体が鉛製であるが、中央部にやはり円形の貝殻が

象嵌されている。15以外は厳密にいえば「しらやき」とすべきではないが、便宜上ここに含めた。「しらやき」B類で注意されるのは、ところによってはツノと呼ばれているように、中央から半分を牛角や鯨骨などの動物の骨が使用されていることである。

(3) 「しらやき」C類

C類としたのは、佐渡でトンボヤマデ（池田 1993）、沼津ではサッポロビシ（神野 1984b）と呼ばれているものである（図9）。図9-18（隠岐郡西ノ島町中央公民館蔵）は「しらやき」A類を利用したもので、一端の孔に真鍮製（？）の針金を通して固定し、二股にした先端に釣針を着けるようになっている。図9-19はこの種の漁具専用に焼かれたもので、「しらやき」A類を太くしたものである。真鍮製の針金は鉛で補強するのが通例である。深いところのイカをねらったものである。このC類はB類と組み合って使用される。図9-19（浜田市・島根県水産試験場蔵）はその一例で、「しらやき」B類は骨製のものと合成樹脂製の両方がつけられている。「しらやき」A類が使用されている図9-18の資料が、C類の代用なのか祖形であるのかわからないが、かなりの効果があったらしいことは、この種が日本海や太平洋側の広い範囲で使用されていたことによって知られる。八戸では昭和20年代になると一方に 8 〜10本ものB類をつけて、浅・深両方にいるイカを釣るようなアサリシキも考案された（八戸市博物館 1992）。

2．疑似餌の類例

古浦遺跡出土資料（図6）は、鹿角製であること以外は「しらやき」A類に酷似している。とくに両端の孔から最端部への溝も同じであることが、「しらやき」以前のイカ釣具であることを推定させる。図7は、古浦遺跡出土資料に類似した考古資料を集成したものである。それらは、山口県筏石遺跡（小野 1961）、福岡県海の中道遺跡（山崎他 1993）、長崎県串島遺跡（高野他 1980）、熊本県沖ノ原遺跡（隅他 1988）、三重県白浜遺跡（萩本 1990）の 5 遺跡、13資料である[3]。個々の遺跡と遺物については、それぞれの報文にゆずり、これら

第１章　沿岸漁撈の諸相　29

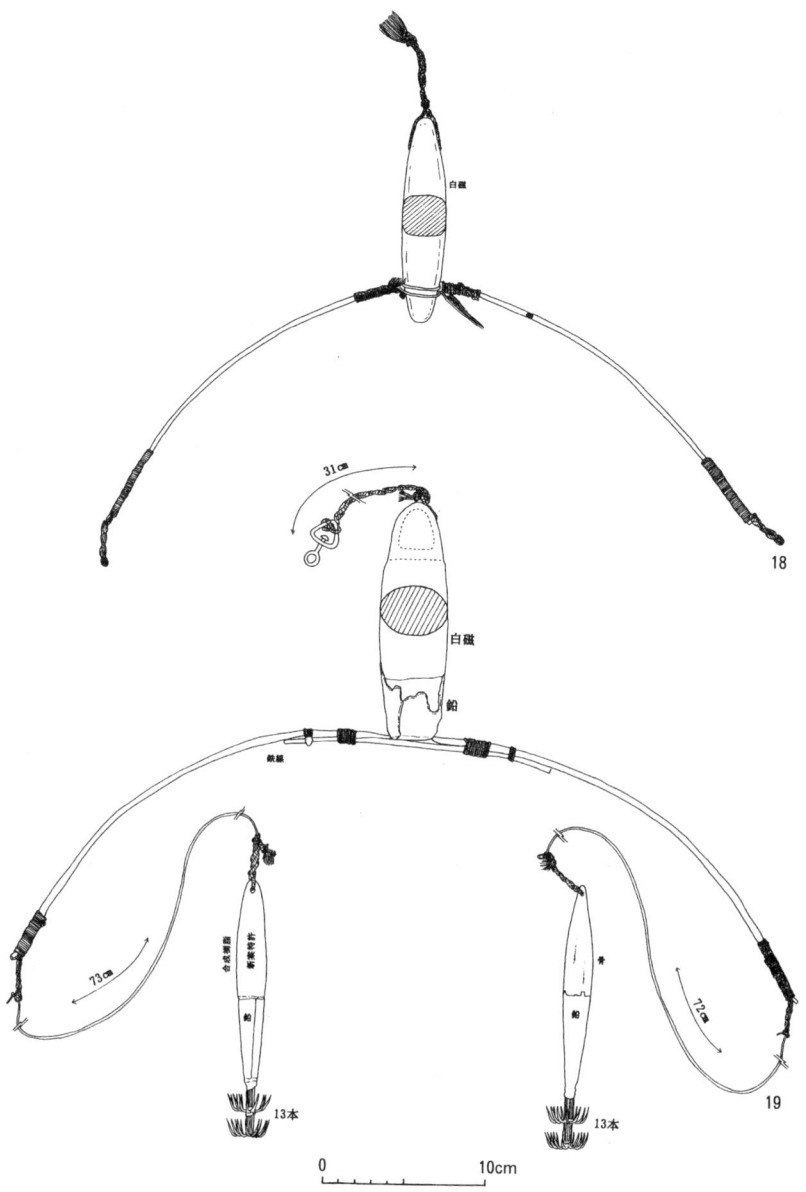

18：隠岐郡西ノ島町中央公民館　19：浜田市・島根県水産試験場（大田市・清水淳吉）
図9　「しらやき」各種(2)：C類

の類似遺物について古浦遺跡出土資料と比較する。

　まず、類似資料の特徴についてまとめると次のようである。

　　①　時期は不明なものもあるが、現在判明する限りでは古墳時代後期から平安時代の間である。
　　②　材質は鹿角か鯨骨製である。海の中遺跡と串島遺跡では骨角器の材料となる鯨骨も出土している。
　　③　全体に資料が少ないが、あえて形態分類すれば、a類＝棒状または中央部がややふくらむ短冊型（4・6・9・10・11・12）、b類＝S字型（2・3）、c類＝スプーン型（1）としておく。
　　④　両端にある孔が欠けるものが多い（3・6・9・10・11・12）。これは海の中道遺跡の報告の中で山崎純男氏が考察されているように、「孔の一方に針をつけ、一方を紐に結び、疑似餌として使用された可能性が強い」ためと考えられよう。
　　⑤　いずれの資料も海浜部の遺跡からの出土である。
　　⑥　今のところ出土遺跡は西日本のみであり、日本海側に片寄りがある。

　このような諸特徴を古浦遺跡出土資料と比較すると、鹿角製であること、両端に孔があること、その孔の一方が使用時に欠けていること、形態分類に当てはめればa類となること、海浜部の遺跡からの出土であることなどと共通点があげられる。しかし、「しらやき」にもみられる孔から端部に向かう溝は、類似資料には皆無であるところが異なっている。

3．原始・古代のイカ漁

　前項で検討したように古浦遺跡出土資料の類似資料（図7）は、ほぼ古代に限られる。そこで古代のイカの産地に関係する資料を古浦遺跡出土資料や類似資料と比較してみたのが表1である。

　『延喜式』では、若狭、丹後、出雲、豊前から主に調として貢納されている。藤原京・平城京といった宮城や太宰府出土の木簡資料からわかる貢納国は『延喜式』に重なる。木簡資料の中で隠岐と出雲が藤原京で出土しており、とくに

隠岐はイカの貢納が量的に多い[4]。

疑似餌も三重県白浜遺跡出土例を除けば、西海道に偏在するが、これは大宰府にイカを貢納したのであり、全体をみれば『延喜式』と木簡資料に重なる傾向があるといってよい。

イカは軟体動物であり、普通は遺跡において遺存体をみることはない。しかし、コウイカ類は体の中に厚い甲があり、縄文時代の貝塚から発見されているので、原始時代から捕獲されていたことは確かである。仙台湾から三陸海岸にかけての縄文時代中期～後期の遺跡では、鹿角製の錨形釣針が偏在して出土している（渡辺 1984）。縄文時代の釣針の中ではもっとも今日のイカ釣針を連想させる形態である。三陸地方の縄文人は、こうした錨形釣針でイカを釣ったのであろうか。楠本政助氏によれば、金華山沖において実験されたところ、30分ほどの間に40数匹釣れたことを報告され、この種の釣針がイカ釣りを目的として開発されたと推定されている（楠本 1976）。イカの遺存体が残らないように、その漁具も遺物としては明確ではない。ただし、江戸時代の遺構とされる神奈川県の葉山御用邸内遺跡では、ここで「しらやき」B類とした、近年まで使用されていたいわゆるツノの祖形が出土している（書陵部 1979）。骨角部に直接鉄製の針6本を束ねて挿入している。現在のところ、考古資料として確認できる最古のツノである。

4．古浦遺跡の疑似餌の時期と性格

以上、古浦遺跡出土の疑似餌について、考古資料や民俗資料を比較しながら検討したが、最後にその時期と性格について触れて結びとしたい。

まず遺跡出土の資料について、a類＝棒状、b類＝S字型、c類＝スプーン形に分類したが、これらはすべてがイカ釣具と考えることはできないであろう。棒状のa類は中央がふくらむものもあり、主としてヤリイカやスルメイカ類をねらった「しらやき」A類に対応させてイカ釣具としてよいと考える。S字形としたb類は全体の形がエビにもみえるので、今日、コウイカ類をねらうエビガタ、あるいはスッテと呼ばれているものに似ている。スプーン形としたc類は、

現在スプーンと呼ばれている、マグロ、ブリ、サワラなどの大型魚類をねらった疑似餌であろう。スプーンには多くの場合、3本束ねの針がつけられる。そして、a・b・c類いずれも、孔の一方には鉄製釣針が装着されたと考えられる。資料の多くが、孔の一方を欠損しているのはそのためであろう。一種の使用痕である。繰り返すことになるが、古浦遺跡出土資料は考古資料の中ではもっとも「しらやき」A類に近く、両端の孔から端部に向かう溝も同じである。しかし、他の資料にはその溝のみられるものはない。ここに古浦遺跡出土資料が他の資料より後出的要素があるといえる。

　また、「しらやき」は磁器で作られている。日本における磁器生産の開始は17世紀前半であり、「しらやき」を使用したイカ釣具がこれをさかのぼることはない。一方、骨角を疑似餌にしたイカ釣具は近年まで使用されていた。古浦遺跡出土資料はその材質や形態や使用痕からみて、あきらかにイカの疑似餌である。これは、「しらやき」A類との間に、どちらかが模倣した関係にあることを示している。

　「しらやき」A類として図8-4に示した佐渡の一本トンボは明治18年農商務省農務局発行『水産博覧会第1区第1類審査報告』にも図示されているが（池田1993）、その「しらやき」に相当する部分には「サダリ」として説明が加えてある。それが、今日残されているような陶磁器製であるのかは確かめる術がない。同報告にはソクマタも載せられているが、それらは磁器製のC類ではない。ただし、明治33年発行の『新潟県水産試験場報告』には、一本トンボの「しらやき」のところにアワビの貝殻が装着したものが図示してある（池田 1993）。これは「しらやき」と同様な集魚機能を期待したもので、ここで図示した「しらやき」B類にも部分的に使用されている（図8-12・15）。このようにみると、「しらやき」が普及するのは近代以降のことのようである。やがて「しらやき」や骨角製の釣針は、色彩豊かな種々の形態の合成樹脂のものへ分化し、手釣はコンピュータの導入による機械化・自動釣具へと変わり、各種の「しらやき」はその役目を終えたようである。操業も季節を問わなくなった。

　「しらやき」は、とくにA類としたものは山陰地方に多くみることができる。

どうやらこのA類は山陰地方で考案され、一部は佐渡にも伝わったが、基本的にはこの地方でしか使用されなかったようだ。その背景には佐渡と並んで隠岐という良好なイカの漁場があったことが一番に考えられる。

このように、古浦遺跡出土疑似餌は鉄製釣針と組み合わさったイカ釣具に相違ないけれども、その時期は7～8世紀以降に日本海の山陰海域で生まれ、「しらやき」の出現以降消えていったと推定することができよう。しかし、究極的には「しらやき」C類へと展開していったのであり、そこにはこの種の漁具の日本近海でのイカ漁の発達に果たした役割にはかり知れないものを感じる。

第3節　イカ釣具の成立と展開

飛鳥藤原京や平城京で出土する木簡の中には、イカの貢納を記したものがあるが、その表記には「伊加」と「烏賊」がある。前者の表記は藤原京に、後者は平城京に多い。それらの木簡でみる貢納国は隠岐国（調）が多く、出雲国（中男作物・大贄）や丹後国が続く。西海道では大宰府に筑前国から貢納されている。天平5年（733）に成立した『出雲国風土記』で「烏賊」、『延喜式』でも「烏賊」として、若狭国（調・交易雑物）、丹後国（中男作物）、隠岐国（調）、出雲国（調）、豊前国（調）にみえ、春日神社の祭神料の一つにもなっている。これらの文字資料に記されたイカは、当初、万葉仮名風に「伊加」と標記されていたが、天平のころ、中国の漢字表記である「烏賊」に替わっていったと考えられる。古代の文字資料にみえるイカは、その種類は不明である。調庸物の貢納にはスルメや燻製などに加工できるイカが考えられる。

世界の海には約32科450種のイカがいるが（奥谷1989）、今日、日本近海で食用とされるイカは、胴部が短く肉厚で体の中に厚い殻（石灰質の甲）をもつコウイカ・マイカ・カミナリイカなどのコウイカ類、スルメに製せられるスルメイカ類やヤリイカ類が回遊している。原始・古代の人々が食していたイカは、縄文時代の貝塚から出土するコウイカ類の殻以外は、遺存体として残らない。そこで、遺跡出土の漁具の中から、民俗資料を参考にしながらイカ釣具の候補

遺物を抽出し、復元を試みることにしたい。その場合、水産学上の分類とはやや異なるが、便宜上、鰭が大きく丸いアオリイカ、および胴部がずんぐりとして体内に厚い殻をもつコウイカの釣具をアオリイカ・コウイカ系、胴部が細長くスルメにできるイカ類をねらったスルメイカ系の釣りの2種に大別して扱うことにする。

1．縄文時代

　縄文時代の骨角器の中から、今日使用されているイカ釣具に似たものを探すのは容易でない。あえて探すとすれば、仙台湾から三陸海岸にかけて出土分布を示す縄文時代中期後半～後期の錨形釣針である（図10-3～11）。これは今日スルメイカ類を釣る、数本から十数本の錨形をした鉄製の釣針をつけたイカヅノとかトンボ、あるいはゴンガラと呼ばれる疑似餌に相当させることができるかもしれない。楠本政助氏は、金華山沖での実験をもとに、この錨型釣針がイカを捕獲対称として開発されたと推定されている（楠本 1976）。渡辺誠氏が指摘されるように、この錨形釣針の特徴は錨形のほかに、素材の鹿角の自然面を利用し、断面が半円状を呈していることにある（渡辺 1984）。

　楠本氏の研究を積極的に評価しながら推定すると、錨形釣針を2本用いて鹿角の外面を互いに背中合わせにすると、真上から見てX状の適当な間隔を保った4本針になり、まさに文字どおり錨型となって、より今日のイカ釣針に近づく。この方が効果的であり、断面が半円形をしていることの理解につながる（図11-1）。もちろん、同じ軟体動物であるタコにも使用できる。図10-3・4は錨形釣針の一方が欠損したものを単式釣針として再加工したとの見解もあるが（渡辺 1984）、イカの種類に対応させた組合わせ式のイカ釣針の可能性はないであろうか。

図10　烏賊疑似餌の系譜出典
1：山口県筏石遺跡（小野 1961）　2：市販品スプーン（実測）　3・7・9・10：宮城県山下貝塚（渡辺 1984）　4：宮城県西の浜貝塚（渡辺 1984）　5・6：宮城県南境貝塚（渡辺 1984）　8・11：岩手県中沢浜貝塚（渡辺 1984）　12～15：福岡県海の中道遺跡（山崎他 1993）　16：千葉県沢の辺遺跡（神野 2003）　17：島根県古浦遺跡（内田 2005）　18：島根県外浜遺跡（柚原 2004）　19：神奈川県葉山御用邸内遺跡（書陵部 1979）　20・21：鹿児島県薩摩烏賊餌木（岡田 1978）　22～26：島根県民俗資料（内田 2005）

第1章　沿岸漁撈の諸相　35

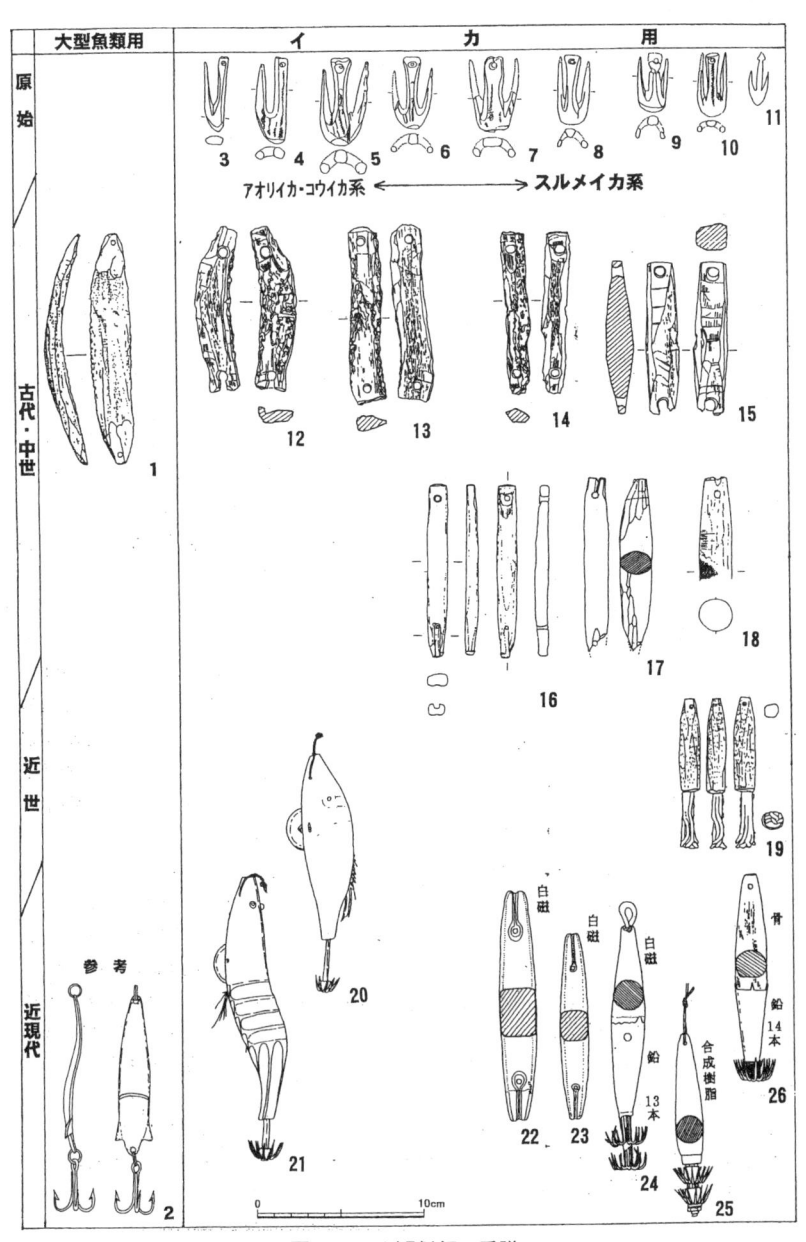

図10　イカ疑似餌の系譜

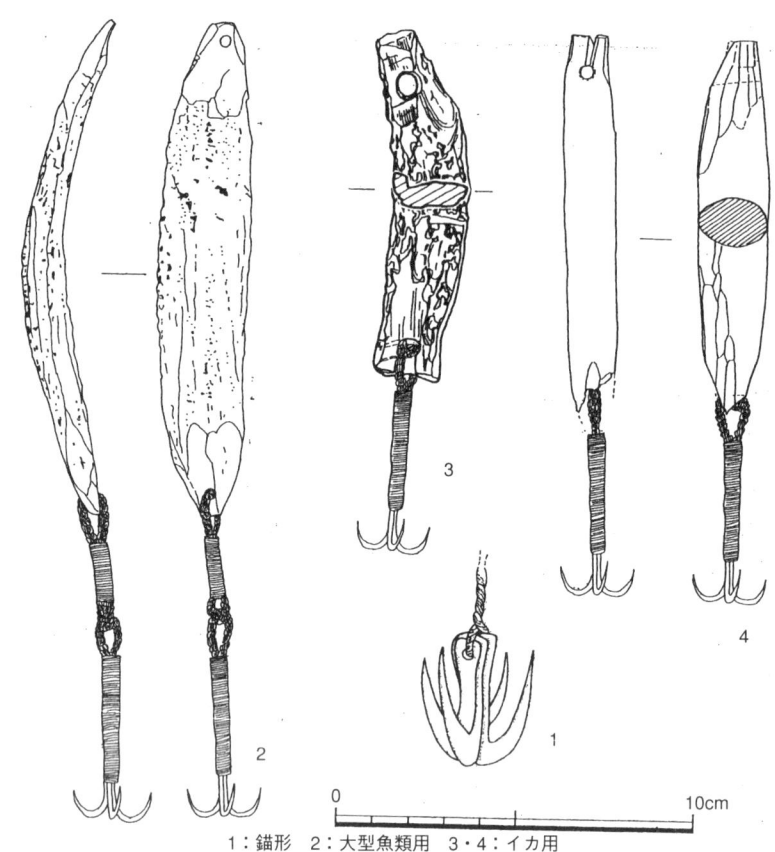

1：錨形　2：大型魚類用　3・4：イカ用
図11　疑似餌の想像復元

2．古代・中世

　東北の三陸海岸で考案された縄文時代の錨形釣針が、その後どのような展開をするのかは今のところ不明である。次にイカ釣具の可能性がある骨角器が認識できるのは古代・中世である。それらは疑似餌の両端に小孔をあけ、その一方に鉄製の釣針を装着するものである。鹿角や鯨骨を使用しているが、大別してa群（図10-12～15）とb群（図10-16～18）の2種ある。

　a群は疑似餌の両端に単に小孔をあけたもので、これには鹿角の自然面と形状を利用したa群Ⅰ類と、骨角の全面を削り小孔を穿つ両端を薄く加工したa

群Ⅱ類に分類できよう。図示したa群は福岡県海の中道遺跡出土例（山崎他 1993）であるが、a群Ⅱ類にはこのほかに長崎県串島遺跡（高野他 1980）、熊本県沖ノ原遺跡（隅 1988）、三重県白浜遺跡（萩本 1990）などに出土例がある。海の中道遺跡では、これらの疑似餌に装着されたと考えられる鉄製釣針も出土している。

また、a群に類似したものに図10-1の山口県筏石遺跡出土例がある。これについては、イカではなくマグロ・ブリ・サワラなどの大型魚類用の疑似餌と考え、図11-2のように想像復元した。参考に現在使用されている金属性の擬餌針であるスプーンを図10-2に図示した。ただし、後世の民俗資料である駿河湾で使用されていた鉛製のカマと呼ばれるイカ釣具の錘に形態が似ており（神野 1984）、イカ用の疑似餌である可能性も捨てきれない。

b群は、疑似餌の端部の一方に溝が切られていることを特徴とする。千葉県沢辺遺跡（神野 2003、笹生 2004）や島根県古浦遺跡（藤田 2005）のように溝が小孔から出て端部に向かうものと（図10-16・17）、島根県外浜遺跡出土例（柚原 2004）のごとく端部のみにみられるもの（図10-18）がある。この溝のある端部の孔に引糸がつけられ、反対側の孔には鉄製釣針が装着されたのだろう。a群・b群とも溝のない孔の端部が欠損しているものが多いのは、鉄製釣針が装着されたためと考えられる（山崎他 1993）。

a群・b群とも古墳時代後期〜中世の時期幅があり、前者が後者に先行する形態のようにみえるが、後述するようにイカの種類に対応した形態である可能性がある。海の中道遺跡は平安時代、沢辺遺跡は6〜7世紀、外浜遺跡は中世の年代が与えられている。

3．近　　世

近世では、海浜部遺跡の調査例が少ないためか資料は少ない。今のところ、神奈川県葉山御用邸内遺跡出土の擬餌針が唯一である（図10-19）。疑似餌に直接6本の針を入れている。針が真直ぐなのは未使用だからであろう。針はチマゲでもって曲げる。この擬餌針がもっとも今日のスルメイカ系のイカ釣針に近

い。さらに、この資料は一つの重要な問題を派生させる。それは、弥生時代後期に鉄製釣針が普及し始めると、骨角器のそれは釣針全体が、または針先が鉄製のものに変わっていくことである。餌が必要となるのはこの頃からであり（第1章第1節）、優れた集魚機能をもつ骨角器はその後も使用され続ける。それは、骨角器の軸部に鉄製の針部を装着したカツオの擬餌針に代表されるように、これと同様な構造にして複数の鉄製釣針をつければ、イカ釣針になるのである。今のところ確実な出土例は原始〜中世にはないが、針部の失われた釣針の疑似餌とされている骨角器の中には、イカの疑似餌の可能性をもつものが存在するだろう。

　近世にはスルメイカ系のイカ釣針のほかに、餌木と呼ばれる明らかにコウイカやアオリイカを捕獲対象とした擬餌針が出現する。薩摩烏賊餌木とも称されるこの擬餌針は、嘉永4年（1851）の相良右衛門次の『嘉木来歴書』に次のような起源伝承を載せている（勝部1978b）。

　　烏賊餌木ヲ作リ初メシコト鹿児島上柳町池ノ先祖某磯ノ沖ニテ木ノ燃スホリニ烏賊拘付居故其木ヲ見レハ椿ニテ夫レヨリ工夫致シ椿ヲ魚形ニ作リ黒ク焼キカナハ作リ付ニシテ其餌木ヲ以テ烏賊ヲ取リ得夫ヨリ烏賊餌木始リシト伝承申候其事享保ノ頃ニテ嘉永四年亥年迄漸ク年数百五六十年以来ノ事ニテ候当時ハ他国向キモ桐ノ魚形海老形ヲ油焼ニシテ能ク烏賊ヲ取得候向モ有之哉ニ御座候（以下略）

つまり、享保のころ鹿児島沖でイカが焼けて黒くなった木に抱きついているのをみてヒントを得て、椿の木で魚形を作り表面を焼いて黒くして餌木を作ったのが始まりというのである。そして、他国では桐の木で魚形やエビ形の餌木を同様にして作っていることが知られる。さらに続けて天明の初めのころより、壱岐・対馬・肥前から注文があったことを記している。岡田喜一氏は薩摩烏賊餌木を集成・分析される中で、メジナの魚形である「総黒焼黒魚型餌木」の形態・分布・材質から、江戸時代中期ごろに種子島〜屋久島あたりで考案されたものが、江戸時代末期になって鹿児島や枕崎付近に伝わったと推定されている（岡田1978）。図10-20・21は現存する最古の薩摩烏賊餌木である。20は魚形、

21はエビ形である。江戸末期～明治中期とされる（岡田 1978）。コウイカ系、とくにアオリイカ用に考案されたもので、イカの好む小魚やエビを模倣し、銭貨や鉛を錘として水中でのバランスをとる。口にあたる部分に小孔をあけ、端部まで細く浅い溝を切り引糸を通す。胴部には鳥の羽根を小さな木釘で止めて鰭とし、木釘やビーズで目を着けている。尾の部分には10本ほどの逆刺のない細い針を束ねて装着してある。この魚形・エビ形は、どちらともいいがたい形態のものもあるが、近現代まで製作・使用された。市販されているものをみる限り、素材が合成樹脂に変わった近年ではエビ形のみをみかける。注意したいのは、薩摩餌木の視点から古代・中世の骨角器をみると、その中に既に魚形（図10-15・17・18）とエビ形（図10-12・13）が区別されている可能性があることである。

4．近現代

　近現代になると民俗資料として残っている資料も多くなる。薩摩烏賊餌木は、とくにアオリイカ（ミズイカ）の棲息する九州から房総半島の太平洋沿岸や西日本の日本海沿岸に急速に広まった。中村利吉が明治の前半期に集成した『釣鈎図譜』（中村 1889、勝部 1978b）でイカ餌木を拾うと、アオリイカの棲息範囲にほぼ重なる。一方、葉山御用邸内遺跡出土例（図10-19）のようなスルメイカ系擬餌針は、胴部の上半分を骨、下半分を鉛製とし、近現代に至っては針部も13～14本と増え（図10-26）、これを2段にしたものも現れる（内田 2005）[5]。鉛の使用は、より正確に早くイカの群れまで擬餌針を到達させることができたはずである。現在では、胴部の表面は全体にカラフルな合成樹脂に変わり（図10-25）、骨製のものはみられなくなった。また、この時期には、古代・中世からみられた骨角器b群の疑似餌の素材に大きな変化があった。
　それは図10-22・23に示した「しらやき」の登場である。形態は古代・中世の骨角器と同様であるが、磁器製で白釉をかけた、いわゆる白磁製のものである。この「しらやき」は山陰海岸に多くみられ、「しらたま」、「しろがいじ」、「シマメイカだまし」などと呼ばれていた。「しろがいじ」は家庭用の絶縁体で

ある碍子に似ているからであり、「シマメイカだまし」は説明するまでもないが、山陰地方でスルメイカのことをシマメイカといい、これらがイカ用の疑似餌であることの証となっている。この「しらやき」は、たとえば図10-25のようなイカ釣針と組み合わせて使われた。

　山陰地方のこの骨角器から白磁製への疑似餌の素材の転換は、新潟県佐渡島のイカ釣具の当地方への導入と関係があるらしい。以下、しばらく佐渡のイカ釣具について池田哲夫氏の研究によりみていくこととする（池田2004）。

　佐渡には回遊するイカの群れに応じて、3種のイカ釣具が使用されていた。それは、水深40～70尋の群れを狙うソク、7～8尋の群れを狙うトンボ、表層に浮上してきた群れを釣るツノである。池田氏はこれらを「佐渡式イカ釣具」と呼び、これらが日本海においてスルメイカの回遊する各地に伝播していく過程や意義を明らかにされた。トンボは、1本の釣竿に一つのイカ釣針をつけた釣具であるが、釣竿全体やそのイカ釣針をいう。このトンボに陶器製の錘が使用されていた。明治35年（1902）の『新潟県水産試験場事業報告』には、「をもり・陶器・二寸五分内外・四角柱両端細シ・七匁」として形状や重量などが記されている。この陶器製の錘が「しらやき」と考えられる。優れた佐渡のイカ釣技術を習得するために、鳥取県が派遣した伝習生の一人であった竹田虎蔵の明治23年（1890）の書簡には、竹田のもち帰った「佐渡式イカ釣具」を使った泊では漁獲効果がすこぶる上がり、佐渡内浦海産会社に「トンボノ白重リ」200個とトンボ（擬餌針）20個を急遽注文したことが知られる。さらに佐渡内浦海産会社の販売記録には、明治20年(1887)から24年にかけて、鳥取県や島根県から注文されたイカ釣具の中に約2000個の「白色錘」がみえるばかりでなく、「しらやき」に関する重要な記載がある。それはおよそ次のような内容である。

　① トンボの錘は江戸時代末期までは種々の石を用いていたが、偶然、白い色の石を使ったところイカがこれによくつくことがわかった。
　② 明治初年ころからは相川町陶器師羽口屋に碍子形の「白焼」を作らせるようになった。
　③ 今は国内各地に伝播し改良されて長楕円形となり、会津地方で作って

いる。

　この竹田の書簡は具体的で信憑性が高いが、一方で前述の『新潟県水産試験場事業報告』では、磁器製の錘が既に文化・文政年間（1804〜1829）から佐渡で使用されていたとしている。そのころ佐渡あるいは北陸地方で磁器生産が行われていたとは考えにくく、仮に錘として使用されていたとすれば、たとえば肥前の磁器を錘の形に加工したようのものではなかったかと思われる。いずれにせよ、「しらやき」は佐渡で始まったことは間違いないであろう。「しらやき」は、「をもり」・「白重リ」・「白焼」として明治期の資料にみえ、当初は錘であったものが疑似餌に発展していく様子がうかがわれる。

　その後、「しらやき」は瀬戸地方で生産されるようになるが、池田氏の研究により「しらやき」のほぼ全貌が明らかにされたのは、近現代のイカ釣具のみならず、原始・古代のイカ用疑似餌を考えるときに大きな成果として評価できよう。山陰地方の「しらやき」が「佐渡式イカ釣具」の影響を受けていることは肯定できよう。しかし、山陰地方の「しらやき」の形態は、古代・中世からの骨角器の形態を継承している。竹田虎蔵の書簡にあるような佐渡からの導入期の「しらやき」は、山陰地方では既にみることはできない。現在、新潟県相川町郷土博物館に残されている資料は（内田 2005）、前掲の『新潟県水産試験場事業報告』の「をもり・陶器・二寸五分内外・四角柱両端細シ・七匁」という記述にきわめて近く、これをもってほぼ往時の「しらやき」を知ることができる。これらのことから、山陰と佐渡の間にはたえず交流があり、互いに影響し合いながらもそれぞれ独自の展開を遂げたということができよう。今日、山陰地方に残されている「しらやき」の多くは瀬戸地方で生産されたものであろう。「しらやき」が骨角器に取って代わるほどの効果をあげたことは図10-24のように上半分が「しらやき」で下半分が鉛の擬餌針が物語っている。

　日本近海に回遊してくるスルメイカの漁獲量は高かったはずであるが、その漁具は近代以前は不明な点が多い。ここで抽出したイカ釣具のうち、とくに原始〜中世のそれはまだ実証されたとはいいがたい点もある。

縄文時代中期後半〜後期には、仙台湾から三陸海岸の一部にかけてイカ釣具のセンターが形成される。気候や海流などの自然条件を考慮しなければならないが、現在でも三陸沖では東シナ海で冬に生まれたスルメイカの群れが、夏に北海道から索餌行動しながら千島の海域に達し、体長が20cm以上になって9月ごろに南下し始める。そして、ここで相手をみつけ交接する（奥谷 1989）。10〜12月に賑わいをみせ、漁期となることとも関係しているかもしれない。

古代・中世には、針部は鉄製に、胴部は伝統的な骨角の疑似餌として、それぞれ別素材のものが現れる。イカの種類に応じて擬餌針に形態差が芽生える。九州から関東地方まで分布は広がっているが、調庸物の貢納と無関係ではなさそうである。このころのイカ釣具は北部九州にセンターがありそうにみえる。近世のイカ釣具の様相は具体的には明確でないが、後世の資料からみると地域によってさまざまなものが存在していたことが推定される。アオリイカ・コウイカ系とスルメイカ系の擬餌針が明確になってきて、前者は九州南部に、後者は佐渡にセンターができる。澁澤敬三も明治17年（1884）の『水産会報』巻3に集成された各地のイカ釣具を分析し、「明治前にあっては薩摩の餌木と佐渡のトンボ鉤とが互に一つの中核を為し一定伝播域を頒け会っていた如く感ぜられるのは注目すべき所である」と指摘している（澁澤 1884）。山陰は両地域のイカ釣具が交差する海域であった。

近現代では、近世にできた二つのセンターを中心に全国的にイカ釣具が広がり、各地で工夫・改良がなされ捕獲量が高くなる。一方で、乱獲・資源保護の問題が生じていく中で、漁場は国外の海域へも広がる。コウイカ系はレジャー釣具に、スルメイカ系はコンピュータの導入という段階に入っており、骨角器の担ってきた役割は完全に終止符が打たれ、イカ釣具のセンターは解消された。

第4節　沖合延縄漁の成立

1.『日本三代実録』の記事から

『日本三代実録』陽成天皇元慶元年（877）9月27日の条には、出雲国に関す

る次のような記載がある[6]。

> 廿七日乙丑。出雲國言。楯縫郡白水郎海部金麿。同姓黒麿等。今月二日乗扁舟。泛海釣魚。二人沉鉤羅。繋海底。引之不出。絲緕入水五十餘丈。金麿等下手緩々引釣。獲石一枚。其上生木三株草三莖。其木一株高二尺六寸。攅柯无葉。初出之時。其色赤黒。黏如塗鱚。及其漸乾。更變淺黒。一株高同上。雙幹聳出。白色如貝。一株高三寸。形如鹿角。上頭有如檜葉者。其草二莖青色。一莖赤色。並形如菌。

これを検討するにあたって、『日本三代実録』の唯一の訓読書である武田祐吉・佐藤謙三の訳を紹介しておこう（武田・佐藤1986）。以下はその読み下し文である。

> 廿七日乙丑、出雲國言しけらく、『楯縫郡の白水郎、海部金麿、同姓黒麿等、今月二日扁舟に乗りて海に泛び魚を釣る。二人鉤羅を沉めしに、海底に繋りて引くに出でず、絲緕水に入ること五十餘丈なり。金麿等手を下して、緩々に引き釣りしに石一枚を獲たり。其の上に木三株、草三莖を生ず。其の木、一株は高さ二尺六寸、攅柯にして葉無く、初め出でし時其の色赤黒にして、黏きこと鱚を塗るが如く。其の漸く乾くに及びて更に淺黒に變ず。一株は高さ上に同じく、雙幹聳出して白色貝の如し。一株は高さ三寸、形鹿の角の如くにして、上頭に檜の葉の如き者有り。其の草、二莖は青色、一莖は赤色、並びに形菌の如し』と。

153文字からなるこの短い文章の中には興味深いいくつかの史実が散見できるように思われる。そこで、最初にこの文章から知られることを次のように整理した。

① 元慶元年9月2日、出雲国楯縫郡の白水郎である海部金麿と同姓の黒麿の2人が1艘の小舟で漁をしていた。

② 漁具は50余丈の長さの絲緕を必要とする鉤羅。

③ 漁具にかかって引き上げたのは1枚の石で、その上に木が3株、草が3莖生えていた。

④ 木の一株には、高さが2尺6寸で葉のない枝が集まったような形をし

ており、水から上げたときには餹を塗ったように粘り、色は赤黒であったが、しばらくすると浅黒くなった。

⑤ 今一つの株は、高さは④と同じであるが、二つの幹からなっており白色の貝のようである。

⑥ 他の株は、高さが3寸で鹿の角のような形をしていて、上頭に檜の葉のようなものがある。

⑦ 草の2茎は青色で、他は赤色をしているが、いずれも形は菌のようである。

2．日本海に現生する珊瑚

まず、海底から引き上げられた木と草であるが、これらは珊瑚あるいはその仲間のヤギ類の可能性があることである。日本海における対馬暖流域には、ビワガライシ、フタリビワガライシ、アワサンゴ、キクメイシモドキなどの珊瑚のほかに、ヤギ類の生息が確認されている。

『日本三代実録』のこの記事が、珊瑚であると最初に指摘したのは羽原又吉であるが（羽原1949）、前項の⑤と⑥は、形状や色調からフタリビワガライシ（Cyathelia axillaris）であろう。「上頭有如檜葉者」としているのは、フタリビワガライシに特徴のポリプを受粉前の檜の雌花序にたとえたものと思われる。

④はヤギ類に特有の形状・性質であるし、⑦はアワサンゴなどの珊瑚であろう。日本海において珊瑚を生息たらしめているのは対馬暖流の影響がもっとも大きいと考えられるが、日本海海底の熱流量測定結果は、世界の陸上および海底の熱流量平均値である1.2～1.5を越えた2.0以上が集中していて、その海底が"熱い"ことも（紺野1975）関係しているのかもしれない。

天平5年（733）に編纂された『出雲国風土記』島根郡条の附島には、「周二里一十八歩　高一丈　有椿、松、齋頭蒿、茅、葦、都波也。其齋頭蒿者、正月元日生長六寸」（附島は周囲が二里で高さが一丈ある。そこには、ツバキ・マツ・オハギ・カヤ・ツハがある。その中でも、オハギは正月の元旦にも生えていて、長さが六寸にもなる）とあり、加藤義成『出雲国風土記参究』は、「齋

頭蒿が正月元日既に六寸になるということは、当時の特別な関心を呼んだものと思われる。これは暖流の影響であったろうか」としている（加藤1957）。齋頭蒿（おはぎ）は蓬のことである。当時においても日本海が珊瑚の生息条件を満たしてたことを推測せしめる史料である。

ここで珊瑚にこだわったのは、『日本三代実録』のこの記事の信憑性と、珊瑚が後述する延縄漁に直接的・間接的に関係してくるからである。海部金麿と黒麿の2人が海底より引き上げた石の上に生えていた木と草が、単なる海藻類や海流などによる漂流物ではなく、当時日本海に生息していた珊瑚やヤギ類であったことを確認しておきたい。

3．古代楯縫郡の延縄漁

次に、海部金麿と同姓の黒麿が行っていた漁法であるが、「鉤羅」を武田・佐藤両氏の訓読では「あみ」とされている。確かに「羅」には「あみ」という意味があるが、それでは「鉤」の意味が通じない。「羅」には「つらなる。つらねる」という意味もある（諸橋1958）。この場合は、つらなった多くの釣針をつけた絲緡と解されよう。50余丈という絲緡の長さ、その作業には1艘に2人が必要であり、網を使用していないことを考え合わせると、底物の大量漁獲を目的とした、いわゆる延縄漁であったとしか考えにくい。

延縄漁はかつては島根半島部の所々にみられたが、現在では平田市小伊津町を中心とする佐香地区（旧楯縫郡）のみに残っている。何故にこの地域のみに延縄漁が残っているのかという問いに対する島根半島部の各漁村での取材結果は、皆一様に"伝統"だからという回答であった。とりわけ古くより小伊津漁港の延縄漁はその甘鯛漁で知られており、沖合い10～15kmほどには自然の魚礁があって、それは季節に関係なく漁のできるアマダイやタイ延縄の格好な漁場となっている。水深は100m前後。このことは、「絲緡入水五十餘丈」に符合する。いうまでもないが、自然の魚礁とは珊瑚の群生のことである。

そして、この延縄漁の縄によってときどき珊瑚やヤギ類が引き上げられるのである。その多くは前述のフタリビワガライシである。平田市三津町や小伊津

三津町恵比寿神社に奉納された珊瑚とヤギ類　　　小伊津町恵比寿神社に奉納された珊瑚類
（まだ石についている）

写真2　恵比須神社の珊瑚類

　町では、これらを海辺にある恵比須神社に奉納してきた。その恵比須神社には多くの珊瑚やヤギ類をみることができる（写真2）。珊瑚の風化の度合いがそれぞれ異なっていることが、奉納の古い歴史を物語っているとともに、延縄漁の長い伝統が知られる。

　出雲地方の延縄漁の古記録の一つに、出雲の伊野浦（秋鹿郡）の延縄漁民が越前国鮎川浦に漂着し、この地方に延縄漁を伝えたという「越前國名蹟考」がある。それは明暦以前のことであり、彼らはそりこ舟を使用していたらしい（羽原1953）。当地方のそりこ舟は、美保関町や隠岐島の一部で近年まで使用されており、その起源は不明であるが、美保関町では明治のある時期までそりこ舟で鯛延縄を行っていたことを考え合わせると、海部金麿・黒麿が使用していた「扁舟」は、このそりこ舟であった可能性もあろう。管見の限りではこの記録をさかのぼるものはないが、『日本三代実録』は当地方ばかりでなく、日本における確実な延縄漁の記録としても注目されるのである[7]。

4．小伊津漁港の延縄漁

　ここで、今日小伊津漁港に残る延縄漁を簡単に紹介しておくことにする。小

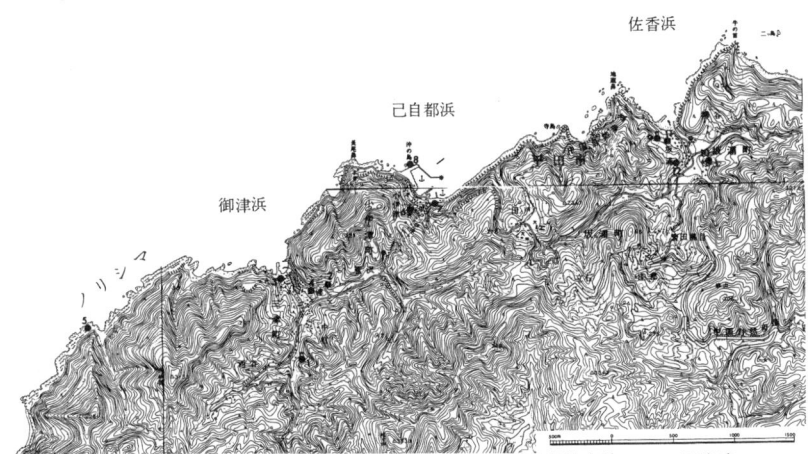

1：御津神社　2：御津神社旧社地　3：恵比寿神社　4：須恵器散布地　5：三野瀬島
6：三社明神　7：恵比寿神社　8：沖の島・中の島　9：鞆前神社　10：岩穴古墳
11：空屋敷古墳　12：番白場古墳

図12　楯縫郡の浜の景観

　伊津漁港とは、漁港法（昭和25年法律137号）による第 2 種漁港で、小伊津を本港とし、分港に三津と坂浦を加えたものである。現在の平田市の海岸部は、およそ旧楯縫郡と出雲郡の一部を含めた範囲で、それは大きく佐香（坂浦・小伊津・三浦）、北浜（唯浦・塩津・釜浦・十六島・多井・小津）、鰐淵（河下・猪目）と通称呼ばれる 3 地区に分けられ漁業が営まれている。このうち、延縄漁が残っているのは佐香地区で、水産業協同組合法（昭和23年法律242）にもとづき、平田市三津町（三津支所）、同小井津町（本所）、同坂浦町（坂浦支所）、同組合（地合支所）の 4 漁村で佐香漁業協同組合が昭和23年に結成され、今日に至っている。したがって、地域的には小伊津漁港≒佐香漁業協同組合≒佐香地区と考えてさしつかえない。

　延縄漁のほかには、一本釣、イカ釣、刺網、定置網のほか、採貝藻漁が行われており（表 2）、三津と坂浦には谷合いに小規模な水田も開発されている（図12）。

　延縄漁に使われる延縄は 1 本が130m前後の幹縄。それに釣針をつけた1.3mほどの枝縄（釣針を結ぶ先端のほうのみテグス）が約100本つけられる。1 本

表2　小伊津の主要漁獲物の漁期

種別＼月	1	2	3	4	5	6	7	8	9	10	11	12
たい												
あまだい												
ぶり												
さば・あじ												
いわし												
いか												
さめ												
わかめ												
のり												
あわび・さざえ												

（平田教振会 1952より）

の延縄は1個の縄鉢に入れられ、それは魚種に関係なく直径54cm、高さ12cmの円形の竹製である。船上では多いときには20本の延縄をつなぐが、延縄3本ごとに浮子がつけられる。縄鉢の周縁部には藁縄で縁取りされて釣針が順次かけられるようになっている。

釣針は魚種によって異なる。現在は、主に次の4種類が使用されている（写真3）。A類はB〜D類に比してやや太く、釣針の長さに対し幅の広いもので、針部にはひねりが加えられ、先端が内傾し内側に鐖がつけられている。長さは2.3cm。これはタイを狙ったもので、カナ類がかかることもある。B類は針の先端部が軸方向へ屈曲し内側に鐖がつくもので、長さは2.5cmある。主としてノドグロを狙ったものである。A類に比較すると細く、釣針の長さに対し幅が狭い。C類は、先端部に屈曲がみられないほかはB類と形態やサイズは同じである。サバ、メバル、カサゴなどに用いる。D類は鐖ない点を除くと、形態やサイズはC類に同じである。アマダイを狙ったものでハモもかかる。B、C、D類ともA類のようなひねりはみられない。さらに、いずれの種類の釣針も小型のものがあり、季節による魚の生育に対し使いわけがなされている。また鐖がないD類は、アマダイが比較的お

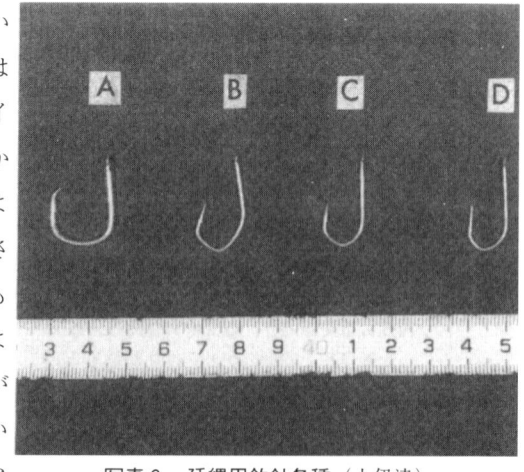

写真3　延縄用釣針各種（小伊津）

となしく釣針を飲みこむ習性があるからで、逆に有鐖のものは狙う魚種が口先に釣針がかかり、あばれる習性だからという。

　釣針は15本前後に1本の割合で別類のものをつける。たとえば、C類の釣針15本に1本というきまった割合でA類をつけるのである。これは船上において延縄を延べるときに、別類の釣針には石錘をつけるためと、その目印にするためである。石錘は長さ10cm前後の楕円形の自然石で中央を縄でしばってある。これらは海岸で採集し、500～700gのものが使用される。漁船に乗るのは男性で、女性は延縄を縄鉢にセットし餌をつけるのが主な仕事となる。餌はもっぱらイカで、塩をした切り身にイワシやニシンからとった油をつけたものを使用する。

　漁場までは約1時間、夜明けとともに出港する。延縄を延べる作業にも1時間。そこで約1時間休憩をとりながら魚のかかるのを待つ。この間に朝食がとられる。その後に延縄を引き上げるが、これには2～3時間を要する。延縄を延べるにも回収するにも、船を少しずつ移動させながらの作業となる。こうした作業は一艘で行い、すべて機械化された現在では1人もしくは2人で充分であるが、帆船時代には4人が必要とされた。現在の漁獲はアマダイの場合ならば、100本の釣針に対し多いときで20匹、平均は10匹ほどである。

　ちなみに漁場は入合いになっており、帰港するときの目印となるのは、小伊津の場合では海岸にある円錐形をした高山である。

　今から20年ほど前までは、上記の魚種のほかにアジ・サバ・サメを延縄漁で捕獲をしていたが、今日では行われていない。ただし、年によってはサメの多い季節もあり、そのような場合は鯛延縄のところどころにサメ用の釣針をつけることがある。当然のことながら、サメには大型の釣針が用いられる。釣針は長さ8.5cmを測り、枝縄は全長7.7mに及ぶ。枝縄の釣針に近い約70cmの部分は長さ10～20cmの真鍮製の鎖4本でできている。これは、昭和23年に大川浩氏によって報告されている島根・鳥取両県境の美保湾で行われていたサメ延縄の漁具に同じである（水産庁 1953）。

　以上のような延縄漁から推測すると、その規模こそ異なるが、楯縫郡の海部

金麿と同姓の黒麿は、1人が舟の漕手、他の1人が縄延作業をしたものと解されよう。

5．考古資料による延縄漁

現在のところ、延縄漁を考古資料から明確に立証した報告や研究はみられないが、本節で紹介した資料を念頭に、以下その可能性を探ってみることにしたい。

ある特定の魚種を狙った延縄漁には定形化した釣針が多数必要とされる。そこで、名古屋大学考古学研究室の成果（渡辺 1986b）にもとづきながら、試みに鉄製の釣針を1遺跡で20本以上出土している遺跡を拾いあげると、①福岡県福岡市海の中道遺跡（8世紀後半〜10世紀、約200点）、②鳥取県東伯郡長瀬高浜遺跡（古墳時代、36点）、③新潟県西蒲原郡巻町城願寺跡遺跡（13〜15世紀、224点）、④青森県青森市三内遺跡（平安時代、65点）の4遺跡がある。いずれの遺跡も日本海をその漁場としていた集落跡と考えられる。

①の海の中道遺跡では、とくに10世紀代と考えられている第3次発掘区から多数の釣針が出土している（図13-1〜5）。報文では（山崎他 1993）、長さ5cm以上で内側に鐖がつく大型釣針をI類、5cm以下の小型のものをII類とし、さらにI類を長さに対し幅の狭いものをIa類、幅の広いIb類とする。II類は長さに対し幅が狭い小型品でのあるものとないものがある。これらのほかにイカ・タコ用の擬餌針と思われるIII類、釣針未製品をIV類としている。I類・II類の釣針のすべてが延縄用とは考えにくいが、小伊津漁港の例と比較した場合、Ia類はサメなどの大型魚類、Ib類はタイ用で私見のA類に、II類のうちでのあるものはC類に、鐖のないそれはD類にあたるであろう。とすれば、滑石製有孔石錘は延縄用であったと考えることもできる。また、第3次発掘区から検出された「焼かれた形跡のある珊瑚の堆積」が「石灰を焼成した際の焼け残り」であるとされている。サンゴの成分である石灰は多様な使い道があるので、これも延縄漁がもたらした海のめぐみの一つであったのではあるまいか。

なお、この海の中道遺跡の調査結果は、この遺跡が単なる古代の漁村ではな

第 1 章 沿岸漁撈の諸相 51

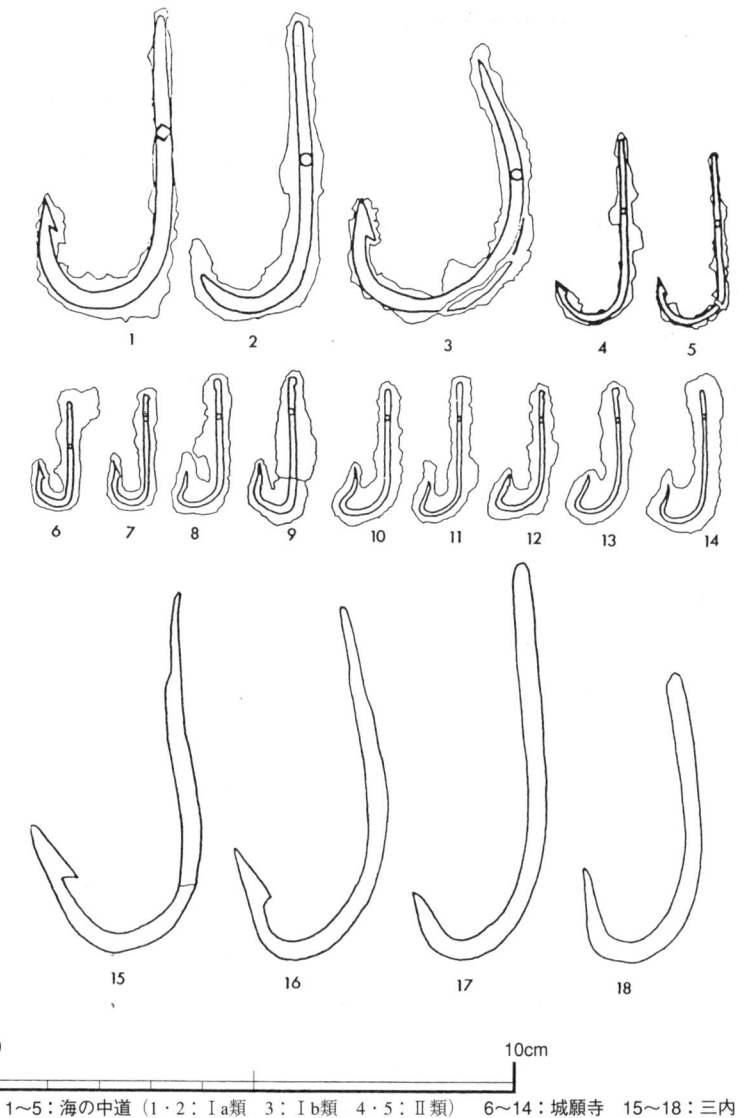

1～5：海の中道（1・2：Ⅰa類 3：Ⅰb類 4・5：Ⅱ類）　6～14：城願寺　15～18：三内

図13　遺跡出土の延縄関係釣針（渡辺 1986より）

く、太宰府の御厨としての性格を有していたとの論考を導き出すに至っている（板楠1982）。

②の長瀬高浜遺跡では（清水1983）、主に古墳時代前期の集落跡からの出土であるが各住居跡に2～3本の釣針が出土しており、その合計が36点ある。釣針の形はいずれも共通しているが、延縄を立証するには各住居跡からの出土数が少ない。

③の城願寺遺跡はもっとも多くの鉄製釣針が検出されている（図13-6～14）。13～15世紀と考えられる第12層からは合計224点が出土しており、報文では（前山1985）、「特定箇所に一括して廃棄もしくは遺棄された可能性も考えられる」とする。釣針は太さ1mm、長さ平均2.5cmの小型品で、形態にはいくらかの違いがあるが、「サイズや先端部長、最大幅比の上では類似した在り方を示し」、「集中的な出土、サイズの類似性からみてここでは延縄漁に用いられた可能性を指摘しておきたい」と結ばれている。さらに、この遺跡出土資料をX線写真によって調査された渡辺誠編『考古資料ソフテックス写真集』によると、内鐖のものと無鐖のものが約3：2の割合で混在している（渡辺1986b）。そのサイズや形態は、能登以北の日本海で行われていた鱈延縄の釣針に酷似していることが注意される（農商務省1926）。また、報文で指摘されている釣針の「大多数の個体が先端部でこころもち外側へ張り出す」、いわゆるひねりの特徴も、全国各地の延縄漁の針にみられる工夫でもある（勝木1946）。

④の三内遺跡のH-23号住居跡からは総数62点、軸部で数えて21点がまとまって出土している（図13-15～18）（桜田1978）。前掲の『考古資料ソフテックス写真集』では、その出土状態から「延縄用の針入れに入れられていた状態を想像させる」としながらも、釣針の先端部が無鐖のものと内鐖のものが約半数ずつ混在していることを理由に、延縄用の可能性を一応否定しているが、1本の延縄に形態の異なる釣針がつけられることもあるのは既に紹介したとおりであって、延縄用であることを否定する理由にはならない。釣針の形態は、小伊津漁港にみられるサメ用のそれをやや小型化したものに似ている。

6．古代楯縫郡の漁村

　現在、延縄漁の残る平田市（現出雲市）佐香地区の三津町、小伊津町、坂浦町の3漁村は、『出雲国風土記』楯縫郡の「御津濱」、「己自都濱」、「佐香濱」にそれぞれ比定される。このほかに楯縫郡には、今日の北浜地区に相当する「能呂志濱」（唯浦）、「鎌間濱」（鎌浦）、「許豆濱」（小伊津浦）の記載がある。

　当時の楯縫郡は佐香郷、楯縫郷（郡家所在地）、玖潭郷、沼田郷の4郷と餘戸里、神戸里に行政区分されていた。『和名類聚抄』にも、佐香、楯縫、玖潭、沼田の4郷がみえる（池邊 1981）。『出雲国風土記』は、これら各浜の郷への所属を明らかにしていない。それらは漁村を示すと考えられ（内田 1987a）、『出雲国風土記』にはこうした浜や浦が海浜部の各郡の記述に合計40ヵ所数えられる。

　以下、『出雲国風土記』によって、本節に関係する楯縫郡の「御津濱」、「己自都濱」、「佐香濱」の古代漁村の景観を、近世に編述された地誌である『雲陽誌』（黒沢 1717）を援用しながら少しく復元することにしたい（図12）（〔　〕内は『雲陽誌』）。

(1)　御津浜（平田市三津町〔三津浦〕）
　　・御津濱。廣卅八歩。
　　・御津嶋。生紫菜。
　　・御津社。在神祇官。（式内社）

　現在の御津神社は（図12-1）海岸より700mほど入った山麓にあるが、旧社地はもう少し海に近い位置にある（図12-2）。しかし、御津神社は『雲陽誌』では「六社明神」とあり、その旧社地「上松權現」は「岩窟の内に鎮坐なり」としている。この「上松權現」こそ、珊瑚やヤギ類が奉納されてきた現在の恵比須神社である。御津嶋の候補は二つある。一つは「三野瀬島」で「六社明神より西北の間三津浦と唯浦の境路程三十町はかりに海苔の生する島なり、此島に犬戻という岩壁あり」とあり、他の一つは「東のとう島」で「是も海苔の生する島なり、東は古井津界にて路程十八町の岩壁なり」とある。『雲陽誌』にいう島とは、その後述からも知られるように、いわゆる周囲を海で囲まれた島

ではない。現在でも三津町では、シマといえばノリシマ（図12）のことで、ノリの生える陸地につながった平坦な岩礁地帯を示している。『出雲国風土記』にみえる各島々も、島の周囲の距離や高さを明記したものと、そうでないものがある。後者のすべてが陸地に続いた岩場であるとは限らないが、「御津嶋」はこれに該当すると考えられる。ここでは、「御津嶋」を「三野瀬島」（図12-5）に比定しておく。三津町内における古代の遺跡としては須恵器の散布地があるが（図12-4）、小片のため、器形や時期は不明である。

(2) 己自都浜（平田市小伊津町〔古井津〕）

・己自都濱。廣九十歩。

・水社。在_神祇官_。（式内社）

現在の集落の立地やあり方からみると、御津浜や佐香浜にあるような水田や可耕地はまったく有しておらず、漁業への依存度は大きかったと考えられる。とくに小伊津が今日まで延縄漁を残し、小伊津漁港の本港となるほどに発展してきた理由の一つは、こうしたところに求められよう。しかし、『雲陽誌』には「三社明神」（図12-6）が記されており、御津浜の「六社明神」と同様な正月七日に田植の神事があったことが知られるので、近世のある時期にはいくばくかの水田耕作も行われていたようである。『雲陽誌』は「三社明神」を「或人日〔風土記〕に載る水神社是なり」としているが、現在は平田市水谷の水神社を「水社」とする説が有力である。また、『出雲国風土記』や『雲陽誌』にも記載がされないが、実際には湾内に沖の島・中の島（図12-8）、やや離れて兵島と呼ばれる小島があり、前者は信仰の対象となっていたと思われる。現在、珊瑚が奉納されている恵比須神社（図12-7）は、『雲陽誌』には「恵美酒社」としてみえる。

(3) 佐香浜（平田市坂浦町〔坂浦〕）

・佐香濱。廣五十歩。

・佐加社。在_神祇官_。（式内社）

・鞆前社。不_在_神祇官_。

『出雲国風土記』楯縫郡佐香郷の地名起源説話にも「佐香」とみえるが、「郷

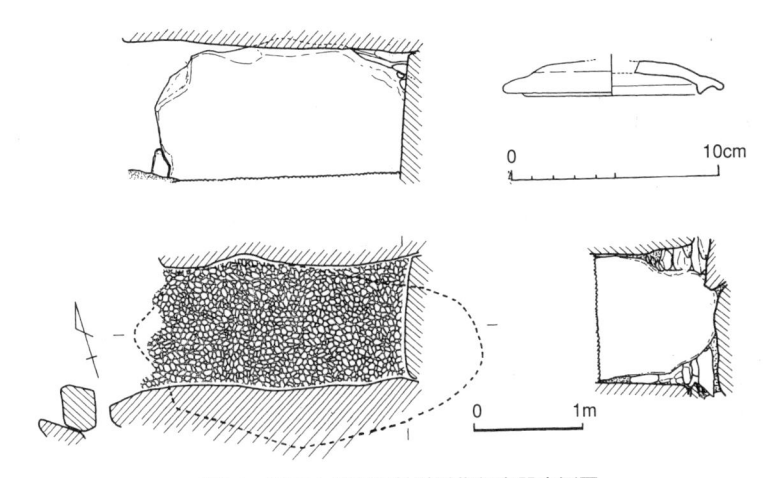

図14　岩穴古墳石室付近採集須恵器実測図

家」(関 1987)の所在地ではないことは、その記述から知られる。「佐加社」も、宍道湖北側の平田市小境の香加神社にあてるのが通説である。「鞆前社」は鞆前神社として坂浦町にあるが(図12-9)、『雲陽誌』は「日御碕大神宮」として記されている。その日御碕大神の伝説は『雲陽誌』の「寸崎瀧」、「とう々々瀧」と「若松島」、「御島」に色濃くみられる。また、現在の鞆前神社境内でもヤギ類の奉納がみられた。

　ところで、この佐香浦町には3基の古墳が存在する。いずれも盛土の失われた横穴式石室である。このうち図示可能であった岩穴古墳(図12-10)は、内法長さ3.0m、幅1.1～1.2m、高さ約1.2mを測る板状石を使用した横穴式石室である(図14)。石室は古く開口したらしく羨道部は不明であるが、片袖を意識した門柱状の袖石を玄室の前に立てている。床は海岸にある玉砂利が敷かれている。測量中に石室付近で採集した須恵器片は、山陰地方の須恵器編年Ⅳ期にあたり(山本 1971)、およそ7世紀前半代と考えられるものである(図14)。同時期の須恵器は石室の破壊が著しい番白場古墳(図12-12)でも知られており、空屋敷古墳(図12-11)も同様な状況にある。岩穴古墳にみられるような石室構造は島根半島部に散見され(松本 1986)、当地方における海浜部の古墳

の特徴の一つに挙げられる。

島根半島部において、『出雲国風土記』に「浜」や「浦」として記されており、律令制下の漁村につながっていくような"ムラ"の成立は、他の海浜部の遺跡のあり方からして、ほぼ古墳時代に求められるだろう（内田 1987a）。その律令制下の漁村の景観は、およそ次のようであったと考えられる。

すなわち、砂浜とその背後にあるわずかばかりの平野部、それらを貫いて海に注ぐ小河川、丘陵裾に集まった何軒かの「百姓之家」＝漁民。信仰の対象としての海岸近くの島や村落内祭祀の中心の『風土記』記載の社、浜岸には舟と舟小屋などがある。生業の中心は漁業や製塩であるが（内田 1987b）、その中でも狭い可耕地において水田をも経営することのできた漁民は、かつては古墳を築くことのできた人々につながっていくような村落首長であった。このような古代の浜（浦）は、郷や里に編成されてもその自己完結型の自然村落の構造が壊れることなく、基本的には『雲陽誌』の時代にも現代にも引き継がれてきていると思われる。

楯縫郡の海部金麿と同姓の黒麿が所属していたのは、今日も伝統的に延縄漁が残っており、『出雲国風土記』に「御津濱」、「己自都濱」、「佐香濱」として記載されている古代漁村のうちのいずれかであったことであろう。

7．古代史の中の出雲の漁業

山陰の一小漁村でおきた、この小さな出来事が何故に中央の記録に記されることになったのかを考えて結びとしたい。

第一は、考古資料からも推定できるように、このころから日本海沖合いにおいて延縄漁が発達し始め、沖合の漁場が開発されてかなり深い海にいる魚種をとらえることができるようになったと考えられることである。それに伴い、水深100ｍ前後の瀬に生息する珊瑚やヤギ類が延縄を引き上げるときに絡み、珍品として報告されることとなったのであろう。

第二は、「御津浜」はいわゆる御厨であった可能性が強いことである（内田 1987a）。藤原京や平城京出土木簡によって出雲国からも贄が貢納されていたこ

とが知られるが、その役割の多くを担ったのは御厨であった。『出雲国風土記』楯縫郡佐香郷の地名起源説話の中に登場する「御厨」もこれに関係するものと思われるのである[8]。その起源や所属は明らかではないが、中央に直結するような関係にあり、情報が比較的早く伝達できる条件を備えた場所であったからこそ、『日本三代実録』に記されることになったと考えられよう。したがって、海部金麿・同姓黒麿の2人が属していた集落は「御津濱」であり、彼らの情報は（大）贄の貢納とともに、御厨→国庁→都というルートを通じてもたらされたものと想像することができよう。

一方、『天平十一年出雲国大税賑給歴名帳』によれば、出雲郡の首姓を有するものに海部首目列、海部首登與女、海部首牛女が、部姓者に海部羊女、海部赤賣、海部刀良、海部加佐賣、海部坂賣、海部長依、海部眞虫といった名がみえる。これらに出雲国庁（意宇郡家と同所）の置かれていた意宇郡の郡司の一人として海臣が名を連ねている。これらの姓から、かつて海臣・海部首―海部という部民制的関係が当地方に存在したことが推測される（石母田 1938a・b・c）。この関係のもとに先述の贄の貢納ルートや御厨も成立し、それが「御津濱」の地名由来ともなったと理解されよう。

第5節　古代島根半島の漁撈民

天平5年（733）に編述された『出雲国風土記』には、豊富な山野河海の産物記載がある。その品目は、『延喜式』や都城出土の木簡のそれに共通し、律令国家の調庸物の収奪と関係があると考えられる。それは当時のこの地域の自然環境と深くかかわったものである。この風土記の記載を分析することによって、そこには律令国家の支配体制のみならず、調庸物を貢納した人々の具体的な生業が浮かび上がってくるはずである。

1．海藻類

図15は『出雲国風土記』の海産物の記載をまとめたものである[9]。『出雲国

風土記』は日本海を大海、宍道湖や中海のような内水面を入海・水海と表記している。

まず、海藻類をみてみよう。海藻類の中で「海藻」と記されたものがもっとも多いことに気づくであろう。島根・秋鹿・楯縫・出雲・神門の島根半島を構成するすべての郡にあり、とくに大海（日本海）の島々に多く記されている。それらの島々はとくに海藻が豊富であり、おそらく付近の漁村（浜・浦）に漁業権があったと思われる。海藻はワカメのことで、飛鳥藤原京出土木簡では「軍布」、平城京出土資料では「若海藻」＝ワカメと「海藻」＝メと標記されることが多い。出雲国関係の木簡は平城京から次のような資料が出土している。

① 　出雲国若海藻　御贄
② 　出雲国若海藻　御贄　塩洗
③ 　出雲国若海藻　御贄　水洗
④ 　出雲国秋鹿郡多太郷中男作物海藻陸斤　籠重十両　天平九年十月　醍醐寺
⑤ 　出雲国意宇郡飯梨郷中男作物海藻三斤　籠重漆両　天平勝寶七歳十月

①～③は「若海藻」の表記で国名のみ記されており、贄の貢納木簡である。②③は二条大路溝出土で天平年間と考えられる。ワカメには塩洗・水洗という加工の違いがあったことが知られる。おそらく塩洗は海水で故意に塩分を着けた塩分摂取をも目的としたもので、水洗は真水で洗って塩分を落とし美味を味わったものと考えられよう。天平5年（733）の『出雲国計会帳』には、

　　七月
　　一　　二日進上茂濱藻　御贄貳荷事
　　　　　　　　右附駅家進上
とある。この藻は「若海藻」の若海が脱字したと考えられ、茂濱は風土記の須義濱のことで、駅家は付近の千酌駅家である。須義濱（茂濱）に属していた「海藻」の取れるのは黒嶋である。贄の性格を考えると①～③は須義濱を含めた千酌駅家周辺の浜浦の島々で取れる「若海藻」であった可能性が高い。④と⑤は郷単位で中男に課せられた「海藻」である。「若海藻」は文字どおり若い

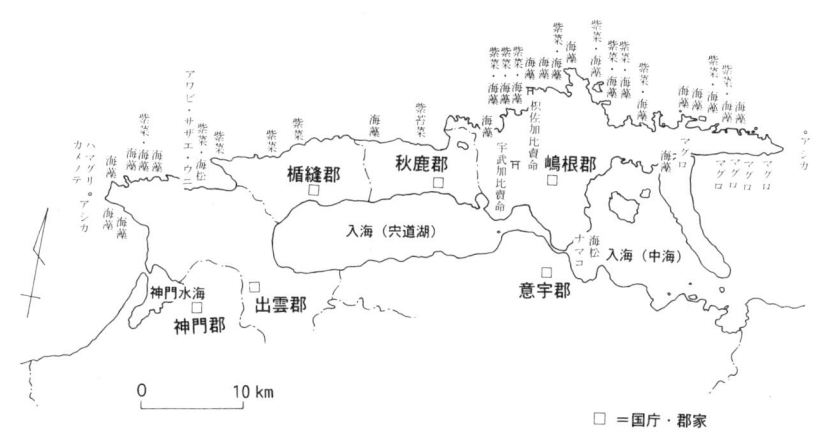

図15 『出雲風土記』による島根半島の海産物

柔らかいメであり、食べやすく美味である。駅家を利用した貢納の時期が、④⑤の「海藻」と比べると早いのも贄としての性格をよく表している。

　その贄の貢納を髣髴とさせる神事が日本海沿いに残っている。和布刈神事がそれである。出雲では大社町の日御碕神社に残る。旧暦の1月5日、宇龍港の権現島において日御碕神社の宮司がメカリ鎌でワカメを刈り取り、神前に供えるというものである。中世以前は日御碕神社前の経島で行っていたが、この季節には海が荒れることが多く渡島できないので、現在の宇龍の権現島に変わっ

た。日御碕神社は風土記では美佐伎社、『延喜式』では御崎神社であり、経島は風土記の御嚴嶋で「海藻生ふ」とある。このあたりのワカメは、この神事が終わらないと刈り取ってはならないことになっている。社伝によれば、「成務天皇六年正月五日早朝一羽の鴎が未だ潮の滴る生々しき和布を口にして飛び来り神社の欄干にかけて飛び去る事三度、社人之を奇とし直ちに浄水で洗い神前に奉った」ことによる（島根県神社庁1981）。平城京出土木簡③を想起させるが、海藻の初穂儀礼とでもいうべきものである。

　同様な神事は、山口県下関市住吉神社と壇ノ浦を挟んで対岸にある小倉市早鞆神社にもある。神事は大晦日の夜から元旦の朝にかけて行われる。両神社の創建は神功皇后のいわゆる三韓遠征と結びつけられているが、もとは出雲の日御碕神社のように海藻の初穂儀礼であった（宮下1974）。

　島根県隠岐の西ノ島にある海神社（式内社の海神社）では、近年まで氏子がそれぞれ元旦に竹の枝をメカリ鎌にみたて、これに海藻をからませて奉納する民俗が残っていた[10]。起源は不明だが、これは和布刈神事のプリミティヴなかたちを残していたとみていいだろう。さらに、関係する式内社の社名を拾っていくと、

　　　出雲国意宇郡　　賣布神社（『出雲国風土記』では賣布社）
　　　但馬国東多郡　　賣布神社
　　　丹後国竹野郡　　賣布神社
　　　　　　熊野郡　　賣布神社
　　　摂津国河連郡　　賣布神社
　　　尾張国中嶋郡　　賣夫神社

がある。但馬国東多郡の賣布神社は「ひめふ」であるが、他はいずれも「めふ」といい、『式内社研究』は賣布を芽生で草木のよく生える所を指すとしている（志賀1981）。「めふ」の元来の意味はそうであったかもしれないが、賣布神社の場合、風土記が記すように「海藻生ふ」だから「めふ」なのであろう。これらも、もとは海藻の初穂儀礼に由来した神社名であると考えられよう。賣布神社が日本海沿いや海浜部に分布していることが注意される[11]。

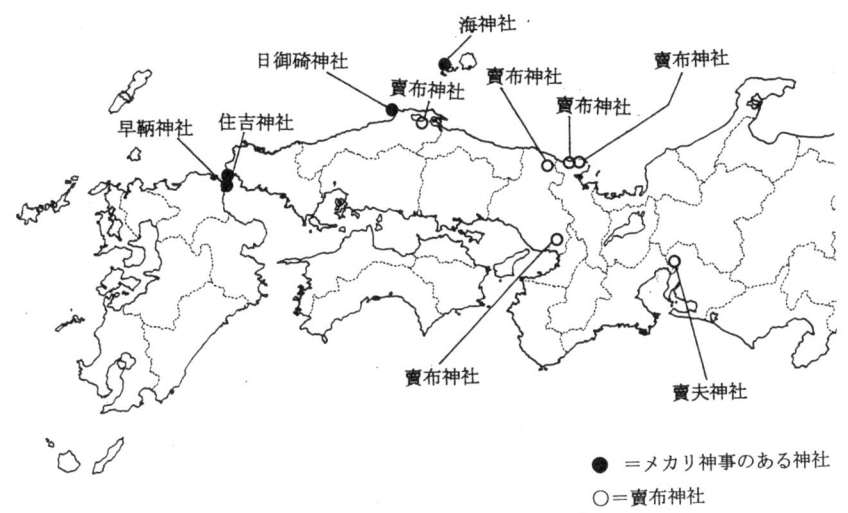

図16 メカリ神事と賣布神社の分布

　『万葉集』には海女が海藻を刈る歌が多く詠まれているが、それにはメカリ鎌が用いられた。このメカリ鎌は考古資料の中にも見出すことができる。弥生時代の石鎌や鉄製鎌の中には、穀物ばかりでなくメカリ鎌として使用されたものもあったとみられる。弥生時代の石鎌は中国の竜山文化に生まれ、遼東半島から朝鮮半島に伝わり、南下して北部九州に入ったものである。瀬戸内海にはあまり伝わらず、山口県綾羅木郷遺跡あたりから日本海沿いの遺跡に出土しているのも（下條1989）、海藻や賣布神社の分布などとの関係で考えると興味深い。

　こうした視点であらためて島根半島部の遺跡をみると、松江市鹿島町御津の中の津古墳出土の鉄製鎌がある（図17）。木棺直葬の小規模な円墳で、この曲刃鎌が唯一の副葬品であった。御津は『出雲国風土記』に御津濱としてみえ、三嶋には「海藻生ふ」とある。この御津・三島は天禄3年（972）廬山寺文書に天台座主良源遺告の中に出てくる。

　　三津厨一所在出雲國嶋根郡
　　　右嶋、故大弩師貫邦施入也、年料所（進貢）海藻等、先充法華堂僧、次

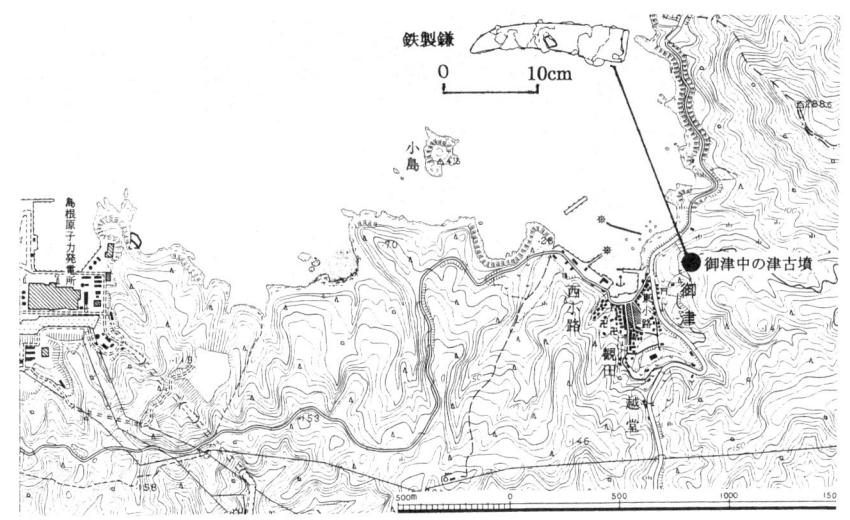

図17　御津町の景観と中の津古墳

　　可充不断念佛・八講等僧供料　　　（　）内は筆者補
　三津の厨一所。出雲國嶋根郡にあり。
　　右の嶋は大弩師の貫邦が（廬山寺に）施入したものである。年料として
　　たてまつられる海藻は、第一に法華堂の僧に充て、次いで不断念佛・八
　　講などの僧への供料に充てよ。
　風土記の三嶋は御嶋、廬山寺文書の三津は御津であろうから、この島が海藻が豊富に採れ、御津濱という漁村の中に含まれていたことがわかる。現在は小島と表記されているが、「三」＝「御」＝「小」という関係が考えられる。意味は御島なのであろう。廬山寺の御厨として施入される前史は、中の津古墳が示すように、古墳時代のうちには大和王権とこの地に海藻を貢納する関係ができたことに始まると考えられる。おそらく御津濱は浜ごと海部として編成されたのであろう。中の津古墳の被葬者は御津濱の漁民を統率し、海藻貢納を通して大和王権と関係をもったこの漁村の小首長であった。古墳出土の鉄製鎌はメカリ鎌と考えられ、被葬者の性格を反映している。現在でも4月10日の御津神社の祭日には漁民と神官でこの島に渡り、島の海岸に打上げられた海藻を社に

供えるという神事が行われている。

　海藻に次いで記載の多いのは紫菜（ノリ）である。『出雲国風土記』の紫菜の記述でとくに注意されるのは楯縫郡条である。すなわち、「凡て、北海に在るところの雑物（くさぐさのもの）は、秋鹿郡に説けるが如し。但（ただ）、紫菜（むらさきのり）は、楯縫郡が尤（もっと）も優（まさ）れり」とする。つまり、出雲国の中で楯縫郡で採れる紫菜がもっとも優れているとしている。現在でも十六島海苔（ウップルイノリ）として知られている。このあたりの海岸は波打ち際に自然にできた幅広の平らな岩礁が続いていて、岩海苔の格好の採集地となっている。この楯縫郡には式内社ではないが、『出雲国風土記』に「不在神祇官」として紫菜島社が記載されている。この紫菜島社は出雲市平田町十六の津上神に比定されていて、正月の初午の日に和布刈神事に相当する紫菜の初穂儀礼のような「海苔備え」（海苔を神前に供える意味か）という神事がある。

　『出雲国風土記』には海藻類は、海藻や紫菜のほかに梅松（ミル）と凝海菜（こるもは）（テングサ）があるが、これらはいずれも律令の賦役令調絹絁条の品目にあげられていることが注意される。

2．貝　　類

　貝類は岩礁性のものがほとんどである。その中でとくに注目されるのはアワビである。アワビは各郡の「凡北海所捕雑物」には半島部全域に記載があるが（図15）、具体的にどこで採れるのかは、出雲郡条に「気多嶋（けたしま）紫菜（むらさきのり）・海松（みる）生ふ。飽（あわび）・煉（う）・燕甲兼（に）あり」として１ヵ所のみみえるだけである。気多島は意保美浜と井呑浜の間に記されているので、現在の出雲市平田町の平島であるのはほぼ間違いない。現在でも漁協によって、この島は厳しい管理下に置かれている。

　『出雲国風土記』は、「凡（すべ）て、北海に在（あ）るところの雑物（くさぐさのもの）は、楯縫郡に設（と）けるが如し。但（ただ）、鮑（あわび）は出雲郡が尤（もっと）も優（まさ）れり。捕る者は謂はゆる御埼の海子、是なり」として、出雲郡の飽が抜きんでていることと、それを捕獲する漁民を特別に「御埼（みさき）の海子（あま）」と呼んでいたことを伝えている。海子は海人・白水郎の意味である（加藤 1957）。『延喜式』によると飽はさまざまな祭儀の必需品として貢

図18　気多島周辺の景観

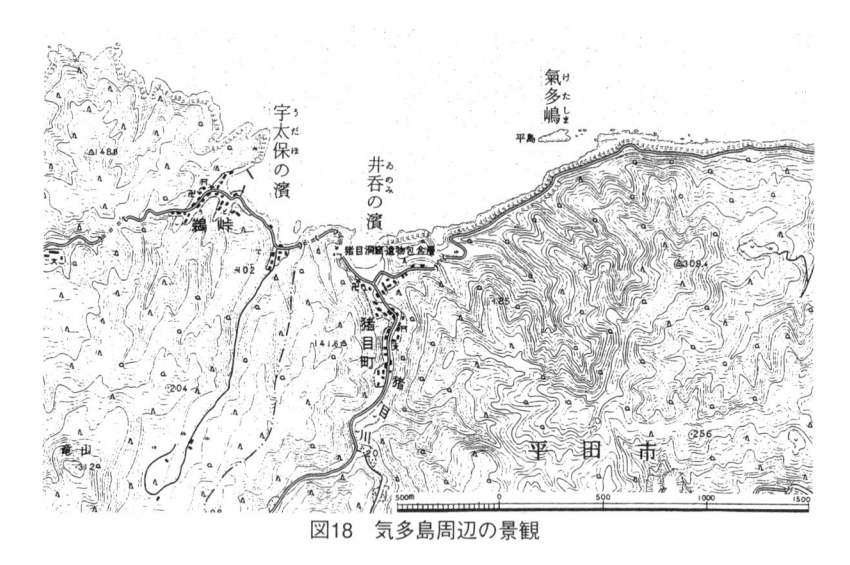

納されていたことが知られるが、単に贄や調庸物の品目ではなく、もう一つ別の重要な役割を担っていた。『出雲国計会帳』の天平5年（733）8月の「解辨官文肆拾壹條」には、

　一　同日進上眞珠参拾顆上一十顆　中五顆　下一十五顆
　一　同日進上水精玉壹伯顆事

とあり、顆という単位からみても、水精玉の他に真珠が収められていたことが知られる。この真珠はアワビ真珠と考えられる。この記述にいち早く気づいた野津左馬之助は、出雲産の真珠に上・中・下の品質があること指摘しながら、その産地は何らの記録にもみえないとし、八束郡森山村（現松江市美保関町森山）の中江瀬戸付近に古来真珠を産したという不確かな古伝があったことを紹介している（野津 1925）。しかし、『出雲国風土記』と『出雲国計会帳』を比較検討すると、出雲産真珠が出雲郡の御埼の海子による採取であったのは疑う余地はない。

　海人（白水郎）とアワビと真珠の関係については、『日本書紀』允恭天皇14年条に、次のような記事がある。

　　天皇、淡路嶋に猟したまふ。時に麋鹿・猿・猪、莫莫紛紛に、山谷に盈て

り。焱のごと起ち蠅のごと散ぐ。然れども終日に、一の獣をだに獲たまはず。是に、猟止めて更に卜ふ。嶋の神、祟りて曰はく、「獣を得ざるは、是我が心なり。赤石の海の底に、真珠有り。其の珠を我に祠らば、悉に獣を得しめむ」とのたまふ。爰に更に処処の白水郎を集へて、赤石の海の底を探かしむ。海深くして底に至ること能はず。唯し一の海人有り。男狭磯と曰ふ。是、阿波国の長邑の人なり。諸の白水郎に勝れたり。是、腰に縄を繋けて海の底に入る。差須臾ありて出でて曰さく、「海の底に大蝮あり。其の処光れり」とまうす。諸人、皆曰はく、「嶋の神の請する珠、殆に是の蝮の腹に有るか」といふ。亦入りて探く。爰に男狭磯、大蝮を抱きて泛び出でたり。乃ち息絶えて、浪の上に死りぬ。既にして縄を下して海の深さを測るに、六十尋なり。則ち蝮を割く。實に真珠、腹の中に有り。其の大きさ、桃子の如し。乃ち嶋の神を祠りて猟したまふ。多に獣を獲たまひつ。唯男狭磯が海に入りて死りしことをのみ悲びて、則ち墓を作りて厚く葬りぬ。其の墓、猶今まで存。

この記紀の海幸彦・山幸彦の神話にも似る記事からさまざまなことが読み取れるが、①狩猟（山）と漁撈（海）が密接な関係にあったこと、②島の神が真珠を欲していること、③白水郎が深く潜水してアワビを獲っていること、④真珠はアワビ真珠であること、⑤大きいアワビには大きな真珠が入っていること、⑥これらのことに天皇が関与していることなどは、贄―漁民―天皇（国家）の関係を考えるときに見逃せない。

『万葉集』には、たとえば大伴家持が能登国に赴任したときに京の妻を偲んで詠んだ歌に（4101）、
　　珠洲の海人の　沖つ御神に　い渡りて　潜き採るといふ　蝮珠（珠洲乃安麻能　於伎都美可未尒　伊和多利弖　可都伎等流登伊布　安波批多麻）（以下略）

短歌に（4105）、
　　白玉の五百箇集を手に結び遺せむ海人はむがしくもあるか（思良多麻能　伊保都追度比乎　手尒牟須妣　於許世牟安麻波牟賀思久母安流香）

などがあり、真珠を「あわびたま」とも「しらたま」とも表現しているとともに、海人が舳倉島に渡り潜水してアワビ・真珠を採っていることが知られる。

日本の真珠の最古の記録は『魏志倭人伝』（石原 1985）であろう。「真珠・青玉を出だす」とあり、景初3年（239）に倭の女王卑弥呼が魏に遣わした大夫難升米等が賜ったものの中にも真珠がある。また、末盧国では「好んで魚鰒を捕え、水深浅となく、皆沈没してこれを取る」とあり、真珠は海人が採ったアワビ真珠であることがわかる。卑弥呼の次に女王に擁立された壱与は魏に男女生口30人のほか、「白珠五千孔・青大勾珠二枚」を貢納している。『魏志倭人伝』においても真珠を白珠とも表記している。単位が孔と記されるのは、前掲の『万葉集』に「白玉の五百箇集を手に結び」（4105）とあるように、プレスレッドやネックレスにできるよう穿孔したものであろう。注意されるのは、卑弥呼の段階では真珠を賜り、壱与のときには貢納していることである。

ところで、長崎県壱岐郡原の辻遺跡から次のような木簡が出土している。

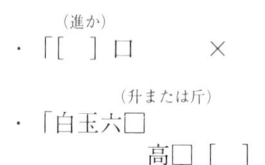

　　　　（進か）
・「［　］口　　　×

　　　　　（升または斤）
・「白玉六□
　　　　　高□［　］

第1号木簡とされるこの木簡で問題となるのは、白玉六の次の□の文字である。釈文によれば「升または斤」とされている。そして、白玉を「しらたま」と読むのか「はくぎょく」と読むのかで、この木簡の意味は大きく異なってくる。この木簡を検討された平川南氏は、白玉＝「はくぎょく」として、器や石帯の原石と考えられた（平川 1995）。詳細は報文にゆずるが、平川氏が指摘されているように、「はくぎょく」は『日本紀略』の「白玉帯」、『延喜式』の「白玉腰帯」など古代の文献にみえ、実際に考古資料においても白玉製の腰帯具が出土している。しかし、腰帯具の原石を升や斤という単位で表すことがあるのだろうか。そこで平川氏は、

　　数量単位は、「斤」よりもやや「升」に近い書体ではあるが、通常は金・
　　銀などの貴金属や玉石類の重量単位は「斤」である。原石を細かく砕いて、

体積単位「升」で表記したとも考えられる。

とやや苦しい理解をされている。

　では、「したたま」と読み、真珠と解した場合はどうか。現在、真珠は個数を数える場合「個」であるが、取引の場合などには旧来からの尺貫法の匁（3.75ｇ）が使用されている[12]。つまり、重量でもって扱われる場合があるのである。したがって、この木簡が交易のような場合に用いられたとすれば、「斤」で不思議ではない。また、真珠を個数ではなく体積で量った（升量り）場合も、「升」で矛盾しない。とまれ、原の辻遺跡出土 1 号木簡に記された「白玉」は真珠の可能性が高いと思われる。原の辻遺跡のある壱岐島は、『魏志倭人伝』では一支国として記され「やや田地あり、田を耕せどもなお食するに足らず、また南北に市糴す」とある。その前に記されている対馬国も「良田なく、海物を食して自活し、船に乗りて南北に市糴す」としている。その市糴する交易品の中に、倭人伝の末盧国の記述を勘案すれば、真珠があったことは十分に考えられよう[13]。

　奈良時代に出雲が真珠を貢納していたことはあきらかであるが、他の国々については不明である。しかし、『延喜式』内蔵寮の諸国年料供進では、

　　白玉一千丸志摩国所進臨時有増減

民部下の交易雑物では、

　　志摩国大凝菜卅四斤白玉千顆

とあり、平安時代には志摩国のみに貢納が求められている。これによって、真珠は顆のほかに丸という単位で数えられていたことが知られる。志摩国の真珠は『万葉集』にも「島津（志摩国）が飽玉採りて」と詠まれている。年ごとに1000個という数は、年によっては不足することも考えられる。年料に臨時に増減ありとか、交易によれば他国産の真珠を備えることも可能であり、そのような事態に対応する処置であったのだろう。

　また、式内社には伊豆国の田方郡にアワビを祭神とする「飽玉白玉比呼命神社」がある。古い時代には前掲の允恭紀から読みとれた特徴②〜⑤のような漁撈民と大和王権との関係が伊豆国にもあったことが推定される。こうしてみる

と、奈良時代には広くアワビが採れる諸国から真珠を納めさせていたが、『延喜式』に至るまでには志摩国が独占的に貢納を担うようになったと考えられよう。

　それでは、古代の真珠はすべてアワビ真珠であろうか。考古資料では、すでに縄文時代の遺跡から発見されていて宝玉として認識されていた可能性がある。古代では著名な太安萬侶墓や興福寺中金堂の調査などの出土例がある。太安萬侶墓出土例については室賀照子氏の自然科学的な分析があり、アワビ真珠ではなく、アコヤガイ真珠であるとの報告がある（室賀 1982）。正倉院御物についても、約4200点の真珠のうち99％以上はアコヤガイ真珠で、それ以外がアワビ真珠とされる（成瀬 2002）。アワビ真珠が不足していたのだろう。『延喜式』にみえる志摩国の白玉千個は、貝の種類を限定したものではないと考えられる。近世の史料ではあるが、『日本山海名産図会』の真珠の項に、

　　是はアコヤ貝の珠なり。即伊勢にて取りて伊勢真珠と云て上品とし、尾州を下品とす。肥前大村より出すは上品とはすれども、薬肆(くすりや)の交易にはあずからず。（中略）珠は伊勢の物形円く微(すこ)し青みを帯ぶ。又円からず長うして緑色を帯ぶるもの石決明(あわび)の珠なり。薬肆(くすりや)に是を貝の珠と云。尾張は形正円(ま)からず。色鈍(ど)みて光耀(ひかり)なく尤(もっとも)小なり。是は蛤(はまぐり)、蜆(しじみ)、淡菜(いかい)等の珠なり。（以下略）

とあり（千葉1970）、おそらく古代にも既にこれに近い認識があったと思われる。『冊府元亀』には、開成3年（838）に日本から唐への朝貢品の一つに真珠を載せており、真珠は国内外において外交・交易や祭祀に一定の役割を担っていた。アワビ真珠は薬の材料にもなる貴重品として輸出されたか、あるいは縄文・弥生時代以来のアワビの乱獲によって資源に変化があり、アコヤガイ真珠が代用されるようになったかであろう。出雲の「御埼の海人」やアワビも、以上のような歴史的事情を背景に『出雲国風土記』に記載されているとみなされる。

　しかし、ここで一つの問題がある。それは、出雲の「御埼の海人」たちはアワビの捕獲にあたって潜水したのかどうかという問題である。これまでみてきたように、『魏志倭人伝』や『万葉集』、あるいは『日本書紀』では海人は潜水してアワビを獲っていたことは明らかである。ところが、近現代においても同

じ地域にも専業の潜り海人と非専業の潜り海人がいるように、海人のすべてが恒常的に潜水漁をしていたわけではない。地域別にみても偏りがあり、専業の潜り海人は仙台・千葉・三重・長崎に多い（田辺 1993）。もちろん、漁民が夏季に一時的に潜水して魚介類を獲ることは広く行われていた。それよりも年間を通じて現在もっとも一般的に行われているのは、いわゆる見突漁である。すなわち、潜水をしないで1人、または2人で小型の舟の上から海中の魚介類や海藻をヤスや鎌で獲る漁法である。山陰ではこれをカナギ漁という。海中を覗くには海面に波があってはみえない。近代以降はガラスの着いた箱メガネを用いたが、それ以前は油が使用されていた。海面に油を注ぐと、油が広がった範囲はいくばくかの間は小さな波がなくなり、海中が透けてみえるようになる。そのわずかな間に海中の魚介類を獲るのである。海が大きく荒れなければ、この漁法ならば一年中できる。当然のことであるが、この方法ならばある一定程度以上に成長した魚介類しか捕獲できない。『日本山海名産図会』には「讃州海鼠捕」として讃岐のナマコ漁の様子が描かれている。油は竹筒のような容器からたらされている。説明は「海の底の石に着たるを取るには、即煎海鼠の汁叉は鯨の油を以、水面に點滴すれば塵埃を開きて水中透明底を見る事鏡に向がごとし。然して攩網(たもあみ)を以て是をすくう」とする。山陰では油を口に含んで海面に吹き付けた。椿（唾(ちり)）油である。隠岐ではアワビの内臓からとった油を用いた。海が凪ぐ腸(はらわた)という意味なのであろう。これをナギワタ（凪腸）といった。このカナギ漁に関して、近世の隠岐では以下のような重要な出来事があった。

　すなわち、イリコ・ホシアワビ・フカヒレの、いわゆる俵物三品の生産である。江戸幕府は対中国貿易において金銀の輸入に際して、その決済を銅と俵物でもって行っていた。俵物は長崎町人八名に俵物一手方を命じて独占的に集荷体制をとらせていた。しかし、次第に集荷能力が落ち資金的に行き詰まると、俵物一手方を廃し、長崎会所の下に新たに俵物役所を置き、全国の浦々に幕府の独占集荷体制を敷いた。そのため、隠岐の漁村にも庄屋を通じて過酷なノルマが課せられたのである。しかし、そのころ隠岐では専業の潜り海人はいなく伝統的なカナギ漁が行われていた。そこで、長崎から潜り海人を雇い入れるこ

とになったのである。それは享和2年(1802)から始まり文化3年(1806)まで続いた。その間の4年間は年間40名以上に上る潜り海人が入島している。これが文化3年で中止されたのは、潜り海人を導入したことによって隠岐の海のアワビが枯渇状態になったためである（荒居 1988）。潜水漁の効果のほどが知られるが、そのことよりも注意されるのは、隠岐のようにその生業を水産資源に頼らなければならない環境でも、専業の潜り海人がいなかった、あるいはいてもきわめて少数しか存在しなかった地域があったことである。そのような地域差はいつごろから芽生えるのか。次に弥生時代前～中期の豊富な資料を出土した島根県西川津遺跡と鳥取県青谷上寺地遺跡を取り上げ、少しく検討してみよう。

　島根県松江市西川津遺跡は、豊富な木製農耕具、大陸系磨製石器、漁撈具などとともにヤマトシジミを中心とする貝層から、動植物の遺存体が出土した低湿地の遺跡である（内田 1990・1991）。図19には西川津遺跡出土のアワビオコシ、およびそれに類似していてアワビオコシにも使えるという刺突具を示している。鯨骨製のものと鹿角製のものがあるが、いずれも20cm以下の小型のものである。これに関係する動物遺存体にはアワビ・マツバガイ・ベッコウカサガイ・ウニなどがある。このうちアワビ類はいくつかの種が存在するが、すべて風化の激しい破片となっており、同定が困難である。しかし、貝類を分析された高安克己氏によれば、山陰海岸の採取が容易な潮間帯で普通にみられるのはメガイアワビ・クロアワビ・トコブシであるが、通常10～50mの深度に生息し、高い呼吸孔をもつことが特徴のマダカアワビの破片がまったく検出されていないという（高安・角館 1991）。水深が浅いところに生息するマツバガイ・ベッコウカサガイ・ウニが多く検出されていることを考慮すると、西川津遺跡を残した人々は深く潜水して魚介類を獲っていたのではなかったということがいえよう。一方、鳥取県青谷上寺地遺跡でも、西川津遺跡同様に豊富な木製農耕具、大陸系磨製石器、漁撈具が出土している（北浦 2001、湯村 2002）。図19にはアワビオコシとそれにも使うことの可能な刺突具を示しているが、長さは20cmを少し超えるものが最大で、やはり小型のものばかりである。鯨骨製はみられず、先端部を意識的に薄く平坦にしようとする加工がある、いわゆるアワビオコシ

第1章 沿岸漁撈の諸相 71

西川津遺跡のアワビオコシ

青谷上寺地遺跡のアワビオコシ①

青谷上寺地遺跡のアワビオコシ②

青谷上寺地遺跡の刺突具

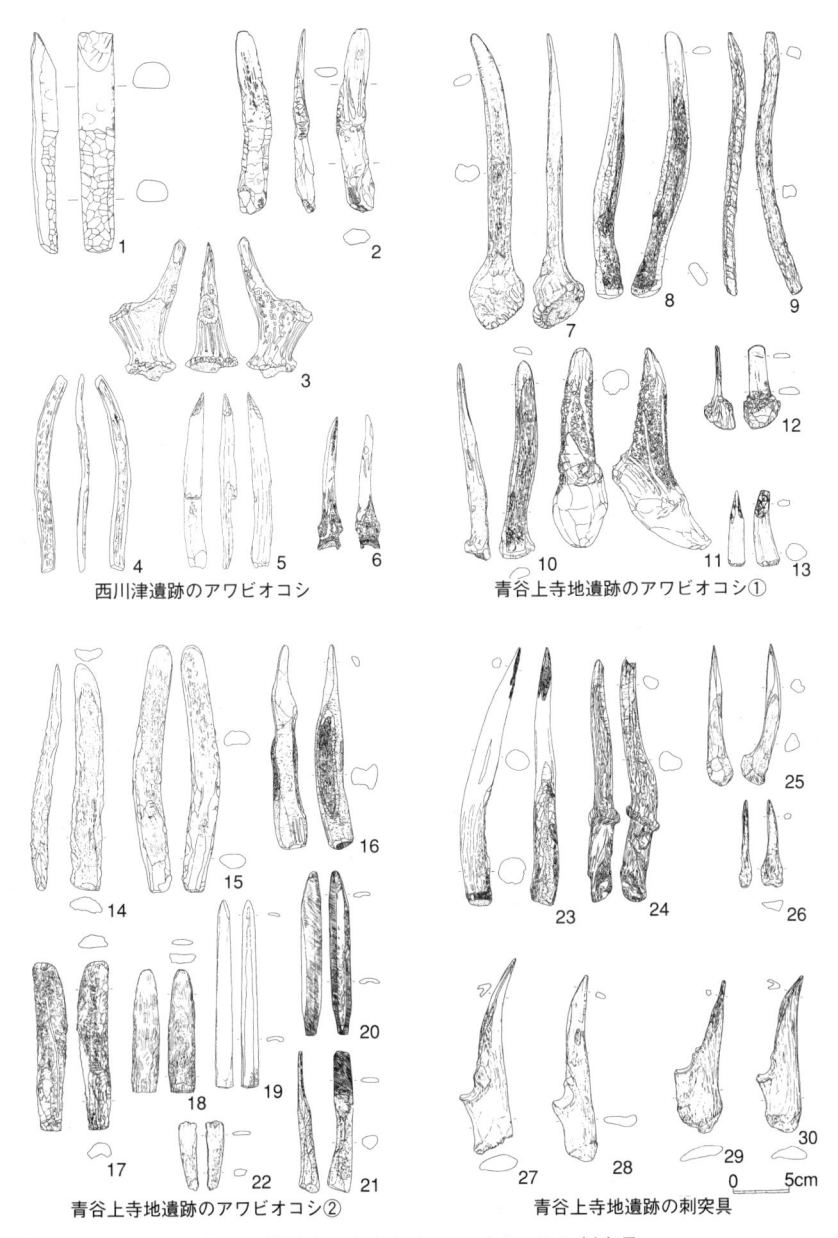

図19 遺跡より出土したアワビオコシと刺突具

は鹿角製が多く、刺突具はシカの中足骨・中手骨製が多い。関係する動物遺存体は、マガキ・イワガキ・イガイを主体とする貝層からアワビ類・ウニ類が検出されている（井上・松本 2002）。刺突具が漁具として使用されることがあればウニ漁であろう。詳細な報告がなされていないため不明な点も多いが、西川津遺跡より海への依存度は高いものの、ここでも深く潜水したことを示す確実な資料はない。現在でも青谷上寺地遺跡付近の漁村では、夏季に潜水してイワガキを採取しているが、出土している魚介類が原生のそれと変わらないことから、弥生時代においても同様のことを考えていいだろう。両遺跡ともアワビオコシは、図20-1〜3で示したような北部九州の遺跡出土資料と比較すると、大型のものがないことが特徴としてあげられる。

　このように山陰海岸の漁撈民は深く潜水することには積極的でなく、その反面、大型の結合式釣針や離頭銛の出土が物語っているように、それらを使用した大型魚類や海獣の捕獲を得意としていたのであろう。とくに青谷上寺地遺跡ではサメ（シュモクザメ）やイルカが描かれた土器や木製品も多数あり、遺跡の性格を表している。さらに、両遺跡とも豊富な木製農耕具にみられるように、稲作を中心とする農耕に力を注ぐ一方で潜水漁への積極性を失ったのかもしれない。とまれ、山陰では潜水漁を避け、やがてカナギ漁へと展開していく道を既に弥生時代から選択していた可能性がある。

　このようにみてくると、『出雲国風土記』出雲郡条の「御埼の海子」は、アワビ真珠を捕獲する役目をもち、その生業を出雲国から保障された専業の潜り海人であったと推定される。『出雲国風土記』出雲郡条には、「御前濱　廣さ一百卅歩なり。百姓の家あり」とあり、また、社には在神祇官として美佐伎社（式内の御碕神社）、不在神祇官として御前社・御埼社が記されており、「御埼の海子」の居住地と関係があると考えられる。島根半島における彼らの成立は明らかではないが、古代出雲の漁撈民の中ではやや特異な存在であったといわざるをえない。おそらく彼らは、もとは壱岐や対馬など北部九州の潜り海人と密接な関係にあった漁民たちであることは想像するに難くない。大型の鯨骨製アワビオコシの存在は、深潜水することのできる専業の潜り海人に関係し、愛

第1章 沿岸漁撈の諸相 73

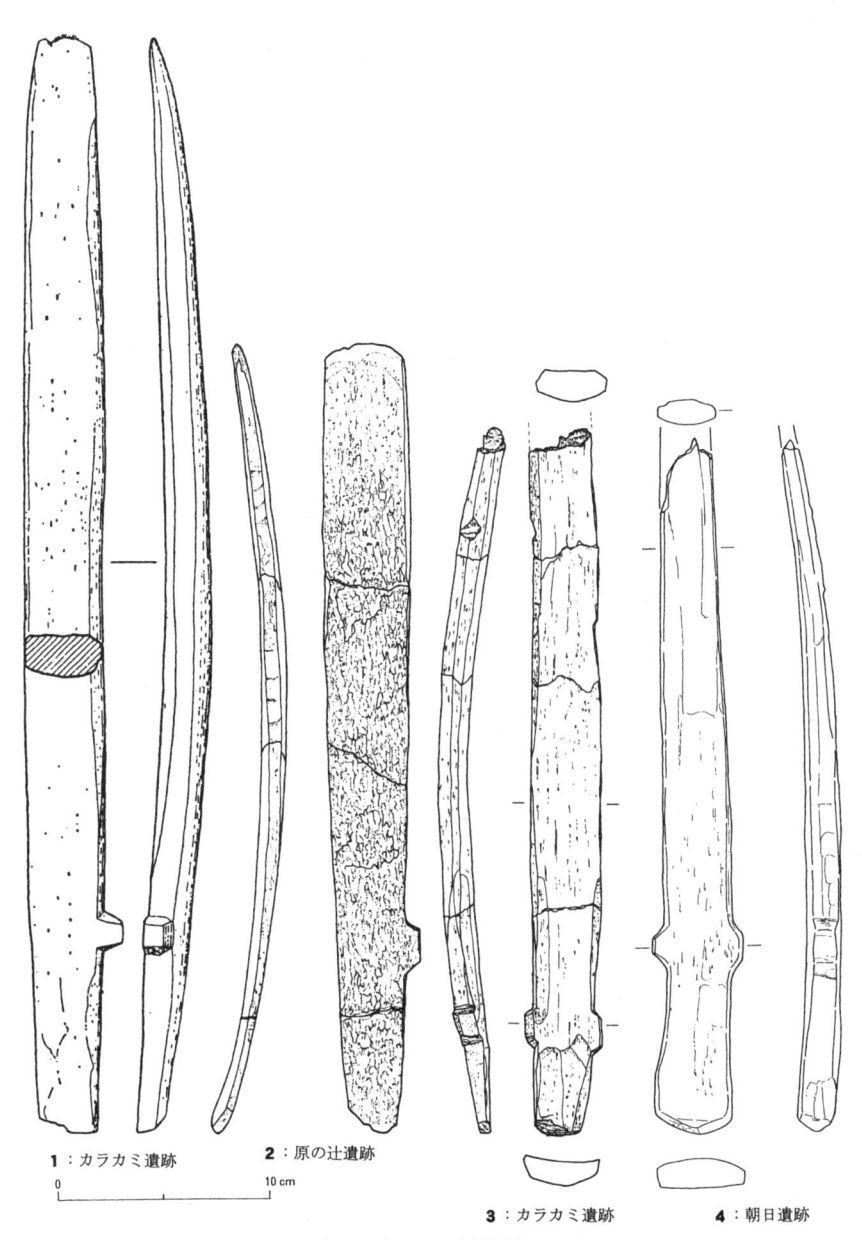

1：カラカミ遺跡
0 10 cm
2：原の辻遺跡
3：カラカミ遺跡
4：朝日遺跡

図20 遺跡より出土した鯨骨製アワビオコシ

知県朝日遺跡出土例（図20-4）もそのような背景が考えられよう。

3．大型魚類の捕獲

『出雲国風土記』の中でとくに注目される海獣と大型魚は、イルカ・アシカ（トド）・ワニ（シュモクザメ）・サメ・マグロである。このうちワニについては第3章第3節で述べる。出雲の古代人がこうした大型海洋生物をどのように捕獲していたのかは興味の尽きないところである。このうち、ワニの次に注目されるのはマグロ漁である。それは『出雲国風土記』島根郡条において集中的に記載されているからである。浜浦の項に次のような記述がみられる。

① 宇由比濱　廣さ八十歩なり。志毘魚を捕る。
② 盗道濱　廣さ八十歩なり。志毘魚を捕る。
③ 澹由比濱　廣さ五十歩なり。志毘魚を捕る。
④ 加努夜濱　廣さ六十歩なり。志毘魚を捕る。
⑤ 美保濱　廣さ一首六十歩なり。酉に神社あり。北に百姓の家あり。志毘魚を捕る。

これらの濱は漁村であり、①は美保関町宇井、⑤は現在、式内社に比定されている美保神社のある美保関で、その間に②～④があって、ちょうど現在の美保湾の北側を島根半島の東の先端部で囲むように小規模なリアス式の海岸にある浜が並んでいる。対岸は現在の境水道を挟んで、風土記の時代には砂州で形成された伯耆国の余戸里（夜見島）であった。この余戸里にも同様な漁村があったとみてよいだろう。そして、これらの漁村は美保湾に回遊してくるシビ（マグロ）を捕獲する技術に長け、生業の中心にしていたと考えられる。⑤の美保濱にのみ百姓の家が記されているのは神社の位置を説明するためであり、①～④の浜に百姓＝漁民がいなかったわけではない。現在でも境港は日本でも有数のマグロの水揚げ港として知られるところである。

このマグロの漁法については『万葉集』が載せる次の歌2首が参考になるだろう。一首目は山部赤人の歌である。

　　a. やすみしし　わご大君(おほきみ)の神(かむ)ながら　高知らします　印南野(いなみの)の　大海(おふみ)の

原の　荒栲の　藤井の浦に　鮪釣ると　海人船散動き　塩焼くと　人そ
多にある　浦を良み　諸も釣はす　濱を良み　諸も塩焼く　在り通ひ
見さくもしるし　清き白濱（938）
　　b. 鮪衝くと海人の燭せる漁火のほにか出でなむわが下思いを（4218）
　一首目（938）のaは、その内容から瀬戸内海の明石付近の海や漁村が舞台
となっていることはあきらかである。そこで、古代のシビはシビ科（マグロ・
ビンナガ・キハダ・メバチ）、サバ科（サバ・サワラ）、カジキ科（マカジキ・
メカジキ）の総称なので、瀬戸内海という環境を考えた場合、サワラであろう
とする理解もある。漁民たちは船でシビを釣り、浜で製塩作業をしていること
がわかる。二首目のbに詠まれているシビはマグロと考えられるが、シビを衝
くにあたっては漁火が焚かれていることが注意される。『万葉集』の文学的表
現も考慮に入れなければならないが、シビについては「釣る」と「衝く」の二
つの漁法が詠まれている。
　近年まで行われていた伝統的なマグロ・サメ漁の漁具には鉄製の回転離頭銛
があるが、それらは「シビ突き」とも「サメ突き」とも呼ばれている。それは、
多くの場合、日本沿岸では延縄漁で行われていた。つまり同じ漁具を、マグロ
にもサメにも使用するのである。水産庁による昭和20年代のデータ（水産庁
1953）を示すと以下のようである。

　　　福島県石城郡　　マグロ・サメ延縄漁
　　　千葉県銚子市　　マグロ・ネズミザメ延縄漁
　　　青森県八戸市　　フカ・マグロ延縄漁

　このほかにも、鹿児島県日置郡のカジキ延縄漁、宮崎県東臼杵郡のキハダ延
縄漁、高知県安芸郡のマグロ延縄漁、鳥取県西伯郡のフカ（サメ）底延縄漁、
鳥取県東伯郡のサメ延縄漁、青森県八戸市のサメ延縄漁などが前掲の水産庁の
報告に載せられている。漁具や餌は大同小異である。こうしたマグロ・サメの
延縄漁が鹿児島から青森まで、日本沿岸で広く行われていたことが知られる。
いずれもこれらは既に現在は行われていない。このうち、1960年に調査が行わ
れた鳥取県東伯郡泊村のサメ延縄漁の水産庁の報告概要と、今回これを追跡調

査した山陰地方の関係漁具を紹介しておく。

　鳥取県泊村のサメ延縄漁は、最初に餌とするサバを確保することから始まる。午前1～3時ごろ出港し延縄漁によってまず生鮮サバを捕獲する。そして、サメ延縄漁は日出後に操業を開始する。そのころがサメの餌への食いつきがよいという。幹縄は綿糸で、約140m間隔に樽浮をつける。したがって、幹縄の全長は1.5km前後になる。これが10鉢（竹で編んだ浅い皿状の鉢）に準備されている。幹縄から樽浮までの長さは30m前後で（浮標綱）、全部で11個である。枝縄は長さ1mほどで、14～15mの間隔で先端に鉄製の鎖状のハリスと釣針（図21-8）をつけてある。これに100～200kgの石錘（碇）が、幹縄の両端と鉢と鉢の継ぎ目に着けられる。漁船は3t前後のものが多く、乗組員は3～7人である。サメが釣れるとできるだけ船に近づけ、サメの肝臓に離頭銛（図21-11・12）を刺突し、さらに船に近づけ、ロープの着いた釣針の形をした大きな鉤＝カケバリ（図21-8・9）をサメの口に入れて船上に引き上げる[14]。離頭銛の柄は鉄製である（図21-14・15）。漁期は6月～10月で、主な捕獲対象となるのはメジロザメであるが、秋季は餌にウナギを用いてシュモクザメをねらうことがあった。現在、泊の歴史民俗資料館には小型の燕形回転式離頭銛（図21-11・12）のほかに大型の雄形離頭銛（山浦 2004）がある（図21-10）。後者は、サメのほかにイルカなどの捕鯨銛としても使用できるものである。島根県大田市では、樽浮（図21-1）のほかに釣針（図21-4）、燕形回転式離頭銛（図21-3）と雄形離頭銛、鉤（図21-5）があった。島根半島では釣針（図21-6）と鉤（図21-7）のみを見出した。隠岐島では、釣針（図21-20～26）、雄形離頭銛（図21-16～19）、鉤（図21-22）があるが、回転式離頭銛は管見の限りでは見出せなかった。雄形離頭銛はサメのほかにエイにも用いられた。

　以上のような近現代の民俗資料から知りうることは、サメやマグロのような大型魚類を捕獲するのには、釣針と銛がセットで有機的に使用されていることである。ここでは、釣針は対象魚類を船上に釣り上げることが目的ではない。釣針はあくまでもかかった大型魚類をつなぎ止め、体力を消耗させて動きを封じ込めることにある。そうすることによって離頭銛の命中率は高くなり、確実

第1章 沿岸漁撈の諸相 77

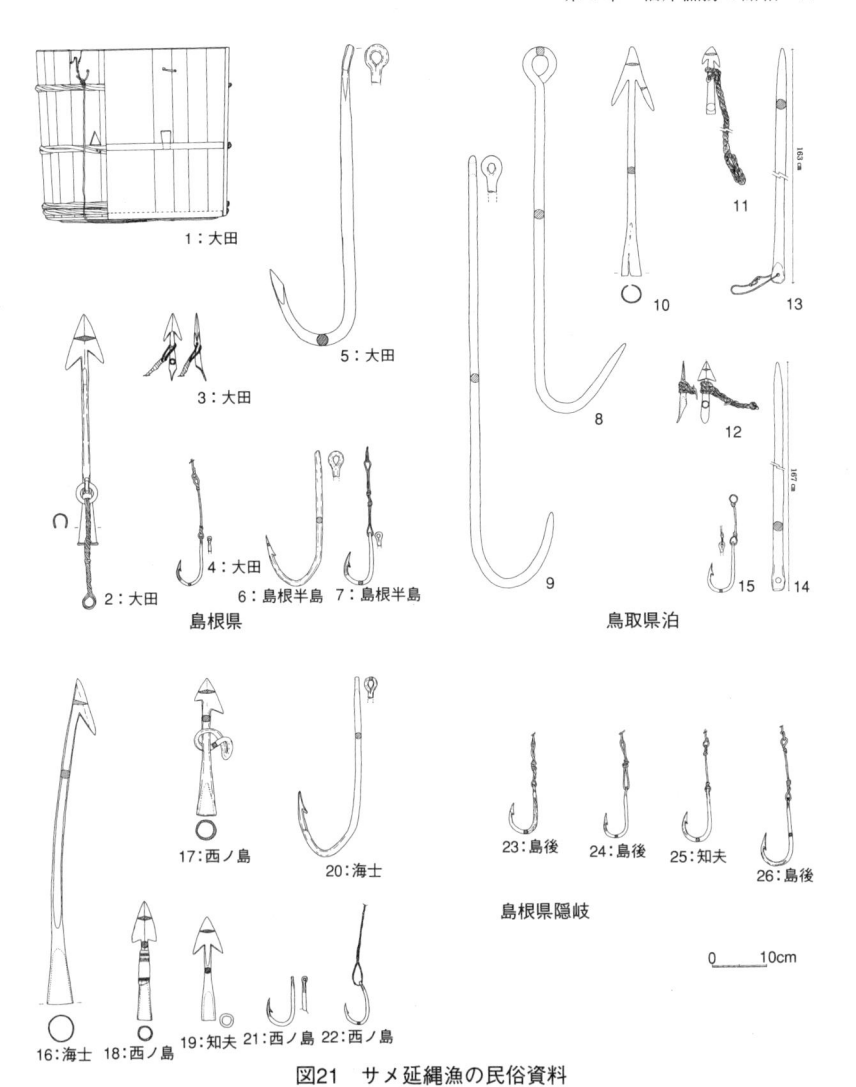

図21 サメ延縄漁の民俗資料

に急所の肝臓を刺突し、とどめをさすのである。それでも暴れるようであれば、鉤で船縁に引き寄せた段階で頭を棍棒で叩く。そうしなければ船上に引き上げたときに危険だからである。釣針の鐖(あぐ)は、餌とかかった対象魚が暴れるときにはずれないための機能がある。逆に鐖のない釣針は、カツオの一本釣りのよう

に、その場で釣り上げた魚からはずしやすい。『万葉集』に「鮪釣る」や「衝く」とも詠まれているのは、大型魚類に対しては、このような鐖のある大型釣針と離頭銛を有機的に使用して捕獲する漁法が既に成立していたことを示すものであろう。

　この漁法は延縄漁に限ったものではない。大型魚類の一本釣りにも用いられている。マグロの一本釣りはその代表的なものである。これらの漁法に特徴的なハリスが鎖状となった鉄製釣針を用いるのは、いうまでもなくかかった大型魚類にハリスを食いちぎられないためである。そのような工夫のされた釣針が7世紀ごろと推定されている愛知県日間賀島の北地第5号古墳から出土している。日間賀島は平城宮出土木簡に「参河国芳図郡比莫嶋海部供奉九月料御贄佐米六斤」としてみえ、折嶋（佐々島）、篠嶋（篠島）とともに佐米楚割を贄として貢納していた。渡辺誠氏が指摘されたようにサメ釣針としてよかろう（渡辺1989b）。少なくとも、この種の釣針が7世紀には考案されていたことがわかる貴重な資料である。しかし、この種の鉄製釣針はサメのみならずマグロにも用いられるのであり、民俗資料ではマグロやクエにも使っているように（中村1889）、大型魚類用に開発されたものであった。

　このような視点であらためて遺跡出土資料をみると、大型釣針と離頭銛が共伴していることに気づくのである。そのような供伴関係が確認されるのは、島根県西川津遺跡、鳥取県境水道、青谷上寺地遺跡など弥生時代前～中期の山陰海岸の遺跡である（図22）。もちろん、大型釣針と銛はそれぞれ別個に使用されたことのほうが多かったであろうが、大型魚類の捕獲にあたっては浜・浦ごとの集団で、漁具は有機的に組み合わせて使用されたのであろう。この漁法は、たとえば縄文時代後期の佐賀県佐賀貝塚において結合式釣針と離頭銛が出土（正林1989）、東北地方においても、縄文時代早期とされる青森県長土谷遺跡や晩期の大浦遺跡などにも同様のセット関係がみられることから、相当古い起源が想像できるが、その成立については今後の課題である。『出雲国風土記』の島根半島に「志毘魚を捕る」と記載された5ヵ所の浜は、このあたりに初夏に回遊してくるマグロを捕獲するのに長けた漁民たちの村＝漁村であった。

第1章 沿岸漁撈の諸相 79

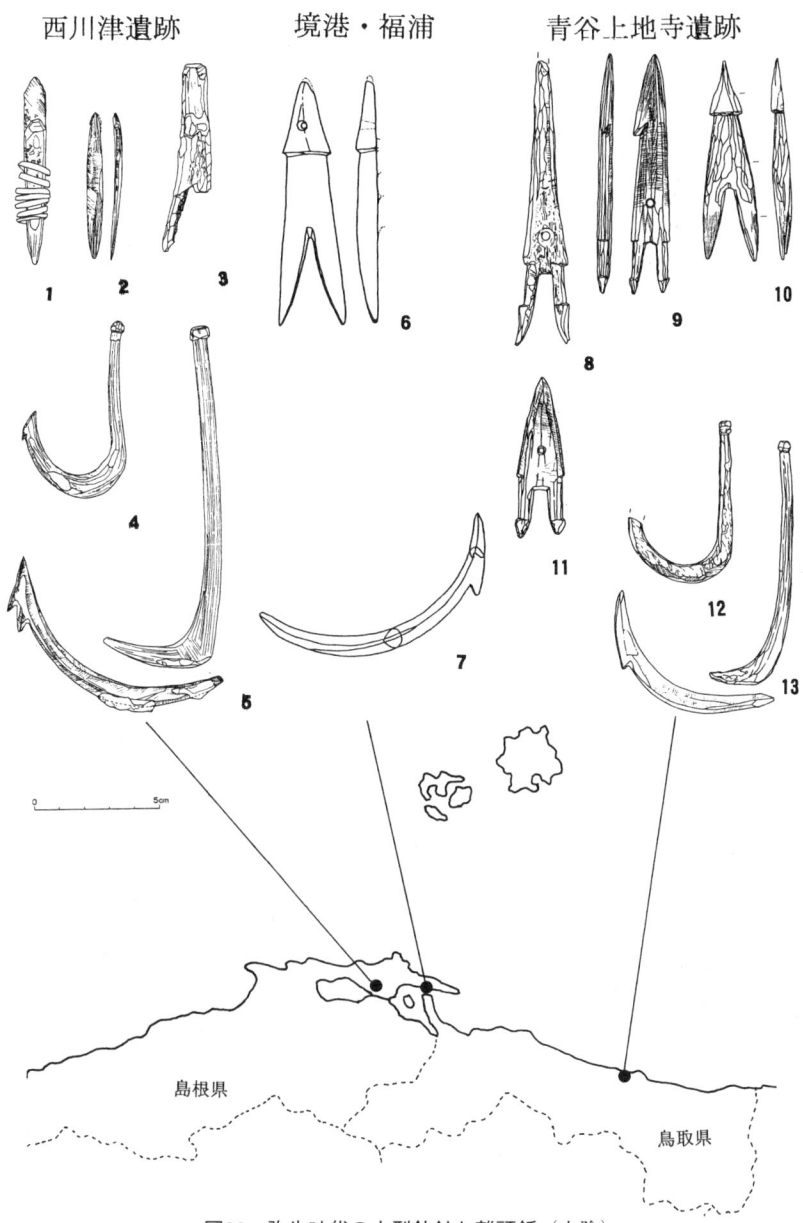

西川津遺跡　　境港・福浦　　青谷上地寺遺跡

図22　弥生時代の大型釣針と離頭銛（山陰）

4. 海　獣　漁

山陰海岸でみられる海獣はクジラ類・アシカ類などで、『出雲国風土記』にはイルカとトドの記載がある。『出雲国風土記』島根郡条には、「凡て、南の入海に在るところの雑の物は、入鹿・和爾・鯔・須受枳・近志呂・鎮仁・白魚・海鼠・鰝鰕・海松等の類、至りて多にして、名を盡すべからず」とあり、イルカがみえる。「南の入海」とは中海のことである。イルカはこの条に1ヵ所のみ記載されており、おそらく入海に豊富な小魚をねらって入ってくるのが日常的にみられたのだろう。現在でも時折目にすることがある。入海＝中海にのみ記載があるのは、入江を利用した追込猟が行われたのだろう。

山陰の原始・古代・中世の遺跡から出土する海獣類の骨は、クジラ類やアシカがある。鳥取県では、弥生時代の青谷上寺地遺跡、島根県では西川津遺跡、などがある(15)。

アシカは島根郡条と出雲郡条に出てくる。島根郡条では「等等嶋禺禺常に住めり」、出雲郡条では「等等嶋蚌貝・石花あり」と記され、両者とも地名化している。前者は現在の美保関町の沖ノ御前島、後者は大社町日御碕の友島である。両者とも樹木はなく岩礁の島である。ちょうど島根半島の東西に位置する。「等等」＝「禺禺」＝トドで、古代ではアシカ類を指す。隠岐島では、戦前まで竹島でアシカ漁が行われていたが、現在では乱獲のため絶滅したといわれている。

アシカ漁の目的は主として油や皮であるが、古代においてアシカ（古名：ミチ）の皮は特別の意味があった。それは記紀の著名な海幸彦と山幸彦の神話にうかがわれる。『古事記』では山幸彦こと火遠理命が海神の宮を訪問したときに、

> 即ち内に率て入りて、美智の皮の畳八重を敷き、亦絁畳八重を其の上に敷き、其の上に坐せて、百取の机代の物を具へ、御饗為て、即ち其の女豊玉毘賣を婚せしめき。

とある。また『日本書紀』にも、山幸彦こと彦火火出見尊を、

> 海神、自ら迎へて延き入れて、乃ち海驢の皮八重を舗設きて、其の上に坐ゑたてまつらしむ。兼ねて饌百机を設けて、主人の禮を盡す。

とし、「海驢、此をば美知と云ふ」と訓注をつけている。このことから、祭祀において神を、また貴人をもてなすときにアシカの皮が必要とされていたことが知られる。

　それは、出雲国造家に伝わる祭祀においても不可欠な祭具であった。古伝新嘗祭と呼ばれるその祭りは、出雲国造家の新嘗祭として大穴持命（大国主命）に新玄米で炊いた御飯と新白米で醸した一夜酒を奉納するものである。そのおりにミチ＝海驢の皮の敷物にそれらの神饌を置き、大穴持命を迎えるのである。古くは年ごとに新しいアシカの敷物が準備されたのであろう。松江市西川津遺跡の弥生時代前期の貝層からはニホンアシカの脊椎骨が出土しているが、島根半島の東西にある「等等嶋」の記載は、単に海獣漁のみならず杵築大社（出雲大社）の祭祀との関係でも見直す必要があろう。

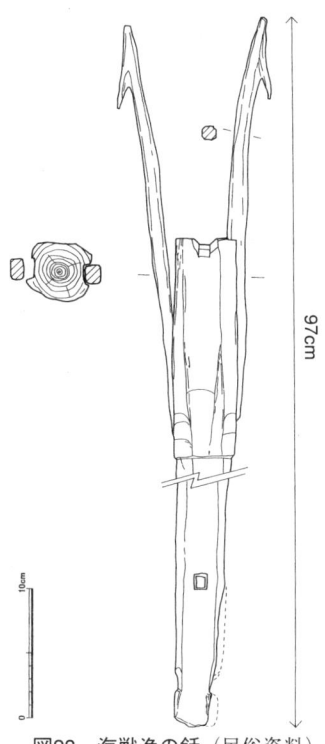

図23　海獣漁の銛（民俗資料）

　島根県の島根町歴史民俗資料館には海獣漁に使用されたと伝えられる鉄製の銛がある（図23）。近代以降のものであろうが、島根半島の海獣漁との関係で注目すべき資料である。二本ヤスを大きくしたような形状である。全長は90㎝ある。現在では失われてしまっているが、これにさらに長い柄を着けたのであろう。ただし、離頭銛であるのかは観察した範囲内では判断できなかった。これに関係し『日本山海名産全図』には、「蝦夷人捕膃肭」としてアイヌの海獣漁の絵を載せている。膃肭はオットセイに代表されるアザラシ・ラッコの類を示している（千葉1970）。説明には「捕猟　蝦夷人是を揃うに縄にてからみたる舟に乗りてかの寝ながれの群を見れば、狐の尾を以てふりてかの起番の一羽に見すれば、大に恐れて声を立てず去るを待ちて寝たる所を弓或はヤスなどに

て採ること、其手練他の及ぶ所にあらず。舟はすべて棹さす事なく前後へ漕ぐなり」としている。つまりオットセイが群れをなして海上で寝ているときをねらうのであるが、1匹は寝ないでいて天敵が近づくと声を上げて知らせるという。しかし、狐の尾を振りながら近づくと、あまりの恐ろしさに声を上げずにその1匹だけ逃げるというのである。絵には、狐の尻尾を紐で結び棹の先につけて操っている人、弓を射る人、銛をもつ人、櫂で舟を漕ぐ人が描かれている。どれだけ正確に描かれているのかは不明であるが、狐の尻尾を利用しているのが注目される。一方、『蝦夷島奇観』のオットセイ漁には2人の漕ぎ手と離頭銛を投げようとする3人乗りの舟が描かれている。舳先にはやはり狐の尻尾らしきものが三つ吊り下げられている。原始・古代の海獣漁には網も使用されたのであろうか。大型魚類と同様に海獣の動きを封じる何らかの方法がとられていたのに違いない。いずれにせよ海獣の捕獲にあたっては複数による共同作業が必要であった。なお、島根半島で取材したところでは、海獣の肉は小さく刻んで、その海獣の脂で揚げ物にして食べたという。

　古代島根半島部には多様な漁撈民がいたが、弥生的な農業を背景とした漁撈ではなく、浜・浦という律令国家への贄や調庸物の貢納を背景にしながら、専業化した漁村として存在していた可能性が高い。

第6節　双孔棒状土錘について

1．分布と時期について

　双孔棒状土錘は棒状土錘、有孔土錘、両端穿孔土錘、瀬戸内型土錘などとも呼ばれており、瀬戸内海沿岸に顕著な分布をみせる土錘である。今のところ大陸・半島には報告例がない。また、国内では民俗例も見出せず、土錘であることはほぼ間違いないと考えられるが、厳密にいえば魚網錘であるのかはいまだ証明されているわけではない。

　図24と表3は双孔棒状土錘出土遺跡の分布図と一覧である。これらから、瀬

第1章 沿岸漁撈の諸相 83

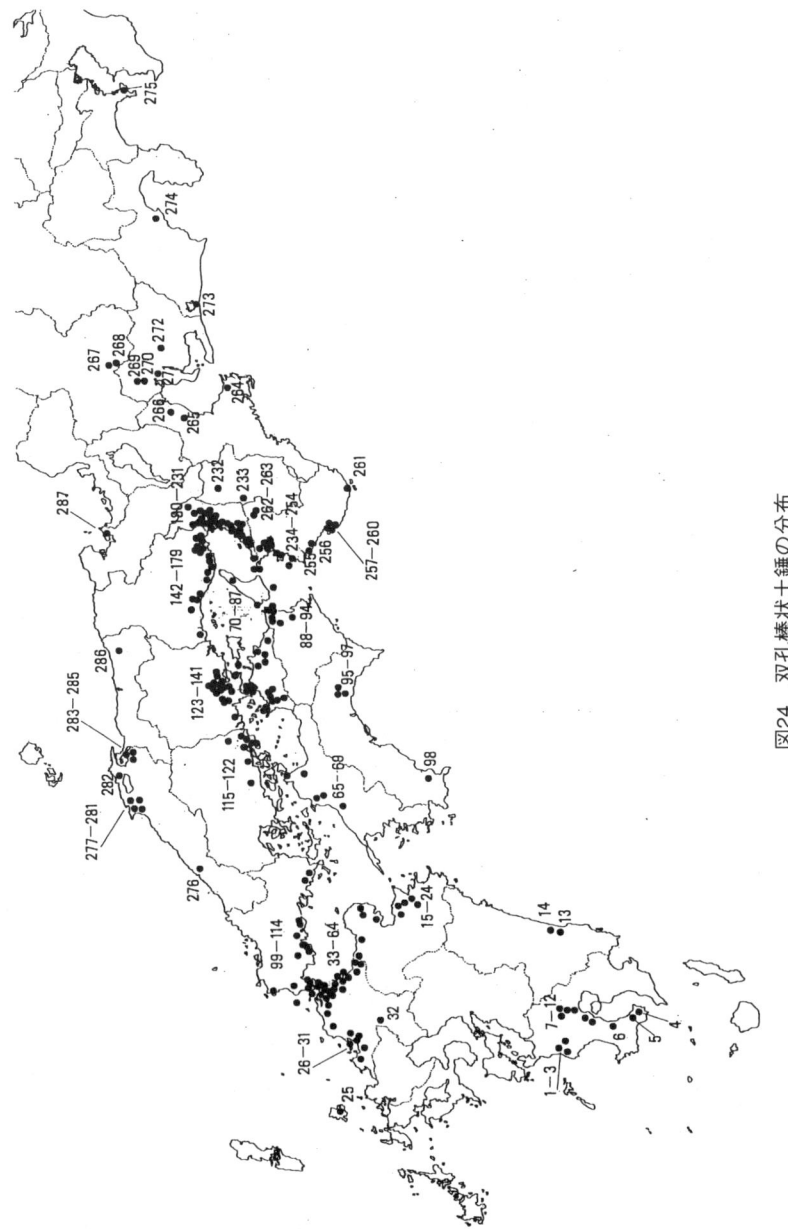

図24 双孔棒状土錘の分布

戸内でもとくに大阪・兵庫・岡山・香川・福岡の各府県の沿岸部に濃密に分布していることが知られる。瀬戸内型土錘の名称は当を得た名称であろう。次に多いのは、和歌山・広島東部・山口・大分と福岡の博多湾沿岸である。これに、鹿児島湾や伊勢湾沿岸が続く。その他の地域はまばらな分布を示し、山陰も近年になって発見されるようになってきた。現在のところ、太平洋側では神奈川県上の台遺跡（275）、日本海側では京都府浦入遺跡（287）が北限で、南限は鹿児島県橋牟礼川遺跡（4）である。東日本での発見例はきわめて稀である。この点もこの種の土錘の特徴の一つである。

他の漁撈具との関係は、管状土錘を含めた各種土錘や製塩土器、そして瀬戸内から博多湾にかけては蛸壺（飯蛸壺）と共伴することが多い。とくに管状土錘との共伴は注意を要する。鉄製釣針やモリ・ヤス類との共伴関係が少ないのは、双孔棒状土錘出土遺跡が多くの場合、古墳時代以降の海浜集落であり、鉄製漁具が残りにくいことに起因しているのだろう。海浜集落全体の中ではけっして双孔棒状土錘を出土する遺跡は多いとはいえないかもしれないが、漁具の多くが河川や海中で失われたことを考慮すると、この種の土錘は他の漁具との関係からみても漁具の一つであり、それも魚網錘の可能性が高いと考えられる。

出土した遺跡の位置については、海浜部に圧倒的に多く集中するのであるが、それらは付近に砂地や砂泥質の海岸を控えている。長崎県原の辻遺跡（25）のような島嶼部においても、そのような条件のところである。もしくは河川の中・下流域である。しかし、木曽川においては牧野小山遺跡（267）や宮ノ脇遺跡（268）のように、岐阜県にまで出土している遺跡もある。奈良県の塚山古墳（233）のような副葬品としての例を除けば、多くの場合、岩礁地帯を避けた海浜部や河川の中・下流域で使用されていたことがわかる。

この双孔棒状土錘の出現は、表3によれば確実なのは弥生後期における大阪湾沿岸である。和田晴吾氏が指摘するように「系譜関係が明らかでなく、突如として出現した感が強い」のである（和田 1982）。そして古墳時代前期には瀬戸内はもとより、九州地方や日本海沿岸にも伝わり、広く西日本に分布するようになる。奈良・平安時代までは確認でき、中世のうちには消滅しているよう

第1章　沿岸漁撈の諸相　85

表3　双孔棒状土錘出土一覧

番号	所在地	遺跡名	時期	遺跡の性格	管状土錘	その他の土錘	石錘	釣針	銛・やす	製塩土器	蛸壺	その他の漁具関係遺物	備考	文献
1	鹿児島	外川江	～中世	包含層	●	●								平田 1984
2		麦之浦貝塚	古墳前期											池畑 1979
3		大島	平安	官衙寺院	●					●				宮田 2005
4		橋牟礼川	古墳	集落										⑤
5		小牧		表面採集										池畑 1980
6		野畑	古墳前期		●	●								井ノ上 1985
7		神川堤	～中世	包含層										下山 1985
8		七社	古墳前期	集落								魚線刻土器		池畑 1979
9		小瀬戸	古墳～平安		●									池畑 1979
10		中原	～近世	道路	●		●							前迫 2003
11		森	～中世	集落	●									安岡 2003
12		小倉畑	平安	官衙寺院	●					●				寺原 2002
13	宮崎	北中	古墳	集落										河野 2003
14		山崎上ノ原	古墳後期	包含層	●									柳田 2006
15	大分	清太郎	古代～中世	集落	●								一括	坂本 2001
16		野村台	～中世		●	●								橋島 2003
17		二目川	古代	集落	●									甲斐 2001
18		下郡遺跡群	弥生末～古代		●									讃岐 1990
19		豊後府内	中世	集落・土坑	●									坂本 2005
20		金下	古代	集落	●									栗田 1991
21		原	中世	集落										永松 1999
22		安国寺集落	～古代	集落	●									永松 2001
23		台ノ原												池畑 1979
24		定置	古墳	集落							●			花崎 2005
25	長崎	原の辻	古墳前期	集落・溝	●	●	●	●						副島 1995
26	福岡	大原C	古墳		●									荒牧 1995
27		藤崎	～中世	集落	●	●								井沢 1986
28		吉塚	古墳後期	土坑	●									大庭 1998
29		多々良込田	弥生末	集落	●									山口 1986
30		博多	～中世	～古代	●					●				久住 1998
31		海の中道	～古代	集落	●	●	●			●				山崎 1982
32		干潟	奈良	集落									14号土坑	橋口 1980
33		雅元日焼原	古墳後期	窯跡										伊崎 1989
34		尾崎・天神	古墳後期	集落	●	●								武田 1999
35		黒崎	～中世	包含層	●									佐藤 2002
36		牛丸	～古墳	集落	●									宇野 2002
37		勝円B地点	～平安	集落	●									山口 1980
38		浜田	～中世	集落	●	●				●				中野 2004
39		愛宕	～中世	包含層	●									中野 2004
40		堅町	古代	溝										中野 2004
41		南方・上ケ田	弥生後期～中世	集落										中野 2004
42		貫・井手ケ本	～中世											中野 2004
43		潤崎	～中世	包含層	●									中野 2004
44		草原	古代	集落										中野 2004
45		長原フンデ	弥生～中世											中野 2004
46		小迫第Ⅲ区		1号窯跡										前田 1986
47		北方	～古墳	土坑	●									山口 2000
48		上萬原	～中世											髙野 2003
49		大積前田	～中世	包含層	●	●				●	●			山手 1997
50		上清水	古代	官衙寺院	●									山口 1987
51		長野A	古墳後期	集落										木太久 1986
52		下吉田	奈良	包含層	●									前田 1985
53		天観寺山古窯		1・2号窯跡							●			小田 1977
54		豊前国府	弥生？	集落										豊津町 2000
55		若久												
56		園田												
57		越路六郎・貴船												
58		渡筑紫												
59		朽網南塚	古代	集落	●					●	●			山手 2004
60		日奈古・寺尾	古代	集落									1号住居跡	小池 1992
61		赤幡森ヶ坪	～平安	集落	●					●	●			小田 1992
62		荒堀雨久保	古墳後期～古代	集落	●		●							池辺 1992
63		下原	古代	集落	●					●	●			飛野 1998
64		下唐原宮園	～古代	包含層	●		●			●				髙橋 1998
65	愛媛	大谷谷窯跡	古代	窯跡	●									野口 1987
66		文京				●								
67		船ヶ谷	古墳	集落	●	●	●			●				髙尾 2002
68		糸大谷	古墳～古代	集落	●	●	●							阿部 1996
69		朝倉南甲	古墳	集落	●									谷若 1986
70	香川	栗島												池畑 1979
71		東風浜			●									大山 1986
72		矢ノ塚	～中世	集落	●									渡部 1987
73		大門	古墳～中世							●				伊沢 1987
74		西久保	古代	集落	●		●			●	●			小野 2005
75		奥連花	古墳後期	2号窯跡									6世紀後半	大山 1986
76		稲木	古代？							●				

77		下川津	～古代	集落	●				●	●			大久保 1990
78		与島											池畑 1979
79		ナカンダ浜	古墳～古代		●	●			●				大野 1980
80		権石島											池畑 1979
81		大浦浜	～中世	集落	●	●		●	●	●			大山 1986
82		水ヶ浦											大山 1986
83		松縄下所	古代～古代	集落	●					●			川畑 2001
84		前田東・中村	古代	集落	●								宮崎 2005
85		長蛇ノ谷											大山 1986
86		本村・横内	古代										山元 2000
87		坪井	古代	集落	●					●			小野 2002
88	徳島	大谷	平安後期	水田跡	●	●							小笠原 1986
89		土佐泊大谷	古代～中世	集落	●	●							久保脇 1998
90		庄	平安	祭祀	●	●	●		●				久保脇 1986
91		日出	古墳中期	集落	●	●			●				菅原 1986
92		光勝院寺内	奈良	集落	●								菅原 1984
93		古町	古代～中世	集落	●								斉藤 2002
94		小松島市営グラン	古墳		●	●				●			菅原 1986
95	高知	曽我			●								更谷 2000
96		下ノ坪	古代	官衙	●	●		●					更谷 2000
97		深渕			●								出原 1996
98		船戸			●								田部 2005
99	山口	宮ノ下	～中世	集落	●								伊東 1986
100		垢田舟原	古墳～中世	集落					●				大野 1980
101		筏石	古墳		●				●				大野 1980
102		六連島	古墳～古代	集落					●				大野 1980
103		秋根											池畑 1979
104		長門国分寺	古代～中世	寺院	●	●							水鳥 1982
105		吉永	～中世	集落									向上 2002
106		下市	～中世	集落	●								白岡 1994
107		大浦古墳群	古墳										山本 1999
108		赤迫	～古墳	土坑墓									上山 2000
109		美濃ヶ浜	古墳	製塩					●				大野 1980
110		東禅寺・黒山	平安	集落	●								尾崎 1996
111		奥正権寺Ⅱ	～古代	集落	●								藤本 1985
112		周防国府	古代	官衙									吉瀬 1984
113		市延	古墳										大野 1980
114		岩田											大野 1980
115	広島	三太刀	古代～中世	集落	●	●							梅木 2003
116		大田貝塚			●					●			大野 1980
117		馬取	古代		●				●				大野 1980
118		御領											池畑 1979
119		宇治島	～鎌倉		●	●			●	●			大野 1980
120		満越	～奈良	集落	●	●	●		●				松井 1986
121		草戸千軒	～中世	集落	●	●							大野 1980
122	山口	ザブ	～近世		●								大野 1980
123	岡山	王泊	古代		●								大野 1980
124		窪木	古代	集落	●								平井 1999
125		三須畠田	古墳	集落						●			物部 2001
126		中無川	～中世	集落	●	●							岡田 2004
127		広江・浜	～中世	集落	●	●				●	鉄製銛		大野 1980
128		高松原古才	中世	集落	●								松本 1999
129		川入	古代～中世	溝	●	●							大野 1980
130		上東	～中世	集落		●				●			大野 1980
131		御堂奥	古墳前期	溝	●	●					軽石浮子?		大野 1980
132		百軒川	古墳	集落	●	●							小島 2004
133		伊福定国前	中世	集落									杉山 1998
134		津寺	古墳～中世	集落	●	●		●					亀山 1996
135		原尾島	古墳	溝	●				●				宇垣 1999
136		天瀬	～中世	集落	●								杉山 2001
137		雄町	～中世	包含層	●	●	●						大野 1980
138		斎富	～中世	集落	●								下澤 1996
139		鹿田	～古代	集落	●	●		●		●	浮子・櫂		山本 1990
140		岡山城二の丸	中世	集落・城館	●								亀山 2003
141		沖須賀	古墳～平安	製塩	●	●			●				福田 1986
142	兵庫	堂山	～中世	製塩	●	●			●				岸本 1986
143		亀田	～中世		●								髙木 2000
144		加茂	～中世										大野 1980
145		タテノ	～中世	集落	●						浮子		大野 1980
146		溝之口			●					●			
147		上西条			●								
148		砂部	古墳前前	溝	●								穐定 1986
149		大中	～古墳	集落	●		●		●				大野 1980
150		魚住古窯跡	古代～中世	窯跡									穐定 1986
151		鴨谷池古窯跡	古墳後期	窯跡									北山 1986
152		垂水日向			●	●	●		●				斎木 1992
153		三条岡山	～古墳	集落									森岡 1998
154		日暮	古墳～中世		●					●			谷 1989
155		楠・荒田町	弥生～	集落	●								丸山 1990
156		大開	平安～鎌倉	集落	●				●				村尾 1998
157		神楽	～平安	溝					●				普木 1981
158		上沢Ⅲ											谷 2004

第1章 沿岸漁撈の諸相　87

		時代	性格								備考	文献
159		二葉町	平安〜鎌倉	集落	●	○				●	●		川上 2001
160		御蔵	古代	集落	●	●			●	●		安田 2001
161		寺田	〜平安	集落	●	●			●	●		高山 2002
162		月若	古墳〜中世	集落	●							森岡 1996
163		三条九ノ坪	古墳	生産	●							高瀬 1997
164		津地	〜古代	集落	●	●						竹村 1999
165		若宮	古代	包含層	●							森岡 1999
166		印路										
167		本町	〜中世		●	●						
168		北青木	〜古墳前期	集落	●	●						菅本 1999
169		住吉宮町	〜平安	集落	●	●			●	●		小野田 1998
170		深江北町	古代	官衙関連	●	●			●			山本 2002
171		小路大町	古墳後期	集落	●				●			井尻 2003
172		瀬・八幡	〜古代	集落								仲道 1990
173		芦屋廃寺	奈良	寺院	●							森岡 1986
174		本庄町	〜中世		●							
175		若王子	古墳		●	●						
176		東園田										
177		沖ノ島古墳群	古墳後期	古墳	●		●					市橋 1986
178		沼島浦	古墳中期					●				大野 1980
179		富島	〜中世	集落	●							岡山 1998
180	大阪	勝部	弥生	集落	●							大野 1980
181		島田	弥生後期〜古墳		●							大野 1980
182		小曽根	〜中世		●	●						大野 1980
183		五反島	〜中世	集落	●	●						西本 2003
184		郡家川西	〜古墳	嶋上郡衙	●		●					
185		瓜生堂	古墳	集落	●				●			大野 1980
186		水走	古墳〜奈良		●		●					
187		新家	古墳	集落	●				●		タモ枠	
188		西ната田	弥生後期〜古墳		●				●		櫂・浮子・タモ枠	村上 1983
189		久宝寺北	古墳		●				●			寺川 1987
190		奈良井	古墳	溝	●				●			野島 2000
191		土師	〜中世	集落	●			●				安井 1991
192		跡部	〜中世	集落	●							渡部 1985
193		美園	古墳前期		●							
194		森の宮	〜近世	集落	●			●				
195		山之内・遠里	〜中世		●	●						清水 1999
196		上町台地										
197		大阪城下町	〜中世	集落	●	●		●				松尾 2004
198		大阪城	〜古代	集落	●							寺井 2002
199		今池	古墳	集落	●							
200		堀	〜中世									
201		箱作今池	〜中世	集落				●				服部 1996
202		陶器	古墳	集落				●				髙島 2005
203		光明池窯跡		窯跡								大野 1980
204		池上(泉大津)	古墳〜中世		●				●	櫂		大野 1980
205		四ツ池	〜中世		●							大野 1980
206		石津	古墳		●							大野 1980
207		難波宮址	古墳〜古代		●							大野 1980
208		遠里小野	古墳		●							大野 1980
209		豊中・古池	弥生後期〜古墳					●				大野 1980
210		大園	古墳					●				大野 1980
211		春木八幡山	古墳		●				●			
212		伽羅橋	〜中世	集落					●			田中 2002
213		境環濠都市番橋	〜中世	包含層	●				●			土山 1990
214		陶邑	古墳	窯跡								
215		養木下	〜奈良	土坑墓								
216		浜寺石津町	古墳		●			●				
217		南										
218		大和川今池	〜中世	集落	●							村上 2000
219		東浅香山	〜中世	集落					●			池峯 1998
220		芝ノ垣外	中世									駒井 1987
221		脇浜	古墳		●	●			●			藤田 1986
222		府中	古墳前期									
223		磯ノ上十ノ坪	中世	集落			●					枡本 2002
224		湊	〜中世				●					中村 2003
225		麻生中下代	古墳〜古代		●							亀島 2000
226		春木宮ノ上	〜中世						●			山岡 2000
227		亀川	古墳	集落			●					島崎 2002
228		泉南市	〜中世					●				
229		男里	〜中世	集落	●				●			中村 2005
230		戎畑	〜中世						●			城野 2003
231		小島北礒	〜古代	集落	●	●	●					飯田 2000
	奈良	平城京	古代	官衙				●				池畑 1979
232		塚山古墳	古墳中期	方墳			●					
233	和歌山	藻崎西方	古墳〜古代	表面採集	●			●				大野 1980
234		おそ綾の鼻	〜古代	表面採集	●							大野 1980
235		友田町	古墳〜中世	集落	●							井馬 1998
236		西庄	古墳	集落	●	●	●					冨加見 2003
237		関戸	中世	表面採集	●							大野 1980
238		太田・黒田	古墳〜中世				●					大野 1980
239		鳴神Ⅴ	〜近世		●	●			●			大野 1980

240		井部											大野 1980
241		楠見	古墳	包含層	●								大野 1980
242		鷺ノ森	～中世	表面採集	●			○					大野 1980
243		加太	弥生～中世	集落	●			●					大野 1980
244		大谷川	古墳				●	●					大野 1980
245		藤江	弥生～古代	表面採集				●					大野 1980
246		しょうぶ谷	弥生～中世	集落				●					大野 1980
247		亀川	～中世				●						河内 1986
248		和田岩坪	古墳中期						●				河内 1986
249		鷺ノ森	～中世		●								大野 1980
250		女良											池畑 1979
251		下	～中世	集落	●			●					河内 1986
252		地の島	弥生後期	包含層	●			●					大野 1980
253		鷹島	古墳～中世	包含層	●		●	●					大野 1980
254		尾の崎	～古墳		●		●	●					河内 1986
255		大目津泊り	古墳前期	包含層	●			●					大野 1980
256		貝殻島	古墳	包含層			●						大野 1980
257		坂田山	弥生後～古	包含層	●			●					大野 1980
258		古目良	古墳	包含層	●			●					大野 1980
259		西沖城	古代										大野 1980
260		笠嶋	弥生後期	包含層				●	浮子				大野 1980
261		市െ	弥生前期	竪穴建物						一括			大野 1980
262		佐野	奈良	包含層	●			●					河内 1986
263	三重	贄	古墳		●			●					大野 1980
264		郡山遺跡群	奈良～平安										武部 1996
265		赤堀城	古墳～中世										武部 1996
266	岐阜	牧野小山											武部 1996
267		宮之脇	古墳前期										武部 1996
268	愛知	大毛池田	古墳		●	●							武部 1997
269		一宮市柏木											武部 1996
270		堂ノ前	古墳後期	貝塚				●					武部 1996
271		古城	古墳後期					●					山本 2004
272	静岡	弁天島海底	中世	湖底	●		●			●			武部 1996
273		川合	古代～中世										河合 1995
274	神奈川	上の台	古墳前期	住居址	●								市川 1986
275	島根	古八幡付近	古代		●		●						東森 2000
276		上長浜	古代～中世	貝塚	●		●						川上 1996
277		古志本郷	古墳前期	集落	●	●							森岡 2003
278		修理免本郷	古墳前期	集落									原 1992
279		山持	古墳前期	集落									内田 2007
280		九景川	古墳	集落	●								池淵 2007
281		古浦	～古代	集落					●				藤田 2005
282		竹ヶ崎	古墳前期	集落									橋木 1998
283		長曽	古墳中期	集落									大森 2007
284		徳見津	奈良	集落									岩槻 1996
285	鳥取	秋里		生産									鳥取市教 1985
286	京都	浦入	古代		●	●		●					吉岡 2002

①共伴する管状土錘・その他の土錘、製塩土器、蛸壺は形態は問わない。
②釣針・銛やすは形態・材質を問わない。
③番号は分布図に対応。
④文献は参考文献一覧に同じ。
指宿市時遊館に展示中。
⑥金田明大氏のご教示による。

である。土師質と須恵質があるが、前者が多く、後者は須恵器が普及する古墳時代後期に多い。他の土錘が民俗事例にみられるように近年まで残っていくのに対し、この双孔棒状土錘は近世までには使用されなくなるというもう一つの特徴を示す。

2．魚網錘としての復元案

　以上のような特徴をもつ双孔棒状土錘について、魚網錘としてこれまでいくつかの復元案が示されている。投網と推定されるのは森浩一氏であるが、その根拠は示されていない（森1987）。多くは刺網の錘と考えられている。

　まず、山本彰氏は大阪府大園遺跡の報文で、この双孔棒状土錘について、

近畿大学農学部水産学科、飯高教授より、今回の調査で出土した棒状土錘は現在でも東南アジア地方の河川や沿岸で刺網として使用されているもので 6 世紀後半という年代から推定すると網の材質は、麻の根・茎からとれる繊維を細かい紐状にしたものであろうとの教示を得た。

という興味深い記述をされている（山本 1978）。

　沈子綱や魚網への具体的な装着方法には言及されていないが、重要な指摘であるにもかかわらず、このことはその後、考古学では追跡調査もなされないままに土錘の研究に生かされてはこなかった。今日では東南アジアの魚網錘も鉛や鉄製のものに変わってしまい、みられないという[16]。

　大野左千夫氏は「魚網錘とすれば比較的小型の定置網への使用が考えられる」とし、双孔棒状土錘の魚網への装着を「現用例がないため全くの想定であるが、両端の孔へ下端の沈子綱を通して、上側にもう一本の沈子綱を添わせて目通し糸とともに糸で縛り固定する方法」を考えられた（大野 1980）。そして、土錘の孔への沈子綱の通し方に凹形（図25-B1）と凸形（図25-B2）の 2 案を示され、凸形が合理的であるとされている。

　下山覚氏は、福岡県御床松原遺跡出土の土錘（九州型土錘）に穿孔された方向の異なる孔が、2 本の方向の違う糸を接続の機能とし、これを援用して、「民俗例等に実際見聞出来ず傍証は得ていない」としながらも、管状土錘と双孔棒状土錘を併用した沈子綱を魚網に装着する復元案（図25-A）を示された（下山 1985）。形態の異なった土錘を組み合わせた刺網は民俗資料に見出せる[17]。

　真鍋篤行氏は弥生時代〜中世までの瀬戸内地方出土土錘について詳細な分析を行われた。すなわち、まず網の強度である抗張力（T）は綱の直径（D）と $T=KD^2$（Kは比例定数）の関係にあることを出土土錘に援用され、土錘の孔径・溝幅を綱の直径（D）とみなして、その 2 乗の数値をLとして操業単位の目安とする。次に、土錘の長さを最大幅で徐した数値をPとして形態分類の基準とする。これを管状土錘について両者を縦軸と横軸で分布関係を示し、L≦0.25は1＜P＜6、L＞0.25は1＜P＜0.25となり、前者は刺網用、後者は網の種類を特定できない（刺網を含めた）多種類用のものであることをつきとめられた

90

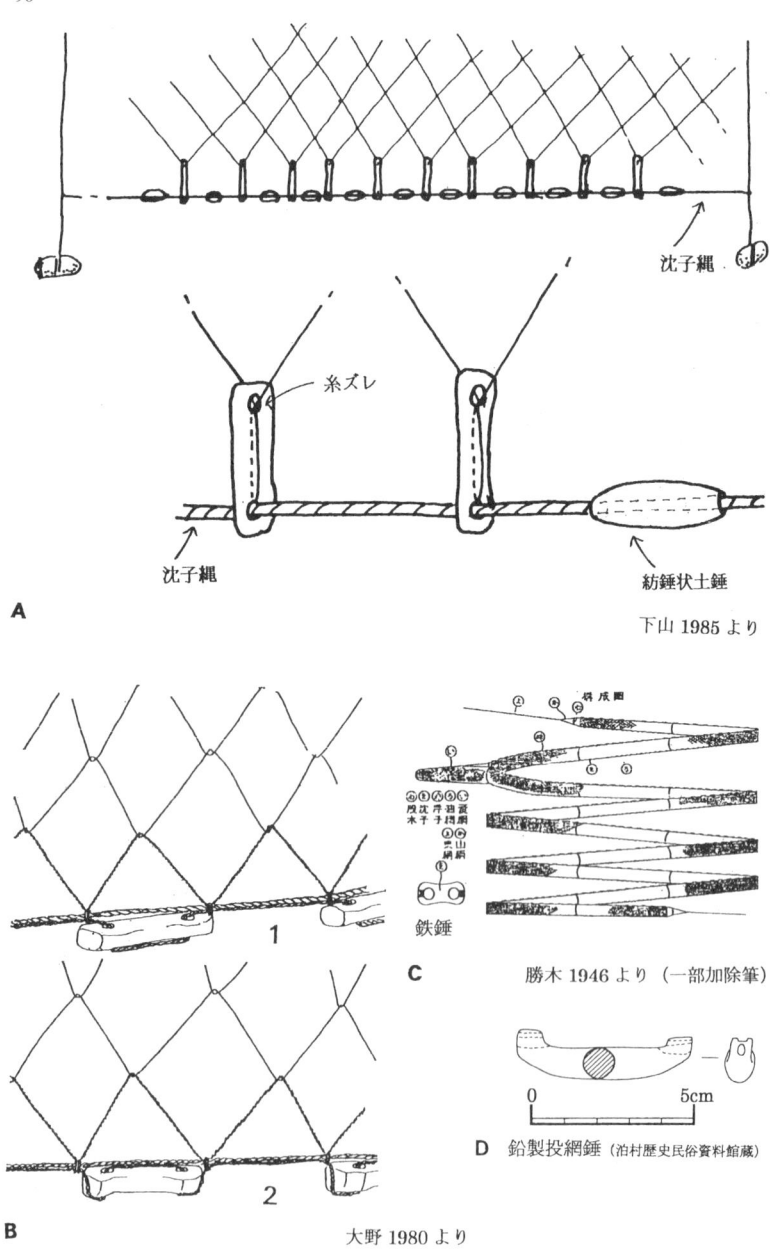

A
糸ズレ
沈子縄
沈子縄
紡錘状土錘
下山 1985 より

B
1
2
大野 1980 より

C
鉄錘
勝木 1946 より（一部加除筆）

D 鉛製投網錘（泊村歴史民俗資料館蔵）

図25　双孔棒状土錘の復元案と関連資料

(真鍋 1993)。端的にいい換えれば、前者は刺網系、後者は袋網系ということになるが、それまで漠然と可視的に、細長く軽い刺網用、ずんぐりして重い袋網用と認識していた両者の違いを、客観的な数値で表わした画期的な研究であった。この優れた研究を今後網漁の研究にどう継承・発展させていくかが課題であるが、双孔棒状土錘については、P値とL値の関係をみると明らかに管状土錘の刺網用土錘の数値を示している。しかし、魚網への具体的な装着方法は示されず、大園遺跡の報文を無批判に継承する。

　さて、東南アジアの例は現在確認できないが、日本であえて形状が類似のものをさがすと、北海道石狩川のサケ地曳網の錘をあげることができる（図25-C）。『漁具図説』によれば、その沈子は、

　　鋳鉄製繭形、重量九十匁、長さ三寸、幅一寸五分、厚さ六分で、二箇の孔
　　を開けてある。此の地方ではこれをチン（英語「鎖」＝チエンの訛り）と
　　言つてゐる。（中略）沈子は藁を被ぶせ藁の両端を一寸ぐらゐづつ長くし
　　て、泥の中に埋まるのを防ぐやうにしてある。（以下略）

とある（勝木 1946）。沈子綱はマニラ綱で径は「七分」とされる。繭形鉄製錘の沈子綱や魚網への具体的な装着方法は記されていない。この地曳網は明治初年から行われていたようであるが、当初から鉄製であったのかは不明である。錘の材質や重量にはかなりの差があるが、これを双孔棒状土錘と比較すれば、重量が100ｇを超えるようなものの中には地曳網用（袋網用）の錘もあったと考えられよう。

3．形状の観察

　以上のことを踏まえながら双孔棒状土錘の形状についてあらためて観察してみると、次のようなことが指摘できる。まず、両端部の孔は互いに同一方向に貫通しているが、穿孔された側を平面とすると、側面からみて孔は平行ではなく「ハ」の字状となっているものが多い。その側面は「ハ」の字の開いた方が外円、狭まった方が内円となり、わずかにカーブを描いているものもある。

　また、資料数は少ないが、端部に孔と同一方向に溝のあるものもある。両端

部にあるものと（久保和士分類のⅡc類）、片方のみにあるもの（同Ⅱb類）があるが（久保 1992）、後者が多い（佐藤他 2000）。これらのことは、沈子綱や魚網への装着方法と関係していると考えられる。穿孔にあたっては両端を平坦にしているものが多い。平坦にするにあたっては親指と人差指でつぶしたらしく、端部に粘土の皺寄せができたり、端部の形状が丸くなって全体が鉄亜鈴状にみえるものもある。中央部での断面形は円や方形に近いものまであり、これを細分類の標識とする報文もあるが（今岡 1996）、その細分の意味は示されていない。長さと最大幅、重量との関係もさまざまで、それは形態の異なる管状土錘と同様である。双孔棒状土錘が魚網錘であるならば、管状土錘との比較研究が必要と思われる。ただし、わずかにカーブを描く双孔棒状土錘については投網の錘の可能性も捨てきれない。投網の錘は普通鉛を鋳型に流し込んで製作する。図示した鳥取県泊村の例では（図25-D）、全体が三日月状をなす一般的な形状であるが、両端部の沈子綱孔の上に浅い溝が切られている。網を縁取りする綱を固定させるための溝である。この鉛製錘の両端部を棒状になるように伸ばせば、両端部に溝のある双孔棒状土錘の形状になる。端部に溝が切られているものは、もっとも軽い一群と、重い大型品にはないのも、投網との関連を強くさせる。しかし、福岡県海の中道遺跡では、平安時代になると鉛製の投網錘の原初的な錘が現れるようになる（山崎他 1993）。その形状は端部が細くなり孔はない。双孔棒状土錘との間には若干の開きがある。

　また、下條信行氏分類の小形の九州型石錘の中や、弥生時代中〜後期とされる長崎県原の辻遺跡Q5-24区 5 号溝出土の 2 点の棒状有孔石錘（松永 1995）などは、形態上双孔棒状土錘と類似している。しかし、これらは出土数が土錘に比較して圧倒的に少なく、魚網錘ではなく釣漁の錘と考えられている（下條 1984）。

4．西庄遺跡の双孔棒状土錘

　古墳時代の豊富な漁撈具や動物遺存体を出土した和歌山県西庄遺跡（237）は、双孔棒状土錘の出土数が卓越している。その良好な資料を使って、久保禎子氏はこれまで土錘の即物的な観察や分析に終始していた研究に対して、魚網

での具体的な捕獲対象である魚骨の遺存体を含めた分析結果を提示された（久保 2003）。久保氏によれば、土錘はずんぐりとした重い群から細長く軽い群まで数種類あるが、それらから4～5種類の刺網が想定できるという。前者はエソ・ハモ・コチ・カサゴなどが対象の底刺網、後者はイワシ・サバ・アジなどの浮刺網と考えられた。そして、西庄遺跡が砂底漁場に面しており、その環境とこの種の土錘を使用した魚網の発達の関係を示唆されている。久保氏の研究の意義は、遺跡出土の土錘と魚網＝魚種の距離をいかに短くするのか、その方法論を示されたことにある。他の遺跡でも同様な成果が期待される。

　この西庄遺跡は、表3に示したように、残りにくい舟や簗・筌のようなものおよび古墳や窯跡出土例を除くと、漁撈具一式が出土している。これに準じる遺跡としては、福岡県海の中道遺跡（31）、香川県大浦浜遺跡（81）、徳島県庄遺跡（90）、岡山県鹿田遺跡（139）、兵庫県大中遺跡（149）、大阪府小島北磯遺跡（231）、島根県上長浜遺跡（277）などをあげることができよう。これらは、漁村の性格をもった遺跡の中では中心的な位置を占めるといえよう。発掘調査といっても偶然性に左右されること、計り知れない漁具が河川や海に失われていることを考えても、表に掲げた遺跡の多くも生業に漁撈の占める役割は大きかった集落であったと考えられる。

　遺跡から出土する土錘から網の種類を特定するのは、久保禎子氏の研究が示すようにきわめて困難を伴うが、漁撈の研究には避けて通れない作業である。そこで試みに、同時期で一括性の高い窯跡出土の土錘を検討してみよう。土錘は一般に土師質のものがほとんどであるが、いくらかは須恵質のものがあり、その生産遺跡である須恵器窯跡から出土することがある。愛媛県大谷谷窯跡（65）出土例は完形品が13点あるが、図26においてP値が3～6、重量が20～40ｇの間にまとまっている。これを1種類の魚網錘製作の中での許容されるばらつきなのか、それとも可視的にみても長短の2種が認められるように、P値4以下と以上の2種の土錘なのか、あるいは内水面漁撈の管状土錘のように1～2ｇという微妙な重量の違いが網の種類に対応するように（内田 2004a）、さらに多くの魚網の存在があるのかは正確にはわからない。しかし、窯跡出土とい

図36 土錘計測値分布（瀬戸内）

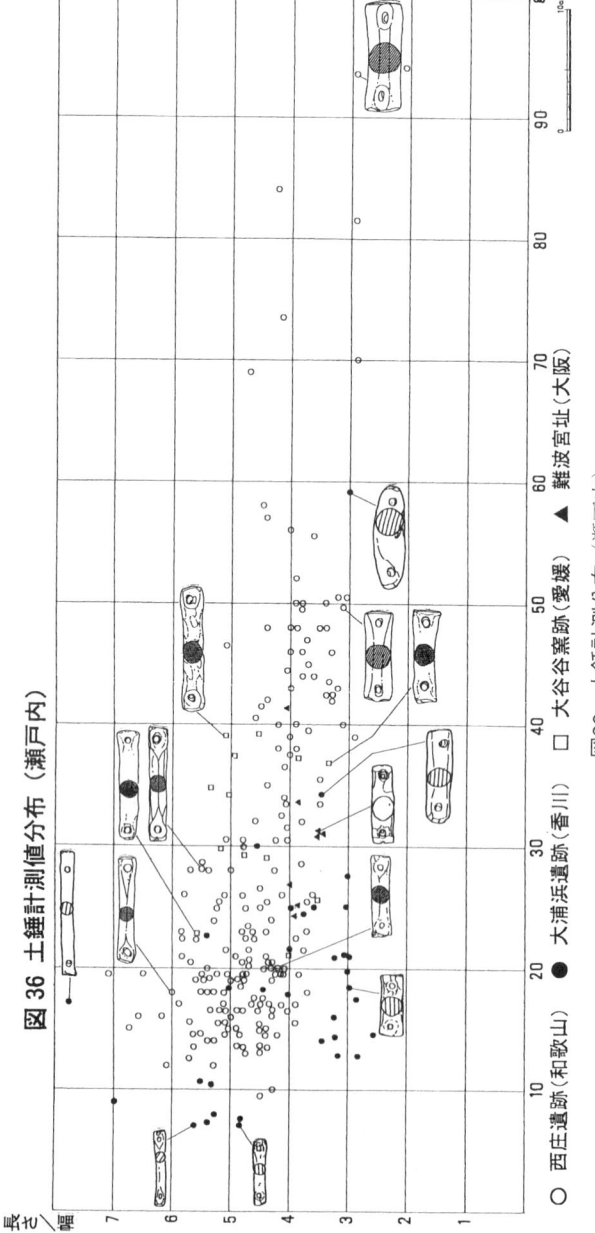

図26 土錘計測値分布（瀬戸内）

○ 西庄遺跡（和歌山）　● 大浦浜遺跡（香川）　□ 大谷谷窯跡（愛媛）　▲ 難波宮址（大阪）

う一括性を重視すれば、せいぜい2種類の魚網の需要に応じた程度の結果とも受け取れる。仮にこれを一つの魚網の錘のばらつきとして、和歌山県西庄遺跡（237）出土資料をみると、極端に外れるものを除き、大別して2種のグループになる。すなわち、重量が10〜30ｇ、P値が4〜6の間の細くて軽い一群と、重量が30〜50ｇ、P値が3〜5のやや太くて重い一群である。これが久保氏の浮刺網と底刺網に相当する。両者の魚網を魚種に対応させ、さらに細分した双孔棒状土錘の製作は、古墳時代中期である西庄遺跡の時代には、形態変化に富んだ管状土錘と比較して、あまり意識されていなかったかもしれない。

　ところが、律令期の遺跡である香川県大浦浜遺跡（81）では、データは少しく変化をみせる。P値が2〜4で重量が10〜30ｇの一群と、P値が4〜6で重量が10ｇ前後の一群である。つまり、細いものと太いものに分化し、重量が軽くなる傾向がみられる。6世紀ごろと考えられている大阪府難波宮址（207）では重量が20〜40ｇ、P値が3〜4あたりに集中している。試みに都からみて遠隔地にある律令期の鹿児島県大島遺跡（3）と小倉畑遺跡（12）をみると（図28）、重量が10ｇ前後の軽い一群と、重量が20〜40ｇでP値が2〜5の間に集中する一群がある。後者には、端部に溝が切ってあるものが存在することが注意される。前者は刺網、後者の中には投網の錘を含んでいる可能性がある。このように、律令期に向かい土錘の重量が軽くなるものも現われるようになるのは、6世紀ぐらいから鉄製紡錘車が広く村落にまで浸透していくなど、魚網の材質や強度に変化があったからと推定される。

5．山陰の双孔棒状土錘

　1986年に海の生産用具をテーマに開催された第19回埋蔵文化財研究会資料では、山陰地方の双孔棒状土錘出土遺跡は鳥取県鳥取市の秋里遺跡（286）のみがあげられていた。近年の開発に伴う発掘調査で、この種の土錘は次第に出土遺跡数が増加しつつある。一遺跡から出土する資料はけっして多くなく、分析にはいまだ値しないかもしれないが、あえて図27に重量とP値との関係を示した。山陰地方で最多の出土数は、遺跡の時代の中心が中世にある島根県出雲市

上長浜遺跡（277）の73点である。完形のものはそのうちの13点である。重量は20～80ｇと開きがあるが、Ｐ値は3～5の間に収まっている。可視的にみると少なくとも2種の土錘がある。次に多いのは奈良～平安時代の江津市古八幡付近遺跡（276）であるが、重量は20～30ｇ、Ｐ値は4前後にまとまりがある。

　古墳時代前期（神原神社相当期）の出雲市山持遺跡（280）・古志本郷遺跡（278）は、重量が20～30ｇ、Ｐ値が5～7の間のものと、50～60ｇ、Ｐ値が3～5の間にくる2種類がありそうだ。これらの遺跡では調査面積はけっして狭くないが、他の種類の土錘・石錘は皆無である。鳥取県秋里遺跡（286）では古墳時代前期の資料が管状土錘やツチノコ型の土錘とともに2点出土している。それらは、Ｐ値は3～4の間であるが、重量は80ｇを越し、112ｇを量るものもある。共伴している管状土錘は下條分類Ⅱｂ類で、いずれも大型で重量は70ｇを越すものばかりである。総じて山陰の古墳時代前期の双孔棒状土錘は、重量が50ｇを境に2種を考えることができ、出土遺跡が大河川の付近にあることを勘案すれば、内湾のみならず、重い一群はサケ網が想定できる。

　古墳時代中期の中海に面した安来市長曽遺跡（284）では大小2種あるが、完形のものはない。前期と同じように細く軽い管状土錘との共伴が確認できないのは前期と同様である。しかし、小さい一群は細く軽い管状土錘と同様な機能を推定させる。古墳時代中期ごろから内湾における細く軽い管状土錘を受容する準備が始まったといえよう。

　山持遺跡では完形資料が4点出土しているが、Ｐ値が5～7の間で重量が30～40ｇにまとまっている一群と、古志本郷遺跡出土例のようにそれらより重く太く短い一群がある。前者は細長い鉄アレイを思わせ、両端部が中央部より幾分幅広で丸く仕上げている。これらは両端の孔を開けたときに粘土の余りを処理していないものがある。その部分が沈子綱に装着したり、魚網として使用したりしたときに生ずる破損や磨耗はしていない。とすれば、この一群は魚網への装着方法は大野Ｂ案で、かつ浮刺網の魚網であったと推定されよう。この山持遺跡出土資料にもっとも近似しているのは、時期は下るが、愛媛県大谷谷窯跡出土資料である。孔の周辺の処理の仕方も同じである。唯一異なるのは土師

第1章 沿岸漁撈の諸相 97

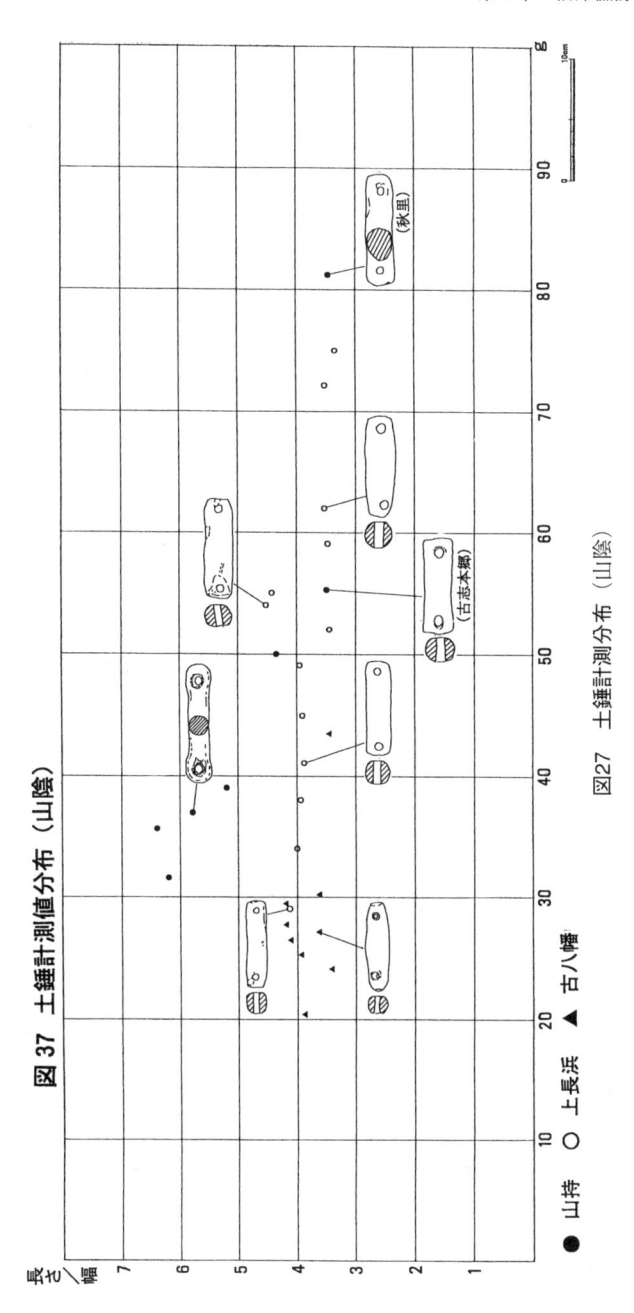

図37 土錘計測値分布（山陰）

図27 土錘計測分布（山陰）

図38 土錘計測値分布（鹿児島）

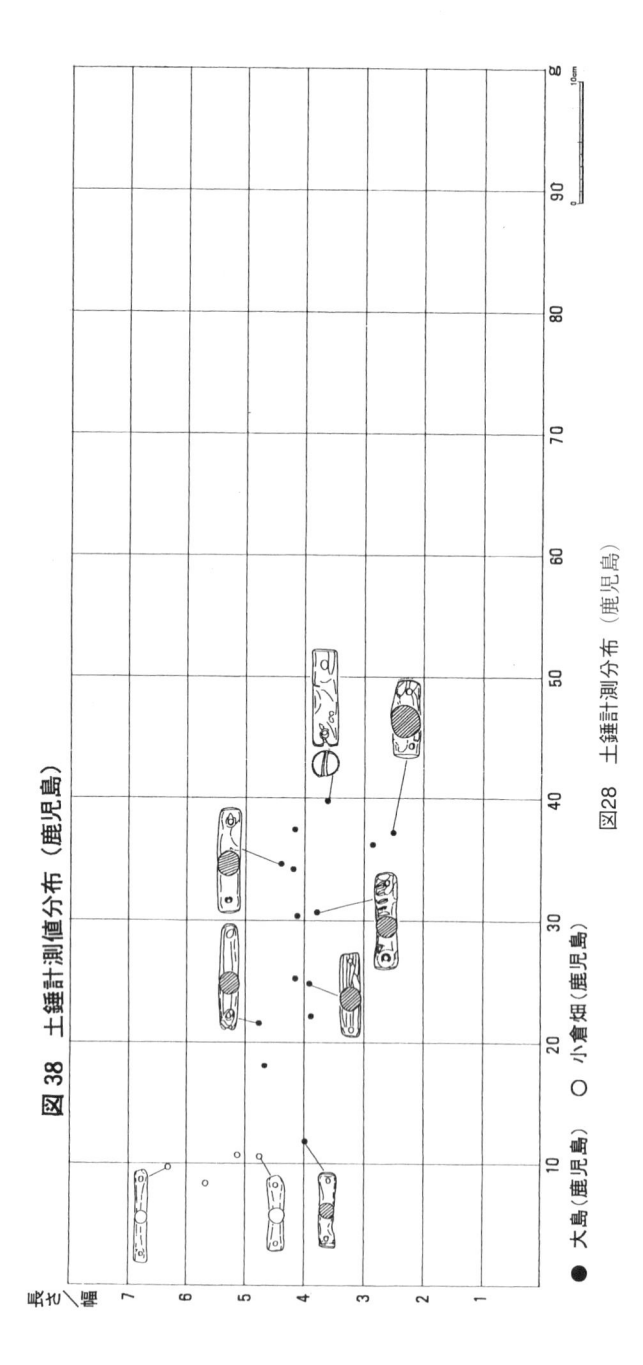

図28 土錘計測分布（鹿児島）

● 大島（鹿児島）　○ 小倉畑（鹿児島）

質か須恵質かということであるが、実用にはその差は問題にはならなかったと思われる。

　山陰地方では今のところ、下條分類Ⅰ類（下條 1993）の細く軽い小型の管状土錘は弥生時代前期〜古墳時代後期までは出土例がなく、双孔棒状土錘と共伴することはない。その管状土錘が山陰で確実に確認されるのは律令期に入ってからである。太平洋側の北限である神奈川県上ノ台遺跡（275）においては、古墳時代前期の住居址で既に両者の共伴関係が認められている（釼持 2006）。一方、紀ノ川中流域の和歌山県市脇遺跡（262）では古墳時代前期の住居跡から11点の出土があり、他の土・石錘とは共伴していない例もあるので、一概にはいえないが、双孔棒状土錘と小型で軽い管状土錘の両者が使用されるようになるのは、律令期の山陰地方の特色としてよいかもしれない。山陰地方が宍道湖や中海という大きな内湾を控えながら、律令期まで小型で軽い管状土錘を受け入れなかったのは、網質の変化や別項で論じているように内湾においても延縄漁のような釣漁が発達していたためであろう。全国的な傾向をみても、細く軽い下條分類Ⅰ類の管状土錘は律令期以降に多くなる。東京湾の谷口栄氏の分析でも同様な傾向にある（谷口 1995）。山陰地方は釣漁に固執していた地域であった。

6．内陸部出土の双孔棒状土錘

　奈良県五条市塚山古墳（233）からは、鉄製釣針3本と双孔棒状土錘22点が出土している。塚山古墳は箱式石棺を主体部とする一辺24mの古墳時代中期の方墳である。古墳の位置するところは和歌山県境に近い紀ノ川の上流部にあたる吉野川流域である。この吉野川が紀の川と合流し和歌山県に入った中流域には、前述の市脇遺跡（262）や佐野遺跡（263）があり、下流域は西庄遺跡（237）を始め双孔棒状土錘を出土する遺跡の和歌山県での集中地域である。海浜部に集中するこの種の土錘がこれほどまでに内陸部の河川に沿って分布するのは、今のところ木曽川流域との2ヵ所のみである。木曽川では愛知県から岐阜県にかけて6遺跡が知られている。このうち、岐阜県の宮之脇遺跡（268）

は古墳時代前期であり、内陸部にもいち早くこの種の土錘が入っていることがわかる。

紀ノ川と木曽川に共通しているのは鵜飼の存在である。奈良県五条市は古代の宇智郡阿陀郷で、吉野川流域の「阿陀の鵜養」の居住地であった。また、木曽川流域の美濃国では各務郡中里戸籍に「鵜養部目都良売」の名がみえる。吉野の「阿陀の鵜養」について『日本書紀』神武天皇即位前紀には、

水に縁ひて西に行きたまふに及びて、亦梁を作ちて取魚する者有り。梁、此をば椰奈と云ふ。天皇問ひたまふ。對へて曰く、「臣は是苞苴擔が子なり」とまうす。苞苴擔、此をば珥倍毛兎と云ふ。此則ち阿太の養鸕部が始祖なり。

という起源説話を載せている。鵜飼は律令制下では、江人・網引とともに雑供戸に入れられた（『令義解』職員令大膳職）。雑供戸は大化前代の貢納部民につながり、天皇に贄を献上していた。『延喜式』の吉野御厨は「阿陀の鵜養」の流れをひくものである。内膳司諸国貢進御贄（旬料）には「大和国吉野御厨所進鳩。従九月至明年四月。年魚鮨火干。従四月至八月月別上下旬各三炉擔。但蜷并伊具比魚煮凝等隋得加進」とあり、9月から翌年の4月まではハト、4月から8月までは鮨や火干しにして加工したアユを、カワニナやウグイを煮て加工したものは随時、ハトやアユとともに貢進することになっていた。アユは夏から秋に、ウグイはアユに準ずる魚として春先から初夏にかけてが漁期である。ハトはこの間の冬が猟期であった。鳥網を用いての狩猟と考えられる。御厨という特殊な共同体ではあるが、吉野川流域の生業の一端を垣間見ることができよう。この吉野の御厨では、アユは鵜飼で、ウグイは網漁で捕獲されていたのではなかろうか。ウグイは大きなものは一升瓶ほどに成長する。雪解け水が流れるようになると海から川を遡上し、きれいな小石の川底に産卵する。この習性を利用して人工的に川底に石で産卵場を作ると多くのウグイがつがいで入ってくる。そのときには手で捕まえられるほど警戒心はなく、産卵に集中している。それをねらって投網を打つといっぺんに多量のウグイを捕獲することができる（内田 2002）。このような漁法が九州から青森県までかつてはあった。青森県ではこれをシゲタ漁という。

ところで、前述の五条市の塚山古墳（233）は内陸部にある出屋敷古墳群の中で最大規模の方墳である。副葬品には釣針や土錘といった漁具のほかに、太刀・甲冑・鉄鏃・鉄斧・鉄鎌などがある。漁具を重視すれば、鉄鎌はメカリ鎌として理解できよう。この古墳から漁具が出土することの意義について、森浩一氏は釣針は実用品でなく儀器かもしれないとされているが（森1975）、そのように考える必要はなく、土錘と同様に被葬者の性格を表すものであろう。森浩一氏は出土した22個の双孔棒状土錘を一人用の投網の錘とみられているが（森1987）、塚山古墳出土資料も両端部に溝が切られている。前項で検討したようにこの溝を重視して投網とすると、ウグイの習性を利用したシゲタ漁のような漁法が古墳時代までさかのぼる可能性もあるだろう。アユやウグイの加工には塩は必需品であり、製塩を行っている河口部の海浜集落との関係が注目される。御厨の設置の時期は不明であるが、後述するようにそのような生業のスタイルと双孔棒状土錘は無関係ではなかろう。塚山古墳の被葬者は、律令的な国郡制が成立する以前は、紀ノ川の河口から上流部までの流域を支配していた首長であったと理解できよう。後に上流部の吉野川流域に吉野御厨が設置される前史には、海浜部を含めた紀ノ川流域の生業を漁撈に比重をよせた集落を支配していた首長が、大和王権に生産物を貢納させるような関係ができていたことを塚山古墳の存在は推定させる。木曽川流域においても、鵜飼部を設置するかたちで、同様な歴史的事情のあったことが考えられる。

 土錘が内陸部から出土することと関係して、『日本霊異記』には次のような興味深い説話を載せている。下巻32の「網を用ゐて漁夫、海中の難に値ひて、妙見菩薩に憑り願ひ、命を全くすること得る縁」である。

　　呉原忌寸名妹丸は、大和の國高市の郡波多の里の人なり。幼きより網を作り、魚を捕るを業とす。延暦二年甲子の秋八月十九日の夜、紀伊の國海部の郡の内の伊波多岐嶋と淡路の國との間の海に到りて、網を下して魚を捕る。漁人、三つの舟に乗りて九人有り。忽に大風吹きて、彼の三つの舟を破りて、八人溺れ死ぬ。（以下略）

 この後は、妙見菩薩に祈った呉原忌寸名妹丸のみが一人助かり、名妹丸の流

れ着いたのは「部内の蚊田の浦濱の草の上」であったという。つまり、呉原忌寸名妹丸の本貫地は内陸部の大和国高市郡波多里であるが、国境を越えた海浜部の紀伊国海部郡賀太郷に土地や使用人、舟や網といった生産用具を所有しており、漁撈を生業としていたことが読みとれる。漁場は「伊波多岐嶋と淡路の國との間」とあるから、現在の紀淡海峡である。漁撈の操業形態は3人乗りの舟（1t前後か？）が3隻で、夜に網を使用している。大和と紀伊を結ぶルートは当然のことながら紀ノ川沿いであった。この説話から、(a)海の生産用具を作る人が海浜部から遠く離れた内陸部にもいること、(b)漁撈の操業形態は手繰網漁と考えられること、(c)呉原忌寸名妹丸は、国郡制が成立する律令期以前の、たとえば塚山古墳の被葬者のような性格の人につながっていくと考えられること（羽原 1949、河岡 1981）などが指摘できよう。とすれば、内陸部の古墳や集落から出土する漁撈具は、湖沼や河川といった内水面漁撈のみで理解されるべきではない。とくに双孔棒状土錘のように、その分布が圧倒的に海浜部にあるものについては、(a)や(c)の場合があることを考慮すべきである。『日本霊異記』の網が手繰網漁とすれば、現在では巾着網や底引網の捕獲対象魚であろうから、「秋八月十九日の夜」ならばイワシ・アジ・サバ・チヌ・カレイ・ヒラメ・アナゴなどが捕獲対象候補にあげられる。

　『日本霊異記』の記載は文献上最古の手繰網の史料でもあるが、それよりも、海の生産用具を所有する経営主体者が必ずしも海浜部にいるのではないことがわかるほうがより重要である。土錘のみならず、内陸部出土の海浜部で使用された漁撈具の理解にあたって一つの回答例が示されているからである。

7．捕獲対象魚類の問題

　さて、以上のような諸問題・諸特徴をもつ双孔棒状土錘であるが、魚網錘であることを前提にその捕獲対象魚類を推定してみよう。それにあたっては、西庄遺跡で久保禎子氏が分析されたように、各遺跡での検討が必要である。しかし、西庄遺跡のように漁具と魚類の遺存体がそろっている場合は多くはない。また、管状土錘と共伴することが多い。管状土錘がさまざまな刺網や袋網に使

表4　大阪湾の網漁における主要魚類と漁獲期

漁法 \ 魚類・漁期	マイワシ	カタクチイワシ	マイワシシラス	カタクチイワシシラス	イカナゴ	マアジ	サバ類	コノシロ	クロダイ	マダイ	イボダイ	メバル	カサゴ	スズキ	サワラ	ニベ・グチ類	ブリ	タチウオ	アナゴ	カレイ類	ヒラメ	シタ類	タコ類	コウイカ類	カニ類	エビ類	シャコ	四月	五月	六月	七月	八月	九月	十月	十一月	十二月	一月	二月	三月
巾着網	●	●					●	●	●	●																			※	※	※	※	※						
船引き網			●	●	●																							※	※	※	※							※	※
底引き網												●	●							●	●	●	●	●	●	●		※	※	※	※	※	※	※	※	※	※	※	※
底刺網									●					●						●	●							※	※	※	※	※	※	※	※	※			
流網																																							
囲刺網																				●																			
引き網																				●																			
小型定置網						●																						※	※	※	※								
あなご籠																												※											
蛸壺漁																							●					※	※	※	※	※							

用されているのと同じように、この双孔棒状土錘を考えてよいのだろうかという疑問が生じる。つまり、重量の似通った両方の土錘を同じ魚種に対して同一集落内、あるいは同一家族で使用する場合があるのだろうか。仮にそのようなことがあったとしても、両者の形態や機能の違いをうまく説明できないのである。

　試みに瀬戸内海でもっとも双孔棒状土錘が集中する大阪湾を例にあげ、現在の網漁をみてみると表4のようになる。もちろん船団を組んで大規模に操業する巾着網（まき網）は行われていなかったであろうが、主要な捕獲対象魚であるイワシ・アジ・サバ・コノシロなどは、浮刺網の範疇にいれて考えてよいだろう。釣漁との関係や現在と自然環境が異なっていたことなどを考慮に入れておく必要があるが、将来的に魚介類の遺存体資料が増えたときには、土錘から魚網の構造や機能を追うことができることを予測させる。西庄遺跡で久保氏が行われた方法論は、近現代の漁業の資料を介在させながらも適用していくことができるであろう。

　あらためて双孔棒状土錘の分布をみると、北緯35度線より南にある。今後、これより以北に出土することがあったとしても、希薄であると予測される。この北緯35度線以南で、かつ内湾や河川流域に特徴的な魚類を考える必要があろう。一般的に東日本はサケ、西日本はアユという特徴が指摘されている。まず、考えなければならないのはアユやこれに準ずるウグイとの関係であろう。紀ノ

川や木曽川はこれに符合する。しかし、双孔棒状土錘が、琵琶湖を抱える滋賀県では一例も報告されていないことと[18]、瀬戸内型土錘ともいわれるように瀬戸内海沿岸に集中していることは重要である。瀬戸内海といえばタイがまず浮かぶのであるが、大阪湾、備讃瀬戸、周防灘にとくに集中している。これはたとえば大阪湾のタイ、備讃瀬戸のサワラ、周防灘のサバ・アジというような、主要な捕獲対象魚の漁場と関係していると考えられる。

8．双孔棒状土錘の出現と消滅

　双孔棒状土錘は和田晴吾氏が指摘するように、あるときに突然大阪湾あたりに出現する。仮に、この種の土錘が東南アジアに起源があるとすれば、交流というよりは、そのような漁具・漁法を携えてかの地から来た人々がいたと考えるのが自然であろう。遺跡ごと地域ごとの管状土錘との関係がもう少しあきらかになれば、その系譜をたどることも可能であろうが、包含層からの出土も多く、現在のところなす術がない。

　しかし、すでに管状土錘が存在しているのにもかかわらず、古墳時代前期に広く西日本に広がっているところをみれば、双孔棒状土錘を沈子とした各種魚網は、西日本の環境やそこに棲息する捕獲対象魚類と関係しながら、相当な効果をもたらしたとみなければならない。製塩土器や蛸壺と共伴するところも多く、とくに日本海側では古墳時代前期になって備讃瀬戸系の製塩土器が出現する（飛田 2002）のと軌を一にしているところも注目される。単にこの種の土錘や漁法のみが伝播したということではなさそうである。

　しかしながら、その終焉は意外にも呆気なく、古代までは確実に確認できるものの、中世には全国的にもほとんどみられなくなってしまう。それにあたっては、『百錬抄』の崇徳天皇の太治元年（1126）の次の記事が気になるところである。

　　六月廿一日。紀伊國所進魚網於院御門前被燒弃。此外諸國所進之羅網五千餘帖被弃之。又除神領御供之外。永停所々網。宇治桂鵜皆被放弃。鷹犬之類皆以如此。此兩三年殊所被禁殺生也。（6月21日、紀伊国が進上した魚

網を院の御門前で焼き捨てた。この外の諸国が進上した五千余張の羅網も捨てた。また、神領や御供を除き、所々の網を使うことを永久に停止した。宇治の桂の鵜飼が使っていた鵜は皆解き放ち、鷹や犬の類も皆これに準じた。そして、とくに2、3年間は殺生を禁止した。）

　すなわち、殺生を禁止するために、紀伊国が差し出した魚網を院の門前で焼き捨て、諸国の羅網の五千張を捨て、神領や御供を除いては永久に網の使用を禁じている。前掲の吉野御厨の例を勘案すれば、羅網は鳥網とするのが妥当である（諸橋 1958）。いずれにせよ、このころ網を使った狩猟・漁撈に強い規制が働き何らかの変化があったに違いない。双孔棒状土錘の使用がその出現と同様に瞬く間に衰退したのは、こうした事情に起因しているのかもしれない。全国的に普遍性をもった管状土錘が生き残ったということであろうか。

　双孔棒状土錘が刺網用の土錘であるという認識は、東南アジアの民俗例を確認しないまま暗黙のうちに了承され、それを前提で議論がなされてきた。本書でもその確認作業を行っていないという後ろめたさを感じながら、山陰地方出土資料を念頭に検討を行った。以下に結論を簡単にまとめておく。

①　双孔棒状土錘の系譜はあきらかではないが、弥生時代後期に大阪湾あたりで突如魚網の土錘として出現し、古墳時代前期には北緯35度あたりを北限としながら西日本に広がり、中世の早いうちには消滅していった。

②　遺跡によっては他の管状土錘より量的に優位であったり、双孔棒状土錘しか出土しない場合があり、地域や集団によって受容や展開の仕方に違いがある。

③　双孔棒状土錘は管状土錘と関係が深く、両者の形態差・地域差・時期差などの比較研究が必要である。

④　用途は、砂泥の内湾を中心に刺網・投網・底引き網の錘として使用されたが、いくらかは内陸部でも刺網や投網の錘として使用された。

⑤　双孔棒状土錘が消滅したのは、平安末に出された殺生禁止令に連動している可能性がある。

⑥ 内陸部から出土する土錘を含めた海の生産用具は、経営主体の本拠地と関係している。

第7節　捕鯨銛の成立と展開

　日本では古くからクジラを食用とするばかりでなく、余すところなく生活に利用してきた。この点が欧米が鯨油を主目的とした捕鯨であったこととは大きく異なるところである。捕鯨がとくに積極的に行われるようになるのは近世からであるが、それ以前もけっして消極的であったわけではない。近海を通過するクジラに対しては果敢に向かって行ったのである。

　それを裏づけると思われる考古資料がいくつか見出せる。長崎県田平町の縄文時代前期から中期にかけてのつぐめの鼻遺跡出土の大型の打製石銛は、玄界灘に回遊してくるマッコウクジラ・ザトウクジラ・セミクジラなどをねらった捕鯨銛の可能性が指摘されている（正林 1982）。また、長崎県壱岐の原の辻遺跡出土の弥生時代中期の壺には、舟とクジラに銛が刺さった線刻絵画がみられる（杉原 2000）。同じく、壱岐の鬼屋久保古墳の横穴式石室の壁面には親子のクジラを2隻の舟で追う捕鯨絵画が線刻されている（松尾 1985）。親クジラには銛が刺さっている。さらに北海道根室市の弁天島貝塚出土のオホーツク文化期の鳥骨製針入れの外面には、明らかに捕鯨の様子が線刻されている。船は6人の漕ぎ手と舳先には銛をもった人物がいる。クジラには縄のついた2本の銛が打ち込まれ、それらは船に繋がっている。また、韓国の青銅器時代とされる蔚山市磐亀台岩の線刻画にも十数人乗りの船から銛をクジラに打ち込んだ様子が描かれている（黄・文〈笹山訳〉1988・1989・1991）。

　クジラには死ぬと沈むクジラと浮いてくるクジラがいる（表5）。おそらく原始・古代には後者をねらって、偶発的ないわゆる寄鯨や流鯨ばかりでなく、その他の海獣やサメ・マグロなどの大型魚類と同じ銛を使用した捕鯨が行われていたと考えられる。以下、捕鯨がもっとも盛んであった近世の捕鯨銛と剣について概観し、そこから原始・古代の捕鯨の具体的な姿を考える糸口を探ってみたい。

表5 クジラの比較

沈	浮	遅	速	沿岸	外洋	髭鯨	歯鯨		
○			○	○	○				シロナガスクジラ
○			○	○	○				ナガスクジラ
○			○	○	○				イワシクジラ
	●	●	●		○				セミクジラ
	●	●		○			○		マッコウクジラ
	●	●	●		○				ホッキョククジラ
○			○	○					ニタリクジラ
	●	●	●		○				ザトウクジラ
			○	○					コククジラ
	○	○			○				ツチクジラ
○			○	○	○				ミンククジラ
									ゴンドウクジラ
					○				イルカ

0　　　　　　　30m

沈　死ぬと沈むクジラ
浮　死んでも沈まないクジラ
遅　遊泳速度が遅いクジラ
速　遊泳速度が速いクジラ
沿岸　沿岸に寄ってくるクジラ
外洋　外洋を回遊するクジラ
●　古式捕鯨で捕らえやすいクジラ

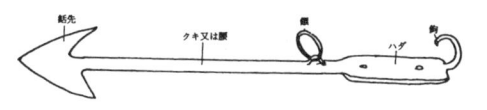

捕鯨銛の部分名称（野村1976による）

1. 捕鯨銛の年代観

　日本の捕鯨について、福本和夫氏は次のような5段階を提唱した。すなわち、第一段階：弓取法（弓または原始的な網取法）、第二段階：突取法（銛専用）、第三段階：網取法（銛と網併用）、第四段階：銛とボンブランス併用、第五段階：ノルウェー式捕鯨砲である（福本 1960）。これは捕鯨方法を軸に日本捕鯨の発展の5段階を示したもので、弓取法・網取法という用語や各段階の年代をどこで線引きするかなど若干の問題があったとしても、捕鯨史の基本的な時代区分として多くの研究者に支持されている。この福本の研究は、伊豆川浅吉が土佐藩の捕鯨を、捕鯨法の発展の背景にある社会経済史的を捉えようとした方法論（伊豆川 1943a・1943b）を踏まえ、全国的に通用する捕鯨法の編年を確立したことに意義がある。これによって日本における捕鯨方法の変遷を素描すると次のようである。

　第一段階とは捕鯨が捕鯨業として成立する以前の段階で、他の海獣類と同様に近海に回遊してくるクジラをさまざまな方法で捕獲する、原始・古代・中世がほぼこれに相当する時代である。第二段階は中世末ごろから近世前半にかけて捕鯨を専業とする集団が組織され捕鯨業が成立した時代で、捕鯨には銛が専用された（元亀・慶長年間から延宝3～5年）。第三段階はクジラに網を掛けて動きを封じてから銛を打ち込むという銛と網が併用された時代で、近世中ごろから明治期が相当する（延宝3～5年から明治20～27年）。第四段階はさらにボンブランスという銃で銛を打ち出す方法が加わる時期（明治20～27年から明治32年）。第五段階はノルウェー式捕鯨砲が用いられる明治32年（1899）を目安として、それ以降現代までの時期とする。捕鯨法がほぼこのような段階を踏んできたことは間違いない。

　しかし中園成生氏が指摘するように、捕鯨法は地域や時期によって必ずしも一様ではない（中園 2001b）。捕鯨技術の変遷でもって捕鯨の社会経済史を捉えることは、必ずしもうまく説明しきれていないものがあるように思われる。中園成生氏は福本氏の研究を継承しながら、捕鯨が専業・産業化される以前を初期捕鯨時代、産業化される中世末以降を捕鯨業時代とし、初期捕鯨時代（福

本氏の第一段階)─古式捕鯨業時代（福本氏の第二～第四段階)─近代捕鯨業時代（福本氏の第五段階）を提唱された。そして網取法という用語は、銛と網を併用しているのだから網掛突取法（図38）とすべきであるとされた（中園2001a）。捕鯨法の用語として妥当と思われるので本稿ではこれに従う。

　今、伊豆川、福本、中園の時代区分を比較すると表6のようになる。これから明白であるように、原始・古代・中世は史料がないことからほとんど空白といってよい。しかし、捕鯨がどのような段階を踏んで今日のような捕鯨方法になろうとも、その捕鯨の中心は原始・古代から一貫して銛であった。ここでは、まず捕鯨が専業化する近世の銛に焦点を当て、その成立と展開を探ることとする。

2．資料の観察

　資料の調査は現存する捕鯨銛と剣を対象とし、可能なものに限り実見し図化した。既に失われた資料については必要に応じ関係文献から複写またはトレースして使用した。捕鯨は、まず銛を打ち込むことによってクジラの動きを封じ、剣で息の根を止めるというのが基本的な捕獲方法である。近世の捕鯨銛は鍛造鉄製で、先端は非対称に2ヵ所の翼状の逆刺が打ち出されている。これを便宜上、萬銛タイプと呼んでおく。柄への装着方法は目釘孔式とソケット式の2種がある。剣は文字どおり剣状を呈し、柄の装着は多くが目釘孔式であり、径1cmほどの綱孔があけられているのが通例である。図化した剣には、目釘孔が2孔と1孔のものがある。近世の絵図にみられる剣の目釘孔は2孔であるので、1孔のものは比較的新しいと考えられる。萬銛タイプは投擲銛、剣は刺突銛として分類することができよう。剣は重量が7～8kgもあり、これに柄がつくので投擲することは不可能である。『張州雑誌』の「捕鯨之図」には、剣を抱え船からとびおり、体当りするようにクジラに刺している様子が描かれている。これが剣の使用法の実態であったろう。

　本節で使用する捕鯨銛という用語は、これら萬銛タイプのものと剣と呼ばれているものの両者を示すことをあらかじめ断っておきたい。また、萬銛タイプ

表6 捕鯨史の時代区分比較

伊豆川淺吉（1943）：土佐	福本和夫（1960）	中園成生（2001）	年代
	弓取法による捕鯨時代 弓または原始的な網取法 第一段階	捕鯨が専門の集団により、産業化される以前 ex. ・くづめの鼻遺跡の石銛 　（長崎県田平町） ・鬼屋窪古墳石室線刻画 　（壱岐） ・貝島古墳群（北九州市）・ 　御手洗古墳出土鉄製銛先 初期捕鯨時代	原始・古代・中世　1500
突取捕鯨業の時代 海防を意識しながら銛による捕鯨組織を藩により創設 第一期	突取法による捕鯨業時代 銛専用時代 捕鯨業として成立 第二段階	突取捕鯨法 専業捕鯨集団が組織化し、捕鯨が産業として成立 前期	1600 近世
網捕鯨業成立の時代 網取法・商業資本の導入 第二期	網取法による捕鯨業時代 銛と網併用時代 第三段階	網掛突取捕鯨法 『西海鯨鯢記』（1720） 古式捕鯨業時代 中期	1700
捕鯨業の資本主義化時代 商業資本による捕鯨業 第三期		『鯨史稿』	1800
幕末藩営業捕鯨の時代 捕鯨業を富国強兵の財源とする 第四期		捕鯨法の多様化 近代捕鯨業時代への過渡期 不漁による捕鯨業の衰退 後期	
株式会社経営の時代 第五期	銛・ボンブランス併用時代 第四		
ノルウェー式捕鯨業の時代 銃殺捕鯨 第六期	ノルウェー式捕鯨業の時代 銃殺捕鯨 第五段階	ノルウェー式砲殺捕鯨法の導入 沿岸砲殺捕鯨の導入・発展期 前期 極洋における母船砲殺捕鯨 後期 近代捕鯨業時代	1900 近代

の銛の各部の名称は（P103右下）原則として野村史隆氏に従う（野村1976）。

(1) 紀伊半島

三重県海の博物館と和歌山県太地のくじら博物館所蔵の資料がある。近世には捕鯨で有名な太地があるのにもかかわらず、現存する捕鯨銛の資料は意外に少ない。野村史隆氏が集成された三重県下の鯨銛も、初期の捕鯨砲の銛を加えても合計25本である（野村1976）。図29-1～3は萬銛タイプで大小2種ある。1・2は長さ55.5cmと56.3cm、重量は320gと280gある。3は長さ83.6cmある。3には綱を結びとめるための鉄環が腰部とハダの境あたりにつけられている。図29-4の剣は長さ1.07cmで径1.1cmの綱孔がある。萬銛タイプの銛は、他地域のものに比較させると中型程度であり、大型のものは実見できなかった。3は銛先の表裏面と基部に刻印がある。銛先の刻印は矢や銛のようにみえるし、記号のようでもある。あるいはクジラそのものを表現しているのかもしれない。4は長さ107cmの剣で目釘孔は2孔ある。ハダにはN字状の刻印がある。野村史隆氏は「三重県下の捕鯨漁具」において、海山町鳥勝の捕鯨銛に6種類の刻印があることを指摘されている。そして、小漁村に6軒の鍛冶屋は成り立たないこと、墓石にも同様な刻印が確認されることから、捕鯨銛の刻印を屋号とされている（野村1976）。

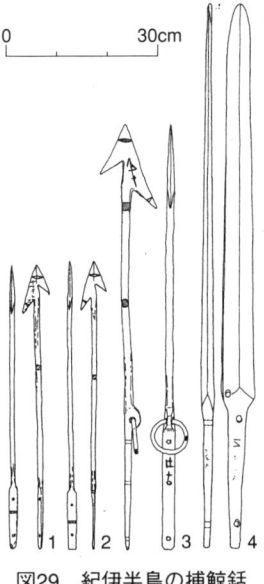

図29 紀伊半島の捕鯨銛

海の博物館所蔵の大阪の鯨油商人が描いたとされる絵図には、「鉾」として鉄環のある萬銛タイプの銛と剣がある[19]。銛は「又森鉾ト云 樫木ヲ柄ト作ス」とあり、長さ「二尺ヨリ三尺余迄ナリ」、剣は「二尺六寸有」とある。銛には図示した資料3と同様に腰部とハダの境の位置に鉄環があるよう描かれている。文化5年（1808）成立と考えられている『鯨史稿』に収録されている「紀伊国熊野海鯨之図」にもほぼ同様な絵が載せられている。江戸後期とされる

『古座浦捕鯨絵巻』には、小型の道具銛（後述する早銛に相当：長2尺7寸）、萬銛（長3尺5寸）と、大（長4尺）・小（長2尺2寸）の剣が描かれている。太地町所蔵の近世の『鯨譜及び解剖図』には、小型のものより順次、早銛、大早銛、三百目銛、柱銛、手形銛、萬銛、剣2振としてそれぞれの絵と重量、縄の長さなどが記されている。銛はいずれも萬銛タイプで、このうち大型の手形銛と萬銛には腰部とハダの境あたりに鉄環がつけられているのが注目される。明治期の網掛突取捕鯨の様子を記した「熊野太地浦捕鯨之話」によれば、小型のものから、早銛（長さ1尺7寸：目方50匁）、差添銛（同）、下屋銛（同）、角銛（長さ1尺7寸：目方100目）、三百目銛（長さ1尺7寸：目方300目）、手形銛（目方500目〜700目）、萬銛（同）、柱銛（同）、錨銛（同）と、小剣（1貫500目）、中剣（1貫800目）、大剣（2貫目）と呼ばれる種類の銛が使用されていたことが知られる。銛が機能分化し、捕鯨がより組織的に行われたことが推定される。

明治13〜14年に図化された『三重県水産図説』にも大型の手形銛には腰部とハダの境に鉄環がつけられた絵が描かれている。なお、橋浦泰雄『熊野の太地鯨に挑む町』には5本の鉄環のつかない萬銛タイプと、明治以降に洋式銛を模倣したいわゆる燕銛2本が写真で紹介してある（橋浦1965）。その他、捕鯨銛の部分名称で示したような（P103右下）基部端に鉤のあるものもある。これはクジラに掛けた網が外れにくくするためであるとされ、紀伊半島にしかみられないものである。比較的新しい時期のものと思われる。

(2) 土　　佐

土佐では、萬銛タイプ1（図30-1）、剣2（図30-2・3）の資料があった。萬銛タイプの銛は図示した全資料の中でも長さ132.6cmと最大である。基端部に径12cmの鉄環がつけられている。剣も長さ117.1cm（2）と115.0cm（3）で他地域のものと比較すると大きい。剣の目釘孔は2・3とも1孔である。

『窪津浦鯨文書』には、萬銛タイプの大型のものから大銛（長4尺5寸）、樽銛（長3尺4寸）、角銛、子銛と大剣（長5尺8寸〜6寸）、小剣（長3尺8寸〜4尺5寸まで）が描かれている（中村1992）。このうち、子銛は目釘孔があ

る。大銛・樽銛・角銛には鉄環がつけられている。大銛は紀伊半島のものと同様に腰部とハダの境に、樽銛と角銛は基部の端に鉄環がつけられている。後者の銛は紀伊半島ではみられなかったものである。樽銛は鉄環に結ばれた綱の端に樽がつけられている。これによって、銛を打ち込まれたクジラが逃げようとするときの抵抗となると同時に、逃げたクジラの位置を知ることができる。紀伊のしらせ銛に相当する。図30-1は『窪津浦鯨文書』に照らし合わせると、大銛と樽銛の中間の長さである。

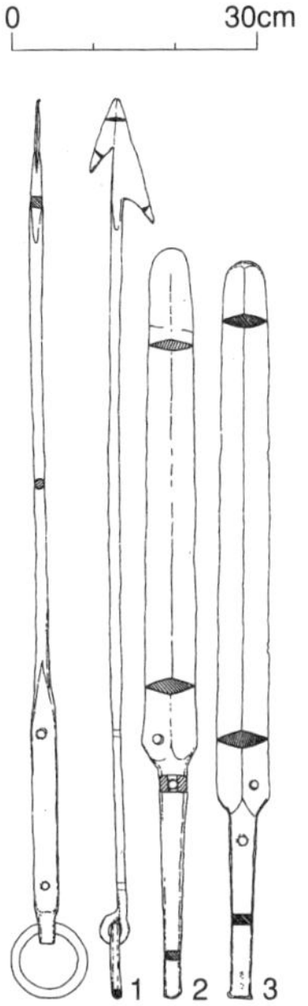

　土佐の捕鯨は、技術的・地理的にみると紀州や尾張の影響下にあったとする伊豆川浅吉の研究があるが（伊豆川1943a・b）、残されている数少ない捕鯨銛は北部九州のものに近い。

(3) 北部九州

　肥前では、長崎県生月町島の館、佐賀県小川島、同壱岐郷土館、佐賀県立博物館に資料がある。図31は島の館所蔵資料で大型の萬銛タイプのもの3（105.5cm）・4（113.4cm）と小型のもの1（40.5cm）・2（56.6cm）がある。このほかに大型の萬銛と剣が展示してある。図32は小川島と壱岐の大形の萬銛タイプのものと剣である。肥前の萬銛タイプは大型のものは基部端に鉄輪がつく（図31-3・4、図32-1・2・3）。小型のものには鉄輪のつくものと（図31-2）、基部がソケット状になるもの（図31-1）などがある。剣は全長に対しハダの長さが長く、目釘孔は1孔である。

　このうち、図31-3には基部に「明治三拾二年一月一日小値賀組　平戸町川久保亀次郎作」と2行にわたり銘が刻まれている。明治32年（1899）はちょうど日本でノルウェー式捕鯨砲が導入された年であり、この地域における萬銛タイプの末期の資料として注目される。図31-4には「生」と、その下方に「双三」の銘が読める。これは生月島の「双三」という人の所有を表わすと思われる。とすれば「双三」は益富組に雇用された羽指の一人であった可能性が高い。近

図30　土佐の捕鯨銛

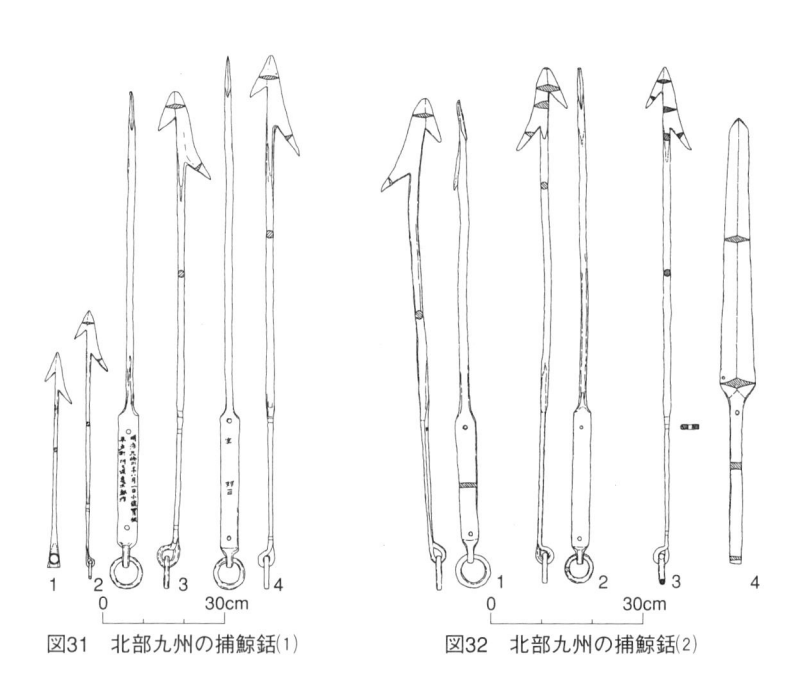

図31　北部九州の捕鯨銛(1)　　　　図32　北部九州の捕鯨銛(2)

世にさかのぼる資料であろう。

　『肥前国産物図考』や『小川島鯨鯢合戦』などには、早銛・萬銛と剣が描かれている。これらの銛類の形状は細部まで正確に描かれているわけではないが、萬銛タイプの銛は目釘孔式で基部端には鉄輪がつけられているのが確認される。また、享保5年（1720）に編纂された『西海鯨鯢記』や前掲の『鯨史稿』に引く『唐津捕鯨図説』の萬銛にも、基部端に鉄環がつけられているのを確認できる。肥前国松浦郡生月島の益冨組の捕鯨の様子を解題した『勇魚取絵詞』には早銛・萬銛・剣が写実的に描かれている（図33）。これによって銛類の柄への装着方法や引綱との関係が知られるが、ここでも基部がソケット状のものはない。紀伊半島や土佐にもこの種の銛はない。近世の絵図に基部がソケット状のものがみえないのは、それがこの地域では比較的新しいことを示しているのだろう。このように肥前では『西海鯨鯢記』以降では銛の種類が、早銛・萬銛・剣を三点セットとして描かれているものが多く、紀伊半島や土佐のように

細かく機能分化はしなかったことが推定される。なお、島の館には明治以降に洋式銛を模倣した燕銛が展示してあるが、基部端に輪が作り出されており他域のそれとはやや趣を異にする。

(4) 長　　門

長門は、日本で初めてノルウェー式捕鯨砲を具備した船でもって、株式会社により近代的捕鯨に移行していった地域である。もっとも捕鯨銛の資料が豊富に残されている地域でもある。図示した資料は（図34）、長門市教育委員会、くじら博物館、日置町歴史民俗資料館所蔵のものである。萬銛タイプには大型・中型・小型のものがある。このうち大型の4（長さ106.3㎝）、5（109.0㎝）と中型の3（87.2㎝）には、いずれも鉄環が基部端につく。大型の5には人名とも記号とも受け取れる「水」字のような刻印がある。刻印には朱が残っているのが観察される。小型のものは基部がソケット状になっている。1は長さ53.3㎝で、腰部に縄がつけてあり、銛と引き縄との関係が知られる。7の剣は長さ92.4㎝で目釘孔は1孔である。全長に対してハダの長さの割合が大きいところは北部九州に似る。このほか、長さ39.8㎝で基部がソケット状となり、腰部から先端に向かい鋭く尖る逆刺のない形態のものがある（6）。おそらくイルカ用の剣であろう。ソケットには径2㎜の小孔がある。

明治13年の通浦の捕鯨を記した『捕鯨方法書』の絵図には、萬銛（モーリ）の基部端に鉄環がつけられている。しかし、天保年間（1830～1843）の『前大津宰判風土注進案』には通浦船印旗の絵図が掲げられており（長門市教委1981）、その萬銛の鉄環は紀伊半島のように腰部とハダの境の部分にある。旗がどこで作成され、デザイナーは誰か

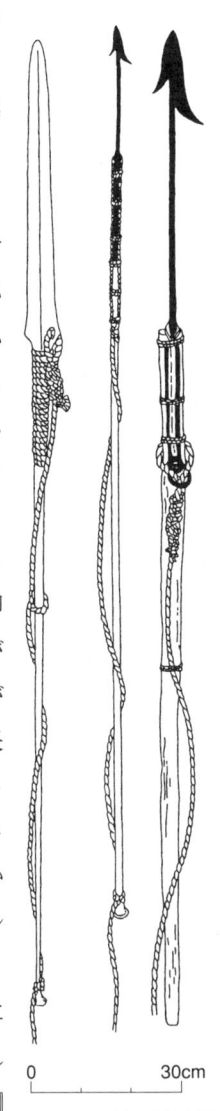

図33　肥前の捕鯨銛
（『勇名取絵詞』よりトレース）

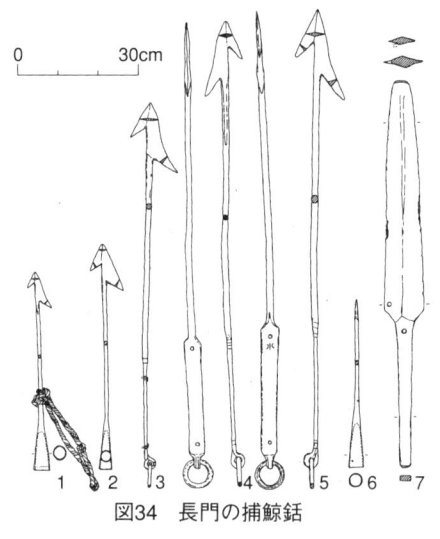

などという問題を含め注意を要する。

(5) 山　　陰

島根県の浜田市（石見）と美保関町（出雲）に捕鯨銛の資料がある（図35）。1・2・3 は浜田市の元漁師の家の神棚にあったもので、基部はいずれもソケット式である。3（長さ93.7㎝）は萬銛タイプのものである。2（長さ59.3㎝）はアメリカ式の銛を模倣した先端部が可動する燕銛である。1（長さ52.7㎝）は銛先が左右対称で、左右に逆刺が出るようになっている。西洋銛の影響を受けたものであるが、1の銛先が左右対称であるところは後述する丹後の資料に似る。

図34　長門の捕鯨銛

浜田市瀬戸ヶ島の厳島神社には、瀬戸ヶ島周辺で網掛突取捕鯨をする様子を描いた捕鯨絵馬がある。絵馬の裏には次のように記されている（森須1998）。

「奉納
　播州住　岡田一得画之
　願　主　當嶋氏子中
　世話人　新屋惣左衛門
　　嘉永七申寅年九月中旬」

願主が「当島氏子」となっているので、嘉永7年（1854）には瀬戸ヶ島の人が捕鯨に何らかのかたちでかかわっていたとみなされる。図35-1・2で示したように、捕鯨銛からみると明治期に至っても操業が行われていたことが推定される。ただし、鯨組が組織されていたかどうかは今のところ不明である。児島俊平氏は絵馬に描かれている勢子船が西海のそれに近似していること、瀬戸ヶ島で唄い継がれてきた「さばわり節」の一節に「麦はうれるなり　鯨船はいぬる──」とあることから、西海方面からの捕鯨船団の操業と考えられている

（児島 1976）。

　図35-4（長さ70.0cm）・5（長さ73.5cm）は美保関町の個人蔵の資料である。萬銛タイプの銛であるが、先端部は他地域のそれと比較して小さい。基部は4はソケット式、5は雄型となっている。捕鯨銛では他に例をみない。4の鉄環は腰部を移動することが可能である。5の鉄環は紀伊半島の萬銛と同じく腰部とハダの境あたりにつけられている。中島正国氏編集の『美保関町史資料』によるこの地域の捕鯨資料から、次のような事情が知られる（中島1955、池橋1986）。

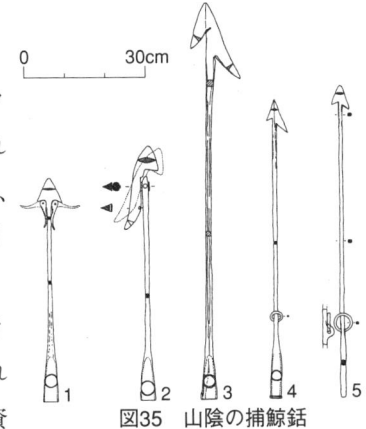

図35　山陰の捕鯨銛

　松江藩は細民救済のため、天保2年（1831）に美保関の海崎と大社の日御碕に鯨方を置いた。しかし、廃藩置県までに民間に移譲したり、再び物産方に戻したりした。その間、安政4年（1857）には平戸生月鯨組の俵屋山左ヱ門などが操業した。明治6年（1873）には定秀久左衛門の鯨組が2年間、明治18年（1885）から30年まで長州川尻村斎藤作四郎が、明治43年（1910）から3ヵ年を大阪東洋捕鯨株式会社が操業した。

　総じて山陰の捕鯨は、捕鯨銛からみても肥前や長門の強い影響下にあったと思われるが、現存する剣は今のところみられない。

(6) 丹　　後

　丹後は太地や肥前のような鯨組は組織されなかった地域で、伊根湾の入り口を網で塞ぎ、湾の奥に回遊してきたクジラやイルカを追い込んで銛で仕留める方法が古くから行われていた。幕末以降も欧米の捕鯨方法にあまり左右されることなく、伝統的な捕鯨が近代まで行われた。『亀島区有文書』によると、ザトウクジラ170頭、ナガスクジラ140頭、セミクジラ40頭などが、明暦2年（1656）から昭和2年（1927）の間に捕獲されている（和久田1989）。

　この地域の捕鯨銛は大型のものがなく、左右対称で基部はすべてソケット式

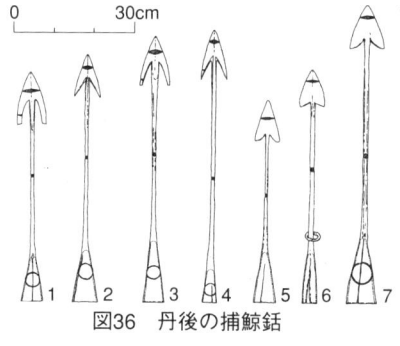

になっている（図36）。資料は丹後郷土資料館および伊根の個人所蔵のものの中から7点を選んで図示した。大別するとA類とB類の2種類ある。A類（5～7）は先端部の逆刺が短く切込みが浅いのに対し、B類（1～4）は逆刺が長く切込みが深い。さらにこのB類は、逆刺の先端が鋭く尖るB1類（2～4）と逆刺の先端

図36 丹後の捕鯨銛

を切り落としたB2類（1）に分類できよう。B2類1のように逆刺の先端を切り落とす形態は、明治以降の捕鯨砲の銛に共通している。伊根漁業協同組合で保管されている捕鯨用具の中に、A類の銛とそれにつながれた縄が文久2年（1862）と墨書された桶に入れた資料がある。これらのことからこの地域の銛の形態は、A類→B1類→B2類と変遷したことが推定される。このうち近世にさかのぼる形態はA類のみであろう。6の腰部には可動式の鉄環がみられる。山陰地方の図36-4にも可動式の鉄環がある。また、図36-5（47.8cm）のような小型の銛はイルカ漁にも用いた。このほか、『京都府漁業誌』には小型の剣と房総の殺し銛に似たものが掲げられているので、他地域と同様に銛と剣がセットで使用されていたようである（吉原1976）。

(7) 房　　総

　房総はツチクジラ捕鯨の地域である。ツチクジラはクジラの中ではどちらかといえば小型の歯クジラである。この地域は伝統的な離頭銛が長く近代初めまで使用され続けた。ツチクジラが垂直に潜水するため網掛突取捕鯨ができないためであるとされる。捕鯨銛は図37-5のような離頭銛である。『千葉県漁業図解』によれば、

　　銛ニ二種アリ一ハ方言アガシ銛ト唱シ一ハ方言突キモリト云フ何レモ鉄ヲ
　　以テ製シ其形状同一ニシテ只大小ノ異アルノミ其アカシ銛ナルモノハ穂ノ
　　長サ三寸余突モリハ全二寸五分アリ（以下略）

とあり、「突キモリ」は早銛とも呼ばれた（小島1987）。これらの銛を打ち込

み、最後は「劔ヲ以テ身体六七ヶ所衝キ刺シ」て仕留めた。尾張でもちょきり銛を用いた突取捕鯨法が18世紀後半にも行われていたことが『張州雑誌』によって知られる（森田 1994）。

近世の捕鯨銛は現存しないが、和歌山県太地のくじら博物館には明治以降のものと思われる千葉県外房捕鯨株式会社から寄贈された資料がある（図37）。4（長さ77.5cm）は剣で目釘孔がないが、この地方の近世の剣を髣髴とさせる資料である。3（長さ139.6cm）はオタマジャクシ銛と呼ばれているが、西洋銛の模倣と考えられる。機能的には剣に相当するものか。2（長さ88.7cm）は基部がソケット式の燕銛。1（77.5cm）も西洋銛を模倣したものであろうか。肥前で明治期に使用されたジャンス（佐賀県博 1980）に似ている。

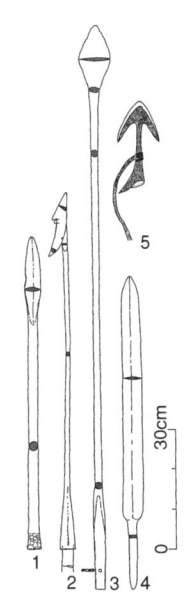

図37　房総の捕鯨銛

(8) 朝 鮮 半 島

朝鮮半島では、前述した磐亀台岩の線刻画のクジラ類や捕鯨図にあるように、原始・古代から捕鯨が行われていた。しかし、中・近世にはイルカ漁は行われていたようであるが、日本のような捕鯨は積極的でなかった（朴 1987）。捕鯨銛についても不明である。半島の東海域には朝鮮時代の終わりごろになると諸外国の捕鯨船が進出し、明治以降には日本も釜山に捕鯨基地を置いた（神長 2002）。

3．捕鯨銛と網掛突取捕鯨法

前項において現存する近世以降の各地の捕鯨銛を概観した。その結果、ここで萬銛タイプとした銛は、銛と網を併用する網掛突取捕鯨法が行われていた地域にみられることが指摘できよう。つまり捕鯨銛からみると、萬銛タイプの銛と網掛突取捕鯨法は深い関係にあると考えられる。

網掛突取捕鯨法は、享保5年（1720）に書かれた『西海鯨鯢記』に延宝の初めに紀州の太地で始まり、それが土佐や西海の五島列島に伝わったと記されて

図38　網掛突取捕鯨法の捕鯨図（中園2001aより）

いる。一般にはその内容について、信憑性の高いこの『西海鯨鯢記』の記述が正しいものとして採用されている。

その『西海鯨鯢記』には、当時の捕鯨銛について絵図を用いながら少し詳しい記述がある。これによると捕鯨銛には大別して3種ある。第一は長さが短くて銛先が左右対称の「チョキリモリ」と「太郎釼」、第二は大小の剣、第三は萬銛タイプの一群である。一方、正徳3年（1713）ごろ成立した紀州太地の『太地浦鯨方』は、『西海鯨鯢記』と相俟って近世前半の捕鯨銛の記述を相互に裏づける重要な資料である（太地2001）。図39に両者の捕鯨銛の絵と記述を比較した。

『西海鯨鯢記』の記述からみると、「チョキリモリ」と「太郎釼」については、「此二種今ハ不用」としている。「チョキリモリ」は各地で近年までイルカ漁に用いられていた離頭銛で、房総では早銛やあがし銛（図37-5）としてツチクジラ漁に使用されていたことは前述のとおりである。これら2種の銛が、『西海鯨鯢記』の書かれたころには肥前では既に使用されていなかったことが知られる。次に大剣・小剣を説明し、その次に「デンチュウモリ」、「太郎釼」、「ハヤノモリ」、「大森（大銛）」、「大萬森（大萬銛）」を掲げる。そして、「デンチュウモリ」は新しい銛として認識され、明暦のころ大村の深澤義太夫が製作

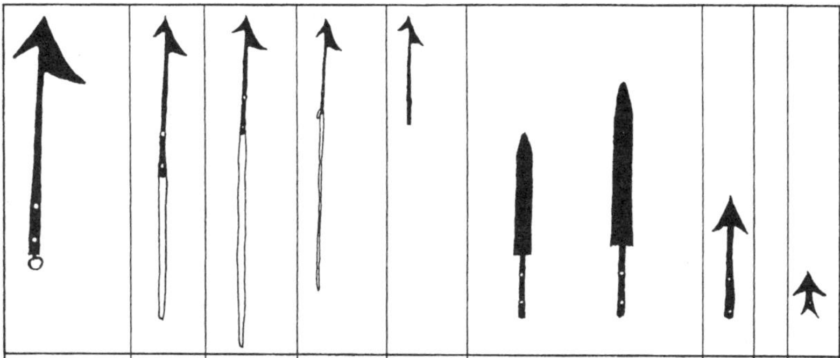

第1章 沿岸漁撈の諸相　121

	西海鯨鯢記（一七二〇）		太地浦鯨方（一七一三）
	チョキリモリ　森ト号スル支字形似タル故歟		ちょきり銛　太地組始
	太郎釼　此二種今ハ不用		志ら勢太地組始
	大釼長サ四尺余幅三寸五分銕重月　貳貫五百目　小鯨釼長二尺五寸或三尺　銕重目壹貫八百目　此柄樫ヲ八尺ニス　綱ヲ突出ト云長十五尋　小指程ノ物鯨ヲ殺ス時突テ　引抜々タス		
	デンチュウモリ　此新森明暦ノ比大村ノ深澤義太夫作ニえ　今ニ不絶		てんちう銛　西国大村組始　当時　早銛なり
	太郎釼柄椎ノ木突捨ニス　樫棹一丈二尺矢縄十七尋其末二七八尋　有ル葛綱ヲ續テ羽指是ヲ投ル		
	飛っ事七八間葛綱ヲ付ル叓ハ浮ヲ用テ他矢縄小指程ノ綱也　是ヲハヤノモリト云		
	大森　柄八尺椿柚ヲ以テス		萬銛　西国吉村組始り
	大萬森長五尺銕重目壹貫目　是ニカヽス圍三寸ノ綱ヲ付鯨半死之時突立　若海底ニ沈メバ是ヲ以テ引上ル為也		

図39　『西海鯨鯢記』と『太地浦鯨方』の捕鯨法の比較

し、今でも使い続けられているとしている。さらに「ハヤノモリ　太郎釼　大モリ　ヨロツモリ　シメ森　デンチュウモリ大小有トイヘ共形皆是ニ同シ」という説明がなされているので、「シメ森」が図示されていないけれども、これらがすべて萬銛タイプの銛であることがわかる。萬銛タイプの銛の中に「太郎釼」と呼ばれるものがあるのは、おそらく形態が変わっても捕鯨銛としての機能が継承されたためであろう。この「太郎釼」の説明は「柄椎ノ木突捨ニス」とあるので、クジラを弱らせるのが主目的であったと考えられる。

紀州の『太地浦鯨方』では、「ちよきり銛」と「志ら勢」は太地で始まったとしている。「志ら勢」は知らせ銛という意味であろうから、ちょきり銛の綱の端に桶製の浮子をつけたものであろう。『西海鯨鯢記』では「ハヤノモリ」に浮子がつけられたとする。「てんちう銛」と「萬銛」は『西海鯨鯢記』の記述にほぼ符合する。正徳のころには太地でも萬銛タイプの銛が使用されていたことが知られるが、剣の記述がないので当初は使用されていなかった可能性があろう。

これまで網掛突取法が太地で始まったとする通説は『西海鯨鯢記』によっているのであるが、『太地浦鯨方』にも、「延宝五丁巳年和田角右衛門頼治鯨網工風始候（以下略）」とあり、内容が符合する。しかし、この網掛突取法の創始について『鯨史稿』では、肥前の深澤義太夫が太地から「突組ノ法」を習い五島で捕鯨を始めるが、その後自らが網を打つことを工夫し「網組」を起こしたとして、『西海鯨鯢記』とは異なる記述になっている。さらに、網掛突取法がセミがクモの巣に捕らえられているのをみて考案されたという説話が、太地のみならず肥前や長門にも残っている。これらのことは、この捕鯨法の成立が必ずしもいつどこで始まったかについては明確でないことを物語っていよう。森田勝昭氏は「太地と肥前大村など北九州地方との間には、新技術を積極的に伝授し学ぶ双方向的関係があった」と理解する（森田1994）。

4. 萬銛の成立

それでは、この萬銛タイプの銛はどのような契機でどの地域に出現したのだろうか。そのあたりの歴史的事情は明確ではないが、萬銛タイプの銛の成立に

一つの示唆を与えてくれる資料がある。図40-1〜6は佐賀県呼子町の鬼ノ口古墳出土の鉄製銛である。7世紀代の横穴式石室から武器や工具・釣針などとともに出土したもので、銛は大別して離頭銛と逆刺のない固定式の2種ある。離頭銛は萬銛タイプの銛の先端部のように左右非対称の逆刺のあるものと逆刺が一つのものがある。注目されるのは逆刺のない長い形状の固定式のものである。これらが海獣漁や大型魚類の捕獲に使用されたことは異論のないところである。報告者も釣針はマダイ・クロダイ・スズキを、銛はクジラ・イルカ・サメ・マグロを捕獲

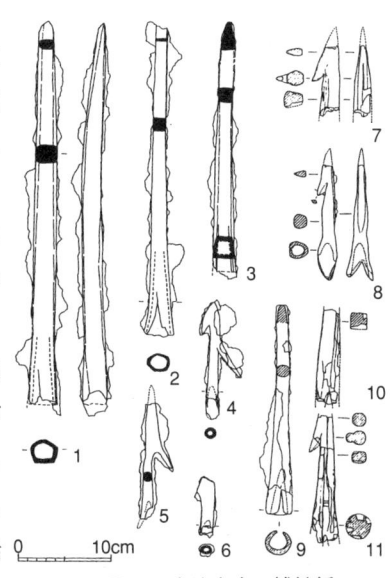

図40　古墳出土の捕鯨銛

対象に推定している（松尾1985）。また、北九州市貝島の6世紀代の横穴式石室である貝島1号墳（図40-7）と4号墳（図40-8〜11）からも鬼ノ口古墳と同様な2種の銛が出土している（山中1978）。逆刺のあるものとないものの2種の銛は、先に前者を打ち込んで動きを鈍くし、後者で止めを刺すという捕獲方法が、少なくとも西海では既に6〜7世紀には行われていたことを示していよう。前者は縄文〜弥生時代の動物の骨角を素材とした回転式離頭銛に起源をもち、近世にはちょきり銛としてみえるタイプの銛に、後者は剣につながっていくと考えられる。銛と剣をセットにした捕鯨法の淵源がここにある[20]。『西海鯨鯢記』には萬銛タイプの「デンチュウモリ」が明暦のころ考案されたように記すが、『鯨突道具に苧渡し申覚』とする慶安元年（1648）の覚帳に「でんちうもり」があることから、西海では明暦以前に一般に使用されていたとする見解もある（小葉田1951）。しかし、その形状は不明であり、「太郎鈚」のように機能の同じ銛に名称のみが継承された可能性もあろう。房総では「デンチュウモリ」は「あがし銛」のようにちょきり銛と同型のものをいう。

『太地浦鯨方』や『西海鯨鯢記』は突取捕鯨業を元亀年間（1570〜1573）に三河の師崎を発祥地とし、それが紀伊や肥前に伝わったとする。そのころの捕鯨銛は両文献に記す「チョキリモリ」や「太郎釵」が使用されていたのだろう。これら小型の銛は、すばしこいイルカや深く潜行する鯨類に打ち込むのに有効である。これに比較し、萬銛タイプの銛は腰部が長く大型で重い。投擲距離や命中率を考慮すると、動きの鈍い状態のクジラを前提にして考案されたと考えられる。それは銛を打ち込む前に網を掛けて遊泳するクジラの動きを鈍くするということと無関係ではないであろう。萬銛タイプの銛は生鉄になっていて命中すると逃げようとするクジラの動きによって腰部が曲がり抜けにくくなる。それはクジラに掛けた網が外れにくくなるという効果をも併せもったものであった。図示した銛の腰部がゆがんでいるものがあるのは、実際にクジラに刺さったことを示している。こうした捕鯨法は萬銛タイプに似た銛が既に古墳時代に出現する西海で成立したと考えるのが自然であろう。つぐめの鼻遺跡の石銛や原の辻遺跡出土の弥生土器や鬼屋久保古墳の捕鯨絵画、鬼ノ口古墳や貝島古墳群出土の鉄製銛など、他地域と比較して捕鯨に積極的な長い歴史があったからこそなしえた捕鯨法ではなかったろうか。とすれば、この網掛突取捕鯨法が西海で始まったとする『鯨史稿』の記述も、あながち否定できないのではなかろうか。網掛突取捕鯨法により遊泳速度の速いザトウクジラやナガスクジラの捕獲率が向上したとされる（中園 2001 a）。

　各地に残る捕鯨銛を検討した結果、一見して同じようにみえる捕鯨銛も地域や時期によって違いのあることが知られたが、問題点を整理しておこう。
　　① 近世の捕鯨銛は当初は原始・古代の系譜を引く離頭銛（チョキリ銛）が使用されていたが、網でクジラの動きを封じるという工程を取り入れることによって、北部九州において萬銛タイプや剣が出現したと考えられる。その源流は古墳時代後期に北部九州で成立していた鉄製の捕鯨銛にあると推定される。
　　② 捕鯨銛の刻印は、紀伊半島では羽刺の屋号、西海では個人名としてみ

られる。また捕鯨銛の種類は、当初は紀伊半島ではその種類は少なく肥前では数種類あったが、時期が下って両地域の捕鯨銛の種類は逆転現象を起こした。これらのことは、たとえば紀伊では羽刺が世襲され、西海では漁期に雇用されるというような鯨組の組織の違いに起因しているかもしれない。

③　萬銛タイプの銛の柄への主な装着方法には目釘孔式とソケット式があるが、後者は紀伊や土佐にはみられないという地域差とともに、日本海側では時期差であることが推定される。

④　房総、紀伊半島、肥前、長門、山陰という広い地域に明治期と考えられるアメリカ式の銛を模倣したいわゆる燕銛がみられた。この種の銛が一定の効果をあげたことを物語るが、萬銛タイプの銛に取って代わるほどのものではなかったと思われる。

註

(1) 本稿を発表後、福岡県京都郡豊津町の徳永川ノ上遺跡のⅥ-42号墓において保存状態が良好な鉄製釣針5本が一括で出土した。弥生時代後期〜古墳時代初頭とされる。報文の図によれば（柳田1996）、いずれも軸部の半分以上にハリスを巻きつけた糸の痕跡がみられる。

(2) 日本海でも鰹漁は現在も行われている。兵庫県袴田遺跡では古墳時代前期の木製品に、シカやシュモクザメなどとともにカツオが描かれている（兵庫県教委1994）。

(3) このほかにも二、三の遺跡で、見方によっては同様な骨角器と考えられるものがあるが、形態が違うので集成からはずした。たとえば、三河の稲荷山貝塚出土の有孔牙器（縄文時代晩期）と報告されているもの（清野1969）、若狭の浜禰遺跡出土の鹿角製有孔品（古墳時代前期）と報告されているもの（石部1956）などである。

(4) 奈良文化財研究所の木簡データベースによれば、飛鳥藤原京・平城京から13点のイカ貢納木簡が出土しているが、そのうちの9点が隠岐国からのものである。

(5) 本稿発表後、『動物考古学』第23号に猪熊樹人「中世鎌倉のイカ釣具」が掲載された（猪熊2006）。それによると、神奈川県鎌倉市由比ガ浜南遺跡の骨角器の中に、葉山御用邸内遺跡出土資料のように、軸部の骨角に数本の鉄製釣針を装着した中世の資料が確認されている。本稿で推定したように、カツオの擬餌針とされているものの中にイ

カ釣針が存在することが証明された。また、鳥取県青谷上寺地遺跡の骨角器の中にも（弥生時代前期末～古墳時代初頭）、ここでイカ用の疑似餌としたものがみられる（北浦 2001、湯村 2002）。鉄製釣針を装着したイカの擬餌針は、少なくとも古墳時代前期までさかのぼる可能性がある。

(6) 新訂増補国史大系『日本三代実録』後編、昭和46年4月（1971）を使用した。

(7) 『古事記』上巻には「栲縄之、千尋縄打延、為釣海人之」とあり、羽原又吉がこれを延縄の前駆としているのは妥当な見解と思われるが（羽原1949）、これが出雲国を舞台とした大国主命の国譲り神話の中に見出されることは大変興味深い。このことについては第3章第3節であらためて取り上げる。

(8) 『出雲国風土記』楯縫郡佐香郷の地名起源説話は次のとおりである。

佐香郷。郡家正東四里一百六十歩。佐香河内百八十神等集坐、御厨立給而、令醸酒給之。即百八十日喜燕解散坐。故云佐香。

(9) 『出雲国風土記』は出雲郡の等等嶋に蚌貝（うむぎ）＝ハマグリを載せるが、艫島にハマグリが生息していたとは考えにくい。しかし、ここでは便宜上このままにして図15を作図した。今後、検討したい。

(10) 島根県隠岐郡西ノ島町、柚原恒平氏のご教示による。

(11) 尾張国の賣夫神社は内陸部に少し入った中島郡にあるが、南接する海士郡との郡堺付近に比定されている。

(12) 御木本真珠のご教示による。

(13) 原の辻遺跡からは、弥生時代後期～古墳時代初頭の包含層から青銅製の権が出土している。その重量は150ｇある。鉛同位体比法による分析結果は弥生時代後期の広形銅矛や近畿・三遠式銅鐸などと同じく中国華北地方であるという。「交易を円滑に行うための実用品として理解することも可能である」としながら、150ｇという重量は後漢代の度量衡制の単位にないことから、竿秤が想定されている（中尾 2002）。150ｇを1匁の3.75ｇで割ると、ちょうど40で割り切れる。これは偶然であろうか。白玉木簡が示すように、原の辻遺跡には律令期の施設もあったのであり、調査の結果を疑うわけではないが、この権はひょっとすると上層からの弥生層への混入の可能性はないのか検討する必要があるように思われる。北海道礼文島の続縄文期の浜中2遺跡からは多量のアワビが鯨骨製のヤスやアワビオコシとともに出土している。同様な漁撈具は利尻島の種屯内遺跡からも多数出土しているという。それらの漁撈具は、たとえば長崎県壱岐島のカラカミ遺跡や原の辻遺跡といった北部九州沿岸の弥生時代中・後期

の遺跡出土資料や、古墳時代の串山ミルメ浦遺跡出土資料との関係が指摘されている。すなわち、西本豊弘氏によれば、北部九州の「倭の水人」の一部がアワビを求めて日本海を北上したと考えられた（西本1993）。

⒁　鳥取県青谷上寺地遺跡では、「ポイント状骨角器」として軸部に2～3の孔を穿った鉤型の骨角器が出土している。報文（湯村2002）では恵山文化に特徴的な魚形石器との関係からカツオ漁に使用された結合式釣針と考えられている。これに対し、福井純一氏はベーリング海峡周辺の民族誌などをあげながら、捕獲したマグロ類・カジキ類・サメ類などの大型魚類を船に引き寄せたり引き上げるための鉤と考えられた（福井2006）。しかし、山陰の民俗例でみるサメ用の鉤はいずれもはるかに大きい。今のところどちらともいい難く、これについては今後の課題としたい。

⒂　西川津遺跡に隣接したタテチョウ遺跡からも、骨角器や動物遺存体が出土している。しかし、そのほとんどは上流部の西川津遺跡からの流れ込みによって包含層が形成されたものと考えられるので、考察の対処からはずしてある。

⒃　岩田明久氏（京都大学大学院）のご教示による。

⒄　たとえば鳥取県泊村歴史民俗資料館蔵のトビウオの刺網は、普通の管状土錘3個ごとにそろばん玉状の土錘1個をつけている。

⒅　本稿発表後、第56回埋蔵文化財研究会が2007年9月に開催された。その資料集において、滋賀県の経田遺跡と十里遺跡で1点ずつ双孔棒状土錘が出土していることを知った。報告者は、いずれも大阪湾あたりからの搬入品と考えられている（近藤・雨森2007）。

⒆　漁具における「ホコ」とは、モリやヤスをはじめアワビオコシのようなイソガネに至るまでを総称している。

⒇　大阪府茨木市の前期古墳である紫金山古墳からは、原初的な捕鯨銛と考えられる鉄製銛が出土している（向井2005）。

第2章　内水面漁撈の諸相

第1節　西日本におけるサケ・マス論

　島根県大原郡大東町川井には鮭神社というサケを祀る神社がある。当地方でもこの神社の存在を知る人は意外に少ない。『出雲国風土記』記載社を訪ね歩いているうちに遭遇した神社の一つである。もちろん、『出雲国風土記』にはその社名は出てこない神社であるが、享保2年（1717）に編纂された『雲陽誌』大原郡条川井には「鮭大明神」として、「神號いまた考す、社一間餘造営年暦しれす、祭禮九月九日」とある（黒沢 1717）。『雲陽誌』編纂時には造営年代や社名の由来は既に不明となっているので、川井の集落と鮭神社の長い歴史と浅からぬ関係を読み取ることができよう。川井は大東町を貫いて流れる斐伊川の支流の赤川の、その支流である阿用川の中流域で、出雲地方のほぼ中央にあたる。川井の集落は旧地名では大原郡阿用村大字川井であるので、古代には『出雲国風土記』や『和名抄』の大原郡阿用郷に入っていたであろう（図41）。
　この鮭神社と川井との関係は、「往古より当神社の祭礼には、鮭魚が社前の川を上り来り祭礼直後に下るという。これは海神の使と称し、上るを上り鮭下るを下り鮭といって、下り鮭にはその背後に傷がある。上り鮭を捕殺した者は災厄にかかると言い伝え、今も氏子は鮭を食べない習慣になっている」という社伝（島根県神社庁 1981）が明確に物語る。現在でもこのタブーは守られている。祭神は豊玉比女命とされる。

1．サケのオオスケ

　鮭神社といえば、同名社は遠く九州の遠賀川上流にもある。福岡県嘉保の鮭神社がそれで（図44）、祭神は彦火火出見尊（ひこほほでみのみこと）、豊玉姫命とその御子神の鸕鷀（うがや）

図41　鮭神社と『出雲風土記』のサケ・マスの分布

草葺不合尊の三柱で、トヨタマヒメの命は出雲の鮭神社と共通した祭神となっている。社伝は毎年11月13日の祭日に、鮭が神の使いとして遠賀川をのぼり社辺に来るので、氏子は現在もサケを食べない習慣があるとする。さらに、この鮭神社には鮭塚があり、神の使いとして遡上してきた鮭を、第二次大戦までは多い年には8匹を埋めたという（嘉穂町1983）。トヨタマヒメの命は『古事記』では豊玉毘賣命、『日本書紀』では豊玉姫であり、それは「海神の女」となっている。このことはサケが海から海神の使いとして遡上してくると考えられて

いたからだろう。

　出雲と九州の鮭神社の間に、これほどまでに類似した関係があるのは単なる偶然ではない。サケを祭神とした神社は東日本に集中しているのだが、出雲や九州の鮭神社の存在は（図44）、日本海沿いに南下するにつれ漸進的に減少しながらもサケの遡上があったことの証であろう（市川 1977）。それよりも興味深いのは、サケを食べないというタブーが、東北地方のいわゆる「サケのオオスケ」の伝承に、その起源があるらしいことである。「サケのオオスケ」というのはサケの王様のことで、その伝承とはたとえば次のようなものである（羽柴 1916）。

　　出羽の庄内では川に沿うた村々の漁夫等は、毎年十一月の十五日を以鮭漁
　　の網納めとして居る。此夜丑満る頃大助小助と云う物が上って来ると云ふ。
　　是は鮭の王様で、「オースケコースケ上る」と呼はりながら上つて来る。
　　さうすると之に続いて大小の鮭が幾万尾とも無く上つて来るのだと云ふ。
　　人間が若し其声を聞くときは即死すると言ひ、人々は其を聞かぬやうにと
　　餅を搗いて祝ひ、其夜は家に籠り外へ出ない習慣であると云ふ。

　これに似た伝承がサケ漁の盛んな東北地方では広く認められる（神野 1984a）。こうした伝承が少なくとも古代にさかのぼるのではないかと思われるのは、『常陸国風土記』久慈郡条助川の記述である。

　　國宰、久米の大夫の時に至り、河に鮭を取るが為に、改めて助川と名づく。
　　俗の語に、鮭の祖を謂ひて、須介と為す。

これによって、常陸国の民衆の間では「鮭の祖」を「須介（スケ）」と呼んでいたことが知られる。このスケは、サケのオオスケの「スケ」にあたるとされる。こうした伝承の伝播の背景には、必ず人の移動があったはずである。そこに漁法や信仰が伴ったことはいうまでもない。

2．サケの民俗資料

　今日、山陰地方の河川にサケの遡上はきわめてまれである。主な原因は、遠い昔ではなく近代以降の河川の汚染、乱獲、上流部へのダムの建設などが考え

られる。時折今でも、江川などでは数匹の遡上が確認されることがあり、また神戸川漁協では稚魚の放流が行われているが、統計をとるほどの回帰率ではないという。しかし、当地方に残る民俗資料にはかつてのサケ漁を彷彿とさせるものがある。

広島県立歴史民俗博物館には、広島県三次市の山中にいくつかの源をもち、島根県のほぼ中央を貫いて日本海にぬける江川流域のサケ漁の資料が豊富に採集・保管されている。報文によれば（みよし風土記の丘 1984）、網漁のほかに突刺漁がある。網漁にはまきあみ、袋網、引網（図42）、建網（刺網）などがあり、時期によってはコイやアユも漁獲の対象となった。このうち、袋網は一般に「サケ網」といわれるサケ用の網である。

図示したのは、ヤスと三次地方で「ヒッカケ」と呼ばれる鈎である。ヤスは鉄製でさまざまなものがあり、柄は木か竹製である（図43-1～6）。対象となったのは、サケ、マスのほかにコイ、ウナギ、スッポンなどである。島根県の高津川（図43-7）や益田川（図43-8）にもあるが、後者の資料は現在ではコイを主な対象としていて、マスボコという名称のみが残っている。増水した川で岸に潜んでいるコイなどを突いたという。これらのうち、図43-4にはある程度の弾力性をもたせるためであろうか、たとえば岡山県金蔵山古墳出土資料にあるように、「ひねり」を加えたものがあり注目される。

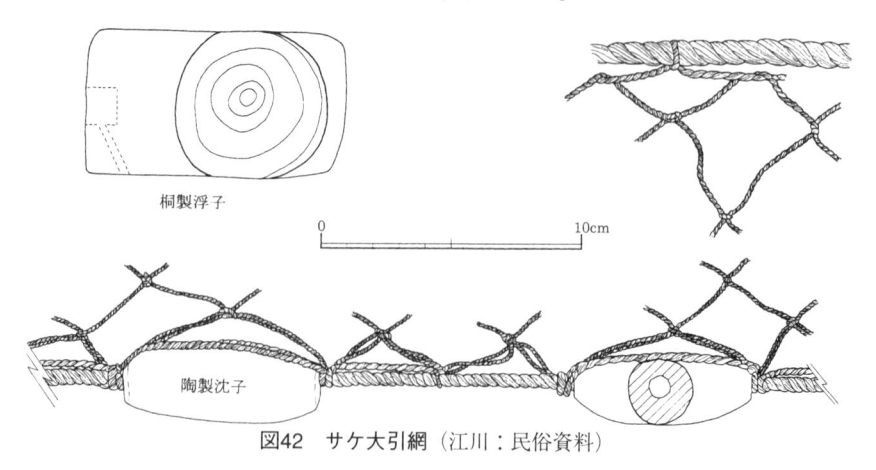

桐製浮子

陶製沈子

図42　サケ大引網（江川：民俗資料）

第2章　内水面漁撈の諸相　133

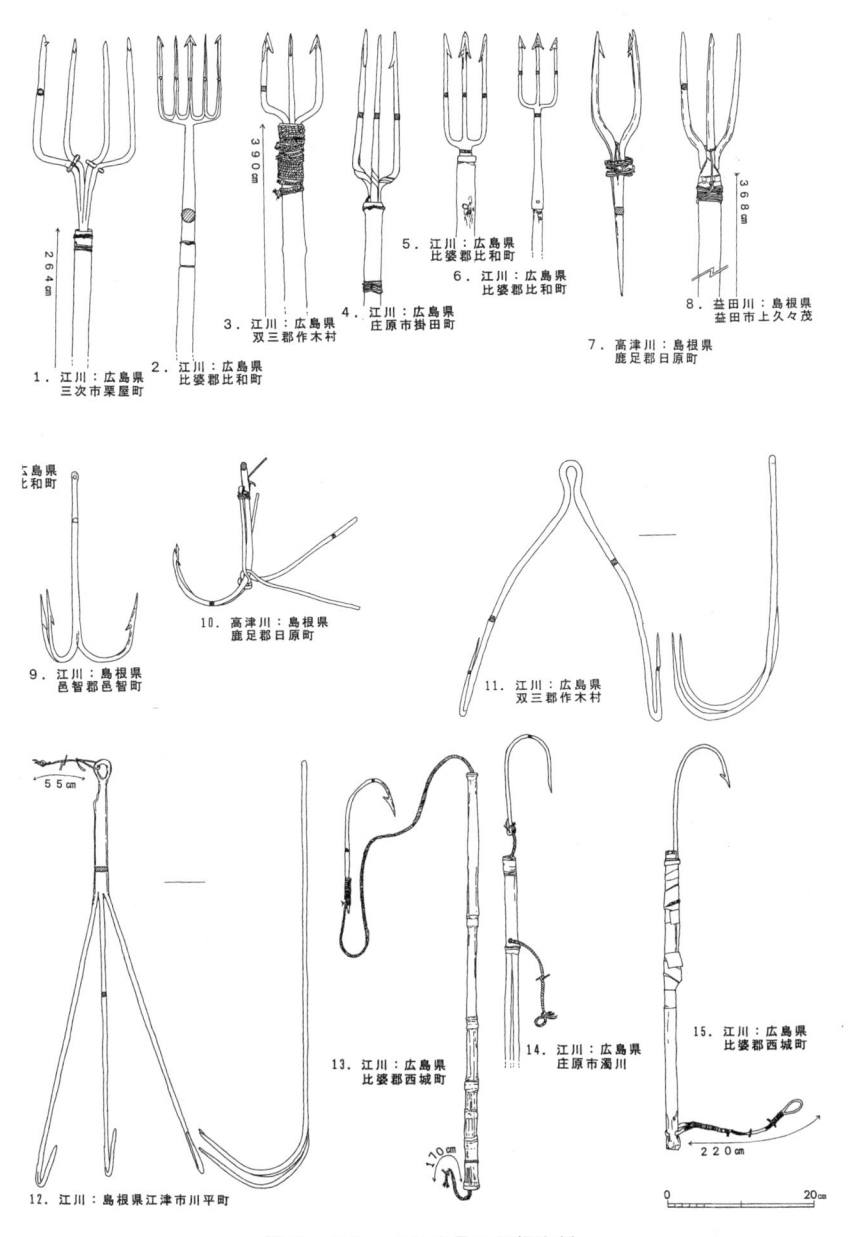

図43　サケ・マス漁具の民俗資料

「ヒッカケ」にも数種類あり、サケ用のものは錨状のもの（図43-9）、釣針を2本、あるいは3本をちもとで束ねたような形状のもの（図43-10～12）があり、高津川（図43-10）でもみられた。これは、サケがつくる産卵場に「ヒッカケ」を置き、腹部に引っ掛けるように使用した（大庭 1992）。マスの「ヒッカケ」は、ちもとに2m前後の紐をつけた釣針状の大きな鈎が、節を抜いた竹製の柄に装着されたものである（図43-13～15）。マスは「冷水を好み、水温の上昇には弱い魚であり、岩陰など水温の比較的低い場所にひそんでいるものであるので潜水して近づき、マス鈎をマスの横腹にひっかける」（みよし風土記の丘 1985）という。

これら山陰地方のサケ・マス漁の漁具は、東北地方のそれにほぼ同様のものであり（坂井 1982）、前項でみたサケの信仰や禁忌と重複する。

3．古代のサケ・マス

サケ・マスが気候の冷涼な地域の魚類であることはいうまでもないが、『延喜式』のサケ貢納国もほぼその地域に限定される。表7はそれをまとめたもの

表7　『延喜式に』みるサケ・マス

	主　　計　　式			宮内省式	内　膳　司　式
	行　　程		調・庸・中男作物	諸国例貢御贄	諸国貢進御贄　年料
信濃国	上21日、下10日	中男作物	鮭楚割、氷頭、背腸、鮭子	楚割鮭	楚割鮭（9籠）
越後国	上34日、下17日海路36日	調庸中男作物	鮭鮭鮭内子、并子、氷頭、背腸		楚割鮭8籠80隻、鮭兒・氷頭・背腸各4麻筒
越中国	上17日、下9日	中男作物	鮭楚割、鮭鮨、鮭氷頭、鮭背腸、鮭子		
越前国	上7日、下4日			鮭子、氷頭、背腸	生 鮭3擔12隻3度、鮭兒、氷頭、背腸
若狭国	上3日、下2日			生鮭	生鮭3擔13隻3度
近江国	上1日、下半日			鱒	鱒
丹波国	上1日、下半日				生鮭3擔6隻3度
丹後国	上7日、下4日			生鮭	生鮭3擔12隻3度、氷頭1壷、背腸1壷
但馬国	上7日、下4日			生鮭	生鮭3擔12隻3度
因幡国	上12日、下6日				生鮭3擔12隻3度
備前国	上8日、下4日				氷頭10缶2度

である。民部省主計式にみられる調庸物と宮内省式内膳司式の贄による貢納とがある。例貢御贄と貢進御贄（年料）の品目が類似しているのは、後者が前者の細目であるからと考えられている（勝浦1977）。この表によると、サケの漁獲高がかつても多かったと考えられる信濃川流域の信濃国や越後国、あるいは越中国に調庸物や贄が顕著である。そしてそれらの地域は楚割を始めとして、何らかの加工を施したサケであり、かつ上京する行程が17日以上かかる国々である。これ以外の越前、若狭、丹波、但馬、因幡の諸国には生鮭が目立つ。生鮭は加工をあまり加えないものであり、それらを貢納する諸国は主計式でみる上京する行程が1～12日と短く、かつすべて贄として納められていることが注意される。生鮭食料を貢納することが贄の目的の一つであった（東野1997）ことをよく表している。そのため、贄の貢納にあたっては駅家が利用されることもあった。運脚が運ぶ調庸物とは輸送方法が異なるのである。生鮭はいずれも3回に分けて貢納されることになっているが、これは他の品目にはみられないことである。おそらくサケの漁獲時期（遡上時期）が比較的長かったことに関係しているのだろう。

　これに対し、平城京跡ではサケを貢納した国名の判明している木簡が出土している。

　　a.「丹後国鮮鮭　御贄　雄腹
　　　　　與謝川　　　　　　　」
　　b.「因幡国進上鮮鮭　御贄壱隻　雄栖　　天平八年十月」
　　c.「伯耆国鮭御贄雄□」

　aとbは丹後国と伯耆国で（奈文研1991）、鮮鮭は生鮭と考えてよく、いずれも御贄として貢納されており、『延喜式』に符合する。cは因幡国に西接する伯耆国の資料で（奈文研1994）、8世紀にはサケの貢納がより広範囲で行われていたことが知られる。そのことは、サケのみに限らず、他の贄品目についても同様である。

4．『出雲国風土記』にみえるサケ・マス

天平5年(733)に編纂された『出雲国風土記』には、出雲国の山海原野の豊富な産物の記述がある。この中でも各郡の河川には、アユ、サケ、マス、ウグイ、ウナギ、フナが記載されている。いずれも『延喜式』の贄貢納品目にはなっていない。表8にはそれらをまとめ、図41には魚類の記載された河川と、サケ・マスの分布を示した。また、便宜上、鮭神社の位置を入れた。この表でもっとも多いのはアユで、魚類を記した河川のほとんどにみられ、サケ・マスがこれに続いている。現在ではほとんどみられなくなってしまったが、出雲国における内水面の魚類はアユがもっともポピュラーであった。アユは古くは「アイ」といった可能性があり、当地方はもとより現在も富山、土佐、有明海など西日本の各地に地方名として残っている（末広1989）。出雲においても、『出雲国風土記』仁多郡条の阿伊川や阿位川はアユにちなんだ河川名であり、

表8　『出雲風土記』の河川魚類

郡名	河川名	年魚(アユ)	鮭(サケ)	麻須(マス)	伊具比(ウグイ)	鯰鱧(ウナギ)	鮒(フナ)
意宇郡	伯太川	●			●		
	飯梨川	●			●		
	筑陽川	●					
	意宇川	●			●		
	玉作川	●					
	来待川	●					
島根郡	水草川						●
秋鹿郡	佐太川						●(佐太水海)
出雲郡	出雲大川	●	●	●	●	●	
	意保美小川	●					
神門郡	神門川	●	●	●	●		
	多岐小川	●					
飯石郡	三屋川	●					
	須佐川	●					
	磐鉏川	●					
仁多郡	横田川	●					
	室原川	●		●		●	
	灰火川	●					
	阿伊川	●		●			
	阿位川	●		●			
	比太川	●					
大原郡	斐伊川	●		●			
	海潮川	●					
	須我小川	●					

「阿伊村」（仁多郡条戀山）という村名にもなったらしい例を見出すことができる。サケ・マスはいずれも斐伊川（出雲大川）・神門川（神戸川）という大河川の流域とその支流域に記されている。マスがサケよりも上流域までみられるのは、マスがサケに比較してより低い水温を好むからであろう。アユは、平城京二条大路出土木簡に出雲国から御贄として貢納された資料がある（奈文研1990）。

　　d.「出雲国煮干年魚　御贄」
　この場合も伯耆国のサケと同様に『延喜式』の贄にはみえないものである。7～8世紀に贄貢納が行われていた国々は藤原京や平城京出土木簡資料によって明らかになりつつある。それらは『延喜式』の贄貢納国と必ずしも一致していない。贄の品目は時代によって変遷しているようであり、『延喜式』の品目は9世紀になってから定められたことが指摘されている（勝浦1977）。それは、律令国家の整備とともに、贄の対象品目が人工や自然の環境変化に影響されたからであろう。現在のところ出雲国のサケに関係した木簡は藤原京や平城京では発見されていないが、『出雲国風土記』の記載からして、7～8世紀には伯耆国と同様に貢納されていた可能性があるだろう。

5．サケを描いた古墳
　ところで、山陰地方には魚を描いたいくつかの古墳がある。鳥取県岩美郡国府町岡益の梶山古墳（森田1981）、同町屋の鷺山古墳（亀井1981a）、鳥取市久末の空山15号墳（亀井1981b）、東伯郡北条町の土下229号墳（野田1981）である（図44）。いずれも横穴式石室で、鳥取県でも東部に偏在している。水系でみると、千代川と天神川という大河川流域に存在している。中でも梶山古墳は、凝灰岩の切石を組み合わせた長さ8.4mの横穴式石室の奥壁に、魚を中心とした彩色壁画が確認されたことで有名となった。壁画は赤黄色顔料で描かれ、魚の上方には三角紋、同心円紋、曲線紋が配置されている。出土した遺物から古墳の年代は7世紀初頭とされる。他の3基の古墳は、いずれも自然石を用いており線刻の魚である。報文によれば、鷺山古墳は6世紀末、空山15号墳は6世

図44 鮭神社とサケの壁画古墳の分布

紀末から7世紀前半、土下229号墳は6世紀後半〜末の年代が与えられている。いずれも後期群集墳の中にある。これらの壁画古墳の中でも特に注意されるのは土下229号墳である。すなわち、2匹の大きく口を開けた魚が接近して描かれているからである。未発掘のため、下方の魚の絵は1／2が土に隠れている。それは遡上してきた雌雄のサケの産卵の状況を表しているものと考えられる。サケは産卵するときには雌雄とも大きく口を開く。鷺山古墳例はサケの産卵期に目立つ脂鰭と思われる表現があるとされる。とすれば、線刻画の作者はよほどサケの生態に熟知していたことになろう。他の線刻の魚もサケと同定してよく、梶山古墳の壁画魚はサケをデフォルメしたものと解されよう。この地域に季節的にせよサケ漁を生業としていた集団のあったことが推定される。

このように、鳥取県の中央部から東側（因幡国と伯耆国の東部）にかけての大河川の流域（支流域を含め）に、サケの壁画古墳は分布している。とりわけ、梶山古墳は対角長が17.0mで変形八角形の墳丘の南側に2段に築造された方形壇を設けた特殊な古墳である（津川 1997）。

この地域の大化前代の大和王権との関係を考えるとき、サケを描いた古墳の存在はきわめて重要である。大化前代の贄はもとは天皇や朝廷への貢納物であったが、律令国家が整備されると、大化改新詔第四条の「凡そ調の副物の鹽と贄とは、亦郷土の出せるに随へ」という条文（坂本他 1993）にあるように、調

副物として調の中に包含されたとされている（直木 1975）。

　サケ・マス類が古く贄として献上されたことについて、『肥後国風土記』逸文は次のような示唆的な伝承を載せている。

　　肥後の國の風土記に曰はく、玉名の郡。長渚の濱郡の西にあり。昔者、大足彦の天皇、球磨噌唹を誅ひて、還駕りまししし時、御船を此の濱に泊てたまひき。云々。又、御船の左右に游べる魚多なりき。楫人、吉備の國の朝勝見、鈎を以ちて釣るに、所獲多なり。即ち、天皇に献りき。勅したまひしく、「献れる魚は、此れ、何為なる魚ぞ」とのりたまひしかば、朝勝見、奏申ししく、「其の名を解らず。止、鱒魚麻須に似たるのみ」とをしき。天皇、歴御覧まして、曰りたまひしく、「俗、多なる物を見て、即ち、にべさにと云ふ。今、献れる魚は、甚此、多なり。爾陪魚と謂ふべし」とのりたまひき。今、爾陪魚と謂ふ、其の縁なり。

　この伝承の「にべさに」は、原文では「爾陪佐爾」となっており、「贄多」の略ともいわれている（秋本 1958）。

　このようにみると、サケが後期古墳に描かれたのは、この地域から大和王権へ贄を貢納するという関係が成立し、贄の品目の中にサケがかなりの比重をもっていたという背景を考えることができよう。とすれば、梶山古墳は千代川水系の首長墓の一つであり、この地域からのサケの贄貢納に責任をもっていた人を被葬者に想定できるだろう。つまり梶山古墳の被葬者を首長とする共同体関係を基盤とし、サケを贄として貢納するという関係が大和王権とこの地域との間に成立していたことが考えられる。したがって、報文（亀井 1981b）で紹介されているように、梶山古墳の壁画魚を被葬者が再生するのを願うもの、あるいは、これをコイとみて中国の竜にかわる「竜門の鯉」の古い伝承に由来するというより、むしろこの石室奥壁の彩色魚こそ、千代川を遡上する「サケのオオスケ」そのもの、あるいは精霊の姿だ。8世紀に因幡国や伯耆国から御贄として「鮮鮭」が進上される前史を以上のように考えたい。

6．山内清男のサケ・マス論

西日本の日本海沿いにサケ・マスが遡上するという自然環境はいつごろから始まったのか。おそらくそれは、縄文時代中期の海進が終わる後期以降のことであろう。このことと関連して、サケ・マスといえば著名な山内清男のサケ・マス論がある（山内 1964）。山内はカリフォルニアインデアンの例と比較し、日本の縄文時代の主食を、「縄文式文化圏の西南半は木の実を主食とし、東北半は木の実とサケの二本建てになっていたと考えられる」とした。ここでは山内清男のサケ・マス論の妥当性を吟味することが直接の目的ではないので、その点は避けるが、次に検討する西日本の縄文時代後期以降の文化を考えるときに頭の隅に置いておきたいと思う。

　いわゆる縄文海進が終わる後期には、西日本（山内の西南半）には東日本（山内の東北半）の文化が流れ込む。土器の紋様でいえば後期の磨消縄文であり、東日本ほどに顕著ではないが土偶や土製耳環、切目石錘（渡辺 1984）も多くなる。

　島根県下山遺跡では切目石錘のほかに屈折像土偶が出土している。この土偶は明らかに東北地方で製作され当地方にもたらされたものとされている。報告者は、この土偶の破壊・放棄された出土状況から「東北地方の縄文人がこの地にやって来て同じような儀礼を行っていたことを推定させる」としている（深田 1996・1998）。魚網と考えられる石錘は、当地方では自然石の両端を打ち欠いたものが伝統的であるが、後期になるとそれらに混在するかたちで切目石錘が出土するようになる。これも東日本の影響とみなされる。両者の比率はいまだ統計を取るほどではなく、切目石錘の出土量は少ない。しかし、比較的良好な資料が得られている島根県木次町平田遺跡（坂本 1997）では、打欠石錘34個に対し切目石錘は14個であり、河川流域においてかなりの切目石錘が普及していたことをうかがわせる。

　このような縄文時代後期の状況の中で、図45に示した島根県益田市日原町浜子遺跡の打製の青竜刀形石器が注目される。高津川の河川敷で工事中に発見・採集されたものである（柿木村 1986）。材質は中国地方にも産出する安山岩で長さ44.5cm、1.6kgである。共伴遺物がないのが時代を決定するのに弱点である

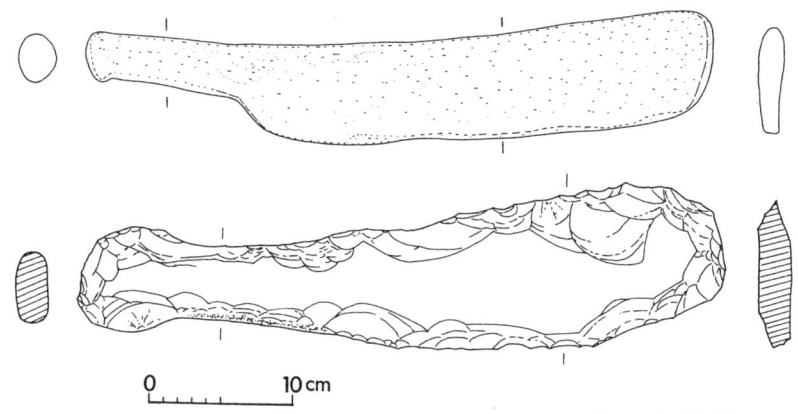

図45 青竜刀形骨角器（上：戸井貝塚）と青竜刀形石器（下：浜子遺跡）

が、石材や打製の技法からして縄文時代後期のものと推定される。西日本には、あまりほかに例のない石器である。あえて類例をさがすと、今のところ北海道の戸井貝塚出土の青竜刀形骨器（西本 1993）と比較するしかない。形態は酷似しているといえよう。

　青竜刀形石器と骨器は青森県を中心に山形県を南限とし、北海道の渡島半島を北限とする東北・北海道の限られた地域に特徴的な遺物である。縄文時代中期半ばから後期後半のものとされる。青竜刀形石器の石材は安山岩、骨器は鯨骨が用いられる。その用途については諸説があるが、江坂輝弥氏は「青竜刀形石器考」（江坂 1965）において、「この種石製品は硬質な安山岩質の岩石を丹念に研磨して製作した精巧な石製品であり、日常の用具として常時使用されていたものとは思われない」とか、「鮭鱒類が多数遡行する大河川の流域から比較的多く発見されていることは注目すべきであろう」という興味深い指摘をされている。藤本英夫氏もカナダ・インデアンがサケ漁に使用した石棒との関係を示唆する（藤本 1977）。サケが川に満ちあふれるほど遡上する条件をそなえた地域ならば、このような簡単な道具で十分である。しかし、この種の石器・骨器は1遺跡にせいぜい1～2点しか出土しない。もちろん、戦闘用の武器とは考えられず、現在では何らかの祭祀用具であるとするのが定説となりつつあ

る。問題はその祭祀の具体像である。その点では西脇対名夫氏が青竜刀形石器・骨器をニュージィランド東方沖のチャタム諸島の棍棒の形態と使用法を検討され、その形が「本来棍棒の犠牲となった魚や海獣の形なのではあるまいか」とされている（西脇 1991）ことに強い魅力を感じる。アイヌには打頭棒を用いた鮭漁があった。加工した直径3cm、長さ50cmほどのヤナギかミズキで、捕獲したサケをその打頭棒（木幣と考えられている）で頭を叩いて殺す。そうするとサケは神の国に帰れるのだという。浜子遺跡出土の青竜刀形石器は打製であるけれども、縄文時代後期に東日本から入ってきたサケ漁に伴う祭具を模倣したものではなかったかと思う。こうした色眼鏡をかけてあらためて浜子遺跡出土の青竜刀形石器をみると、魚の形にもみえてくるから不思議だ。下山遺跡出土の屈折像土偶とともに注意される。また、切目石錘も西日本の河川漁に何らかの影響を及ぼしたことであろう。切目石錘がサケ・マスの漁獲度の多い中部・近畿地方に密に分布する傾向にあることも、サケ・マスを対象とした河川漁と深くかかわっていたからに違いない。

　山内清男のサケ・マス論は東日本については妥当性のある文化論であろう。そしてそれは、縄文時代後期以降の西日本にも、日本海を南下するかたちでサーモンエリアが漸進的に濃度を薄めながらもあてはまるように思えるのである。

　かつて西日本の河川にも多くのサケが遡上し捕獲されていた。社伝にあるように、いつの日か阿用川では産卵後のサケを漁るようになり、ついにはそれさえも禁じられるに至り、サケが祭神となったのであろう。その背景にはたえず東日本との交流が想定され、また、人間を取り巻く環境の変化があった。鮭神社はそうした歴史を秘めながら、資源保護や環境保護への先人からの警鐘を今に伝えているように思われる。

第2節　内水面漁業における土製魚網錘

　島根県の東部は旧国名でいえば出雲国である。北には日本海があり、島根半

図46　宍道湖・中海関係図

島で画されている。その出雲には中海・宍道湖という、互いにつながってはいるが、それぞれ内海と汽水湖となって平原部の多くを占めている水域がある（図46）。これらは外海の魚類が入ってきて、安全に産卵し成長するための彼らの格好の棲家となっている。そのため、天平年間に編纂された『出雲国風土記』には、中海と宍道湖をつないでいる大橋川では豊富な魚類が春秋に出入りし、市が立つほどの賑わいであると記されている。今日に至っても、後継者不足や環境の変化という問題を抱えながらも、なお豊かな漁業生産物をわれわれに提供してくれている。

　ここでは、中海・宍道湖の、今日では既に使用されなくなってしまった、とりわけ刺網漁の土錘（管状土錘）に焦点を当て、以下、その調査のいくつかを報告しようと思う。刺網漁の沈子と考えられる土錘が、しばしば発掘調査で遺跡から出土することがあるからである。

1. 資料の観察

　資料は宍道湖のもっとも多くの漁業資料が採集されている宍道町歴史民俗資料館所蔵のものの中から、対象魚類が記されていて、かつ刺網に使用された土錘を調査対象とした。一応資料の表示にしたがって、コイ、フナ、セイゴ、ボラ、ハゼ、アマサギ（ワカサギ）[1]、シラウオの7種類の土製魚網錘（以下、土

錘とする）を合計46点図化した。これ以外にコノシロの刺網漁もあったが、資料を実見することはできなかった[2]。

宍道湖の刺網漁には、浮子をつけた刺網（浮付刺網）と、浮子をつけず網の両端を竹で固定し、夜に操業する集魚灯付（張刺網）があるが、前者が多く、後者はアマサギとシラウオに限定されている（表9）。浮付刺網漁は夕方網を仕掛け、早朝に上げるが、コイについては昼に行う場合もあった。網材には麻、テグス、アミランがある。

土錘は、外見上は大別すれば、長さに対して幅が短く細長くみえるもの、その逆に太く短くみえるもの、その中間形態のものなどがある。コイ網の土錘は細く長いのを特徴とする。浮子は木製で他の魚種用と比較すると小さい。長さ10.7cm、幅0.85cm、厚さ0.4cmで、土錘は長さ6cm前後である。太く短い土錘は、ハゼとアマサギにみられる。もっとも多い中間形態のものは、コイ以外のすべての魚種に使用されている。浮子は木製で、長さ13.2cm、幅1.5cm、厚さ0.4cmある。

扱った資料は長い間に他の魚種の土錘が代用されたり、整理ラベルの混乱もあるようである。魚が捕れればそれでいいということかもしれない。そこで、まずもっとも単純に土錘の長さと幅の関係分布図を作成し、外見上の違いを確かめることとした（図47）。

これによると、コイ以外は少しずつ互いに混在している様子が読みとれる。

表9　宍道湖の漁獲時期（宍道町歴史民俗資料館による）

魚　種	漁獲時期	浮付刺網	集魚灯付刺網
コ　イ	11～2月	○	
フ　ナ	11～2月	○	
セ イ ゴ	9～10月	○	
ボ　ラ	6～8月	○	
ハ　ゼ	8～9月	○	
アマサギ	10～1月	○	○
シラウオ	11～3月	○	○
コノシロ	7～8月	○	

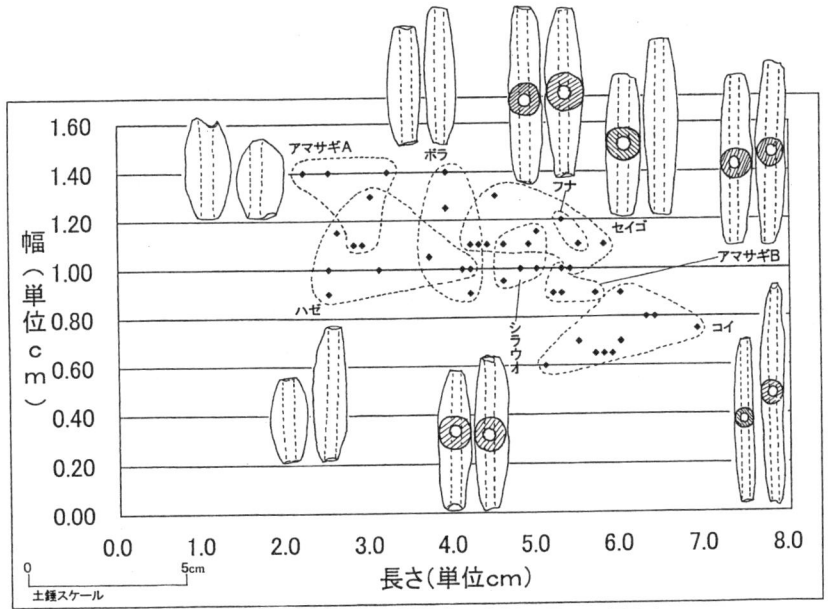

図47　宍道町歴史民俗資料館蔵の土錘の長さ・幅分布

　しかし、長さが2〜3cmのアマサギAとハゼ、それ以上の長さのフナ、セイゴ、ボラ、アマサギB，シラウオの2グループがありそうである。
　このように、土錘の形態と漁種とは互いに関係し合うことが一応認められる。しかし、民俗資料としてのこれらの土錘は、次のようないくつかの問題点や多面性をもち合わせている。まず、フナ、シラウオ、ボラは比較的まとまりを示している。また、アマサギBとされているものは、アマサギが小型魚であることを考慮すると、セイゴかシラウオの間違いである可能性がある。セイゴの土錘に長さ4cm前後のものから6cm弱のものがあるのは、成長に合わせて使い分けがなされたかもしれない。あるいは短い一群はボラの可能性も考慮したい。
　フナは長さ5cm前後の土錘であるが、網によっては太く短いボラ用のそれが部分的に代用されていたり、ボラとハゼ、ボラとシラウオ、ハゼとアマサギの両方に使用したとされる例があるように、形態だけでは魚種との関係をただちに理解できないものもある。また、資料採集時に混在したと思われるものもあ

る。あるいは、外海とつながっている中海・宍道湖はときどき塩分濃度が変化するので、流動的な魚の生態系に臨時に対応した結果かもしれない。実際、ハゼ網で、春先に産卵のために宍道湖に入ってくるサヨリをねらって使用する場合もあった（佐々木2002）。

さらに整理すると、コイ（Ⅰ群）、フナ・セイゴ・シラウオ、ボラ（Ⅱ群）、ハゼ・アマサギ（Ⅲ群）に分類できよう。シラウオの錘は長いが、網目間隔が小さく、またかつては大量に捕獲できたからであろう。このように、土錘の外見上の違いはⅠ〜Ⅲ群として認識ができよう。

そこで次に土錘をより理解するために、その製作過程をみてみよう。

2．土錘の製作復元

こうした土錘は宍道湖に臨む八束郡玉湯町布志名の陶器窯で作られていた。雲善窯（土屋窯）はそのうちの一つで、昭和47年（1972）まで注文があったという。通称、布志名焼きで知られるこのあたりの陶器窯は、松江藩の御用窯として始まり、雲善窯は安永9年（1780）から創業し、今日に至っている。以下は1989年に雲善窯の土屋幹雄氏にお願いして、往時の土錘作りを復元していただいたときの感想を含めた取材記録である（写真3）。

【1月22日】

① まず、陶器用の粘土をよく捏ねる。これがもっとも基本的な作業となる。以前は、粘土は布志名でとれる赤土を用いた。陶器用の粘土より少し硬めのものにした。これをその後の作業がしやすいように円錐形の粘土塊に整える。径16cm、高さ25cm。土錘はその長さや重量は宍道湖漁師の注文に応じて作る。出来上がりを考えながら適量の粘土を親指と人差し指で取って手のひらに乗せる。網の長さに対して土錘の重量が決まるとされる。最盛期には中海や神西湖の漁師からも注文がきた。また、松江の漁具店にも納めたことがある。

② 目盛りのついた真鍮製の心棒を、手のひらに取った粘土に押しつける。

③ 両手で心棒に粘土を巻きつけ、土錘の形に整える。

④ 心棒の目盛りを確認しながら、さらに形を整えていく。粘土がたりなか

第 2 章　内水面漁撈の諸相　147

①粘土を円錐形に整える

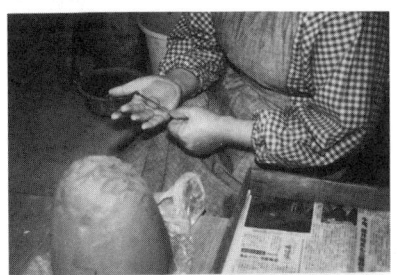

⑤土錘から心棒を抜く

②手のひらに粘土を取って心棒を押しあてる

⑥土錘の端部を指先で調整する

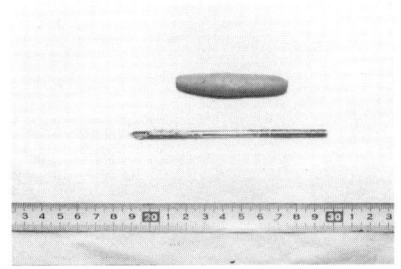

③両手を擦り合わせ心棒に粘土を巻く

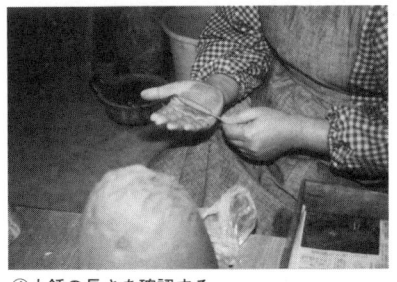

⑦心棒（下）と出来上がりの土錘（上）

④土錘の長さを確認する

⑧箱に並べて乾燥させる

写真 4　土錘の製作過程

ったり多かったときには、ここで調整する。土錘は素焼きで1割ほど縮むので、1寸の長さの注文なら1寸1分にして作る。重量は注文が多様で、それで10段階の早見表を作ってある（表10）。10個ほどを作るごとに一括して重量を量り、その平均を出して確かめる。これを数回繰り返すと確かめなくともほぼ平均値のものが作れるようになる。このあたりに微妙な個体差ができる要因がありそうだ。重量の1匁3分〜1匁6分のものが注文が多かった。これはⅡ群に相当し、多くの魚種に使用されたことと矛盾しない。土錘重量早見表の10段階はこのⅡ群の中の差であろう。これ以外に細長いコイ用のものは特注だった。おそらく、ハゼ・アマサギのⅠ群も特注か、あるいは雲善窯以外の窯で作られた可能性があろう。

⑤　形を整えた土錘から心棒を抜く。このときが一番難しい。形が崩れるからだ。資料の中に歪んだものがみられたのはこのことを裏づけている。

⑥　土錘の両端部を調整する。これを手抜きすると土錘に通した紐が切れる。

⑦　心棒は以前は篠竹を使った。戦後、真鍮製に変わったが、長い間使用していると、これが摩滅して細くなった。心棒を抜くとき篠竹よりすべりがよい。

⑧　出来上がった土錘は叶露箱にいれて天日で1日乾燥させた。急ぐときにはストーブに近づけた。1個ができ上がるのに20〜30秒。復元した土錘は長さ6cm、径1cmで、5個の平均重量は7.8gとなり、早見表の二段階、つまり2匁8分であるから、焼き上がりは1匁3分の予定であった。

表10　土錘早見表

種類	出来上がり	生
1	1匁2分	1匁6分
2	1匁3分	2匁8分
3	1匁4分	2匁2分4厘
4	1匁5分	2匁4分
5	1匁6分	2匁5分6厘
6	1匁7分	2匁7分2厘
7	1匁8分	2匁8分8厘
8	1匁9分	3匁2分
9	2匁	3匁2分
10	2匁5分	3匁8分

☆1匁=3.75g

【1月26日】

乾燥させた土錘は径19cm、高さ9.5cmの陶器用のサヤにいれて焼く。土錘1個につき重量が約1g減っていた。

今回は他の陶器の間に窯詰めして電気窯を使用（朝8時40分）。以前は登り窯の素焼室やその横の素焼き用の小型の窯で焼いた[3]。焼成温度は700〜

800℃で5～6時間かけた。漁師自ら野焼きで土錘を作ることもあったが、水中でもろく使用に耐えなかったらしい。

【1月27日】

12時窯出し。外見上はサイズには変化はみられなかった。11個について重量を計測し平均値を出したところ6.0ｇ、つまり1.8ｇ減じたことになる。1匁6分の出来上がりとなるが、これは電気窯と素焼き用窯との違いと思われた。

この復元作業を通して、土錘はその形態よりも重量が重視されていることが知られた。浮付の刺網は、魚種や網の設定位置によって浮子の浮力と沈子（土錘）の沈降力との関係が決定されることを製作面でも裏づけている。そして、両者のバランスを見極め、土錘の長さと重量を決めるのは、魚の生態を熟知したほかならぬ漁師自身の経験と勘であった。

3．古代・中世の土錘

中海・宍道湖周辺の遺跡から、時折この種の土錘が出土することがある。ここでは、その土錘が比較的まとまって出土した松江市オノ峠遺跡と出雲市上長浜遺跡出土資料について民俗資料と比較を試みることとする。

オノ峠遺跡は、松江市竹矢町の出雲国分寺の北側の痩せ尾根上にある奈良時代を中心とした集落遺跡である。中海と宍道湖を結ぶ大橋川にほど近く、木製の浮子1点と合計57点の土錘が出土している[4]。このオノ峠遺跡からは、大橋川はもとより、容易に中海でも宍道湖でも操業することが可能な距離であった。『出雲国風土記』は中海・宍道湖のことをいずれも「入海」と表記している。そして、そこには、入鹿（イルカ）、和爾（シュモクザメ）、鯔（ボラ）、須受枳（スズキ）、近志呂（コノシロ）、鎮仁（チヌ）、白魚（シラウオ）、海鼠（ナマコ）、鰭鰕（エビ）などを記してから、「類、至りて多にして、名を盡すべからず」としている。木製浮子が1点出土しているが、これは内水面で使用される浮子というよりも外海のそれに形態が似ている。宍道湖より外海の環境に近い中海で使用されたのであろう。

上長浜遺跡は出雲市にある砂丘上の貝塚遺跡である。遺跡の南方にある神西

湖は、『出雲国風土記』に「神門水海」として登場し、古代には斐伊川・神戸川が注ぎ現在の神西湖から北東方向に大きく広がっていた。その周囲は「卅五里七十四歩なり」（約19km）と『出雲国風土記』は記している。この上長浜遺跡はその「神門水海」に面していた古代から中世にかけての集落遺跡であるが、どちらかといえば中世が中心である。砂丘を越えれば日本海である。ここからは包含層であるが完形の土錘が247点出土している。『出雲国風土記』は「神門水海」に、鯔魚（ボラ）、鎮仁（チヌ）、須受枳（スズキ）、鮒（フナ）、玄蠣（カキ）の名をあげている。この上長浜遺跡の貝層からは、多くの動物遺存体が出土しており、その中には魚類が相当量含まれる。主要なものは、タイ（クロダイ、マダイ、ヘダイ、アマダイ、コショウダイ）、スズキ、ブリ、イサキ、ボラ、フグ、コイ（ウグイ・フナを含む）、ナマズ、コチなどであり、漁撈の場は「神門水海」と日本海、これらに注ぐ河川の三つの水域であったことが知られる。その中でも中心的な漁場は何といっても汽水湖を形成していた「神門水海」であった。

　『出雲国風土記』が取り上げた中海、宍道湖、神西湖の魚種は代表的なものであったり、特筆すべきものであったりしたものと思われる。それらは今日、刺網漁で捕獲対象としている魚種と重なっているものが多いことが注目される。

　図48は、オノ峠遺跡と上長浜遺跡および宍道町歴史民俗資料館所蔵資料の、土錘の長さと幅の関係分布を比較したものである。これによれば、古代のオノ峠遺跡では、長さ5〜7cm、幅1.5〜3cmに集中し、大型のものが多い。中世の上長浜遺跡の場合は、長さ3〜6cm、幅1〜2.5cmあたりに集中している。民俗資料では長さ2〜7cm、幅0.5〜1.5cmの間に分布がある。総じて、土錘は時代が新しくなるほど小型化している。つまり、軽量化しているのである。浮子の出土例は全国的にみても少ないが、オノ峠遺跡出土例は民俗資料と比較すると大型である。オノ峠遺跡や上長浜遺跡で分布の中心から離れた大型の土錘の存在は、両遺跡がそれぞれ、より外海に近い中海や日本海でも網漁を行っていたことを推測させる。

第 2 章　内水面漁撈の諸相　151

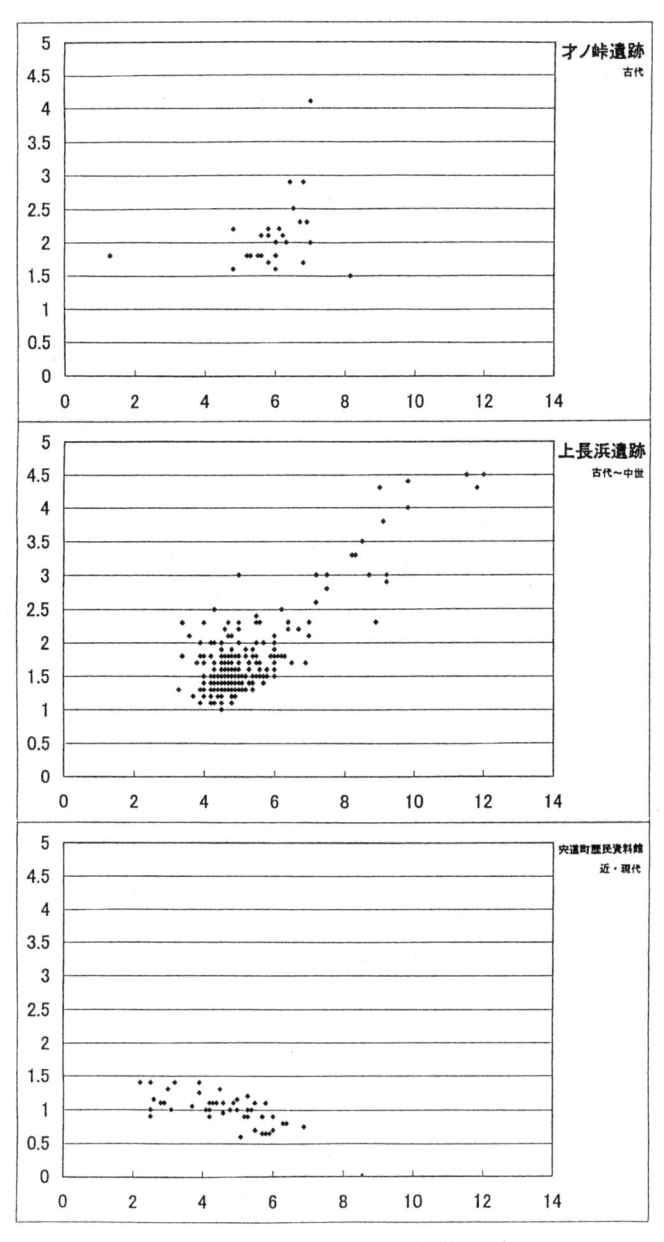

図48　土錘の長さ・幅分布（単位：cm）

この土錘の軽量化は、おそらく網の材質の変化に対応したものであろう。刺網漁の場合、できるだけ水中で魚に網が気づかれないほうがよい。多くの刺網が夜に仕掛けられるのはそのためであり、より細く丈夫な繊維が追求されたはずである。そして、浮子と沈子の関係が水中での網のバランスを決定するのであれば、土錘の軽量化は必然的に求められたであろう。網の材質が化学繊維に替わってしまった現在では、沈子は土製から鉛製となってさらに小型化している。これらのことは外海に比べて穏やかな内水面での魚種に応じた網の種類を分化させ、土錘も軽量化とともに、宍道湖の場合極僅かな変化のある10段階の重量が生まれたのである。このような指向性が既に古代のうちに芽生えていたことを図48は示唆している。

　このようにみると、古代～中世の分布を密にする土錘の一群は、この地方の内水面で刺網の沈子として使用されたものとして考えて差し支えないであろう。上長浜遺跡出土資料を分析された川上稔氏によると、孔径0.6cm以下が刺網系、それを超えるものを袋網系とされている。このことは、ここで検討した内水面用の土錘と外海用のそれとにほぼ対応する（川上 1996b）。しかし、この時代この地方においてどれだけ袋網漁が行われていたのかは疑問が残る。さらに、分布の中心から極端にはずれる土錘については形態や重量の異なるものを組み合わせて使用した魚網錘であることも考えられよう。

　宍道湖における浮付刺網漁対象魚類と土錘との関係は、一見して複雑であるかのようであるが、そこには環境に適応して淘汰された近現代の土錘の姿があるように感じられる。ここではあえて浮子の浮力と土錘の重量（沈降力）との関係は検討の対象としなかったが、それは土錘が粘土や焼成条件によって水中での吸水率が異なると考えたからである。つまり、土錘焼成時の重量を復元することは困難である。また、ここで検討したことが自然条件を異にする他地域に適用できるものではないであろう。内水面の漁業は表10にあるようにそれだけ繊細さをもっているからである。

　前述したように、浮付刺網は土錘の形態よりも重量が重要である。しかし、

その土錘がなぜ葉巻形をした管状土錘に決定されたのかを知るには、考古学・民俗学的手法では限界がある。和田晴吾氏は土錘の形態について、「重量を与えるための要素と魚網（沈子綱）と結合するための要素が、もっとも抵抗の少ない形で実体化されたものということができる」とされているが、土錘・石錘の形態がさまざまであることを勘案すると、それだけでは解決できない問題を含んでいるように思われる。だからといって明確な対案があるわけではない。しかし、この点については今のところ魚の生態と深く関わっているだろうという見通しをもっているので、今しばらく資料を調査し、あらためて稿を起こそうと思う。

第3節　朝酌促戸の漁撈民

1．朝酌促戸の景観

『出雲国風土記』島根郡の朝酌促戸（あさくみのせと）は現在の松江市大橋川周辺にあたるが、風土記の中でもとくに漁撈に関する詳しい記述がみられる。この『出雲国風土記』の記述は古代の内水面漁撈を知る重要な手がかりとなる。

朝酌促戸およびその周辺の記述は次のようである（図49）。

朝酌促戸　東有_通道_　西在_平原_中央渡_　則筌亘_東西_　春秋入出　大小雑漁　臨_時来湊　筌辺駄駅　風壓水衝　或破_壞筌_　或製_日鹿_　於_鳥被_捕　大小雑魚　濱藻家鬪　市人四集　自然成_墨矣_自_茲入_東　至_于大井濱_之間　南北二濱　並捕_白魚_水深

朝酌渡　廣八十歩　自_國廳_通_海辺_道矣

朝酌促戸（あさくみのせと）。東に通道（ひむがしかよいじ）あり、西は平原（はら）、中央（なか）は渡（わたり）なり。則ち、筌（うへ）を東西（とうざい）に亘（わた）す。春秋に入出（いでい）る大き小き雑（くさぐさ）の魚、臨時（とき）として来湊（きあつま）りて、筌の辺（ほとり）に駄駅（おどろき）ねて、風を壓（お）し、水を衝（つ）く。或は筌を破壞（やぶ）り、或は日鹿（ひしか）と製（つく）りて鳥に捕（とら）る。大き小き雑の魚に、濱藻（はまさわ）がしく家鬪（にぎは）ひ、市人四（いちびともよ）より集（つど）ひ、自然（おのづから）に墨（いちくら）を成（な）せり。茲（ここ）より東（ひむがし）に入り、大井の濱（はま）に至る間（あひだ）の南（みなみ）と北（きた）との二つの濱は、並（なら）びに白魚（しらを）を捕（と）る。水深（ふか）し。

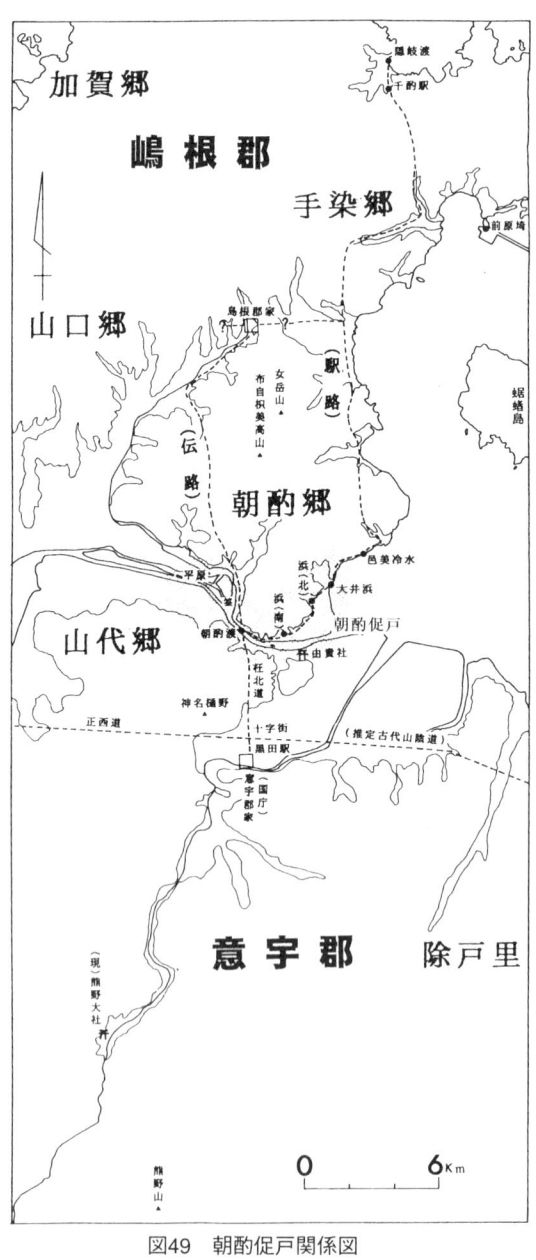

図49　朝酌促戸関係図

朝酌 渡　廣さ八十歩。國 廳 より海辺に通う道なり。
　意訳すると次のようになる。すなわち、意宇郡と島根郡の境にある朝酌促戸は、東側に出雲国庁から隠岐国に行く通道があり、西側は平原となっており、中央には通道を利用するときの朝酌渡という官の渡が存在する。瀬戸の周辺の漁民たちは、春と秋の漁期には、ここに特別に筌を東西方向に設定する。そのときには大小さまざまな魚が入海（宍道湖と中海）に出入りするからだ。魚たちが筌に押し寄せ、筌が壊れたり、宙に飛び跳ね浜の渚に落ちてそのまま元気のない鹿のようになって、鳥に食べられたりもする。だからこの季節は、国や郡を超えてさまざまな人たちがこの瀬戸にやってくる。その中には市人もいて、自然に臨時の市が立つ。春と秋の漁期には、こんなにも瀬戸の浜は賑わい、漁民たちは皆とってもいそがしく働いている。この瀬戸の浜から通道に沿うて東に行くと大井浜があるが、その間には南と北の位置関係にある二つの浜がある。いずれの浜の漁民たちも白魚を捕っている。水は深い。
　公の渡の施設である朝酌渡は、距離が八十歩（約143m）ある。この渡は国庁から隠岐国に渡る島根郡の千酌駅家のある海辺に行くための道である。
　この『出雲国風土記』の朝酌促戸の記述は、公の施設である朝酌渡の位置を示した前段と、宍道湖と中海をつなぐボトルネックとなった瀬戸の位置にある浜（漁村）が、豊富な魚が捕れることによって賑わう様子を、春秋に設置する筌を中心に描写している後段から成っている。

2．筌漁と白魚漁

　『出雲国風土記』島根郡条朝酌促戸の後段部分から漁撈に関係する要素を摘出すると、筌と白魚がある。古代の筌は『和名抄』に「宇倍　捕魚竹筍也」とあり、円錐状に竹で編み、入った魚が逃げないよう内側にかえしがつけられている。素材は異なるが同様な筌は、縄文時代後期とされる新潟県青田遺跡や、弥生時代前期の大阪府山鹿遺跡でも河川跡からほぼ完形で出土している。『万葉集』、『古事記』、『播磨国風土記』でも内水面での使用が確認される（森田

2006)。『日本水産捕採誌』によれば、筌は簗類に分類され、使用方法も名称も地域によってさまざまである。風土記の筌が具体的にはどのようなものであったのかは、厳密にいえば不明である。しかし、有機質の材料で円錐状を呈していたことは確かであろう。『出雲国風土記』の記載からは、筌は小規模のものではなく浜でもって共同作業が必要であったことが想像できる。筌は、個人ではなく浜の所有であったろう。したがって、朝酌促戸の筌は単独ではなく、簗や魞と組み合わせて設置・使用されたことが考えられる。記紀の神武天皇の東征伝承にみえる阿陀の鵜養部の起源説話は、

『古事記』
吉野河の河尻に到りましし時、筌を作せて魚を取る人有りき。爾に天つ神の御子、「汝は誰ぞ。」と問ひたまへば、「僕は国つ神、名は贄持之子と謂ふ。」と答へ曰しき。此は阿陀の鵜養の祖。

『日本書紀』
水に縁ひて西に行きたまふに及びて、亦簗を作ちて取魚する者有り。簗、此をば椰奈と云ふ。天皇問ひたまふ。對へて曰さく、「臣は是苞苴擔が子なり」とまうす。苞苴擔、此をば珥倍毛菟と云ふ。此則ち阿太の養鸕部が始祖なり。

とあり、『古事記』では「筌」、『日本書紀』では「簗」と表記しているのもそのことの証左になろう。直接朝酌促戸に適用できないが、参考として『日本水産捕採誌』の「筒筌類」から1例を図示しておく（図50）。

第1章第5節で取り上げた賣布神社（松江市和田見町）では、旧10月10日の御饗祭（鱸祭）には、この大橋川に長さ1.5間、径3～4尺の筌をならべ、中海から入ってくるスズキを捕って奉納する神事が行われていたという。また、正徳元年（1711）の記録では、大橋川周辺の漁民は、筌一河、越中網七河を隔年に使用する権利があったことがみえる（青砥1863）。さらに、勝部正郊・河岡武春両氏が紹介されている明治10年（1877）の島根県の「漁業制度資料」には、大橋川で行われていた「芝手漁」、「白魚小雑魚漁」、「張待網」の設置位置が絵図で示されている（図51）。これらは、漁期と漁具の設置場所が限定され

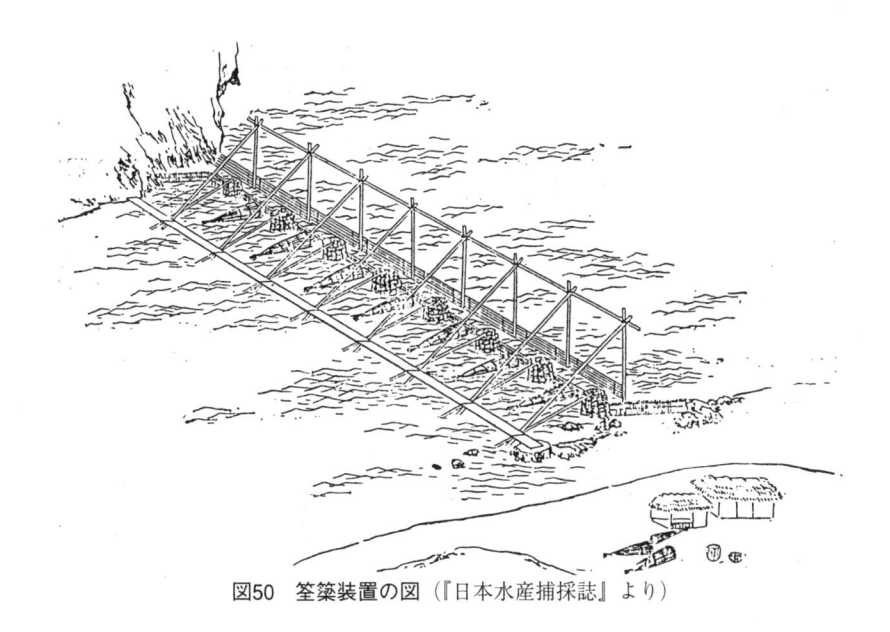

図50　筌簀装置の図（『日本水産捕採誌』より）

た漁法であり、普通は第2節で述べたように刺網漁が行われていた。筌は現在はみられないが、近世には越中網におされ、やがて賣布神社の神事に残っていったということになろう。越中網の効果は相当に大きかったらしく、明治初年の「宍道湖水内漁業規則」では大漁として禁止されていた。澁澤敬三はこの越中網が網筌であることを指摘しているが（澁澤1984）、風土記に記載されている筌のイメージの一つとしてあげることができよう。近代は図51のように改良されている。越中網には、春に宍道湖に入って、秋に中海に下っていく、主としてスズキ・ウナギ・ボラ・シラウオ・ハゼが入った。

　さて、朝酌促戸の浜から東に行った大井浜までの間にある二つの浜であるが、便宜上、朝酌促戸の浜に近いほうから南浜、北浜と呼んでおくことにしよう（図49）。現在の集落や古代の遺跡のあり方から、南浜は現在の福富町、北浜は現在では大井町に行政区分されているが、福富町との境の県道本庄福富松江線と大井地区農免農道が交差するあたりに比定できる。この二つの浜は「並びに白魚を捕る」とある。このあたりは現在では干拓されて広い可耕地があるが、

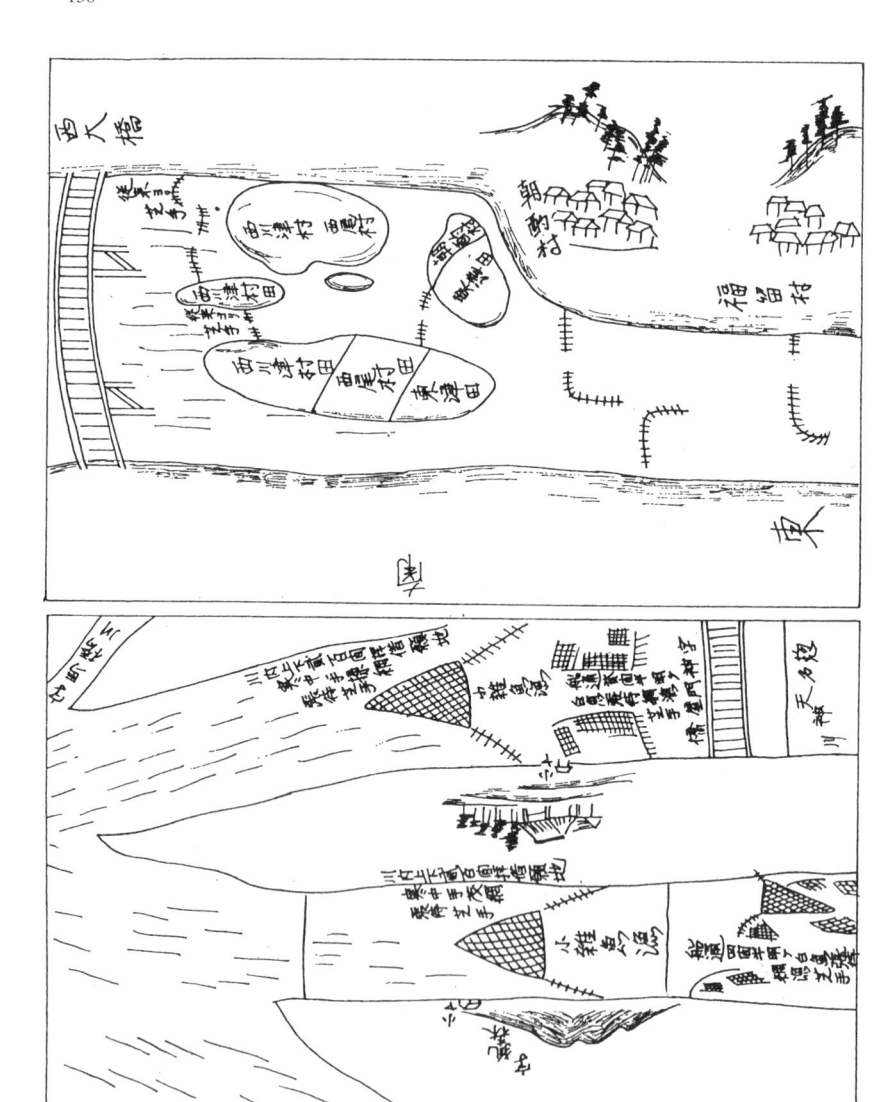

図51　明治初年の大橋川の柴手漁（勝部・河岡 1997より）

古代には漁撈に生業の中心があった。前掲の明治10年「漁業制度資料」に掲載された図は芝手漁の位置図（図51）である。川の両側から川中に柴や竹で弓形やV字状の垣＝芝手を作り、下流に刺網と袋網を敷設し、シラウオが川の両岸に沿うて下るのを2種類の網で捕る漁法である。風土記の時代にも同様であったかはわからないが、芝手にはシラウオが集まる習性があるので、いわゆる四手網も行われていたのかもしれない。

このように、朝酌促戸の浜の筌漁と南浜・北浜の白魚漁は、特別な意味をもつ漁法であったと推定される。

3．島根郡条朝酌郷の地名起源説話

ところで、朝酌促戸の「朝酌」は『出雲国風土記』島根郡条朝酌郷にその地名起源説話がある。「朝酌」という郷名の由来を次のように記す。

　　朝酌郷　郡家の正南一十里六十四歩なり。熊野大神命、詔りたまひて、朝御饌の勘養、夕御饌の勘養に、五贄緒の處と定め給ひき。故、朝酌といふ。

　　意訳：朝酌郷は島根郡の郡家から、真南に10里64歩（約5.5km）ある。熊野大神命が仰せられるには、贄として朝夕に5種類の神饌を奉納させることを、このあたりの漁民に課した。それゆえ、朝の贄を奉納させる漁民たちがいるところという意味で朝酌というのである。

この説話の中で注目したいことが二つある。一つは意宇郡に祭られている熊野大神命が郡域を越え島根郡朝酌郷の説話に登場することであり、もう一つは漁撈の記述に詳しいこの朝酌促戸がその熊野大神命と関係があることである。つまり朝酌郷の説話は、朝酌郷を含む朝酌促戸に熊野大神命の部民を定めたという意である。

しかし、一方、『出雲国風土記』には出雲神戸が合計5ヵ所みえる。出雲神戸は「伊弉奈枳の麻奈古に坐す熊野加武呂命と、五百鉏の鉏猶取り取らして天下造らしし大穴持命と、二所の大神等に依さし奉る。故、神戸といふ」とあり、熊野大神命を祭神とする熊野大社と、大穴持命を祭神とする杵築大社の両方の神戸であった。朝酌郷の説話はその内容からして明らかに熊野大神命の神

戸的領域としてよいのであるが、風土記の神戸の中には朝酌促戸は含まれていない。このことから、風土記に記載された出雲神戸は律令政府が神祇制度にもとづき新たに設定した、または認定した神戸であり、出雲国に対する宗教政策の一つであったと考えられる（内田 2005）。風土記のこうした記載から律令制以前に存在した熊野大神命に関する祭祀を想定することができよう。加藤義成『出雲国風土記参究』も熊野大社に対しては出雲神戸があるのにもかかわらず「特にこの郷を神饌の奉仕者の地と指定されたのは、国造神賀詞奏上のための沐浴の水に、かの仁多郡三沢郷の水が用い初めの料にされたように、特別な理由のあったことが考えられる」として、このことに注目している（加藤 1957）。

　それでは、その熊野大神命の祭祀とはどのようなものであったろうか。そこで、再度、朝酌促戸周辺に目を向けると「由貴社」がある（図49）。この由貴社と朝酌郷の地名起源説と朝酌促戸の記述から、熊野大神命に対する祭祀のスタイルを次のように読み取ることを試してみたい。

　この由貴社のユキは、古代の大嘗祭や新嘗祭において卜定されたユキ・スキ国のユキに同義であり、この社の性格を表していると考えられる。古代において出雲国が「ユキ・スキ国」になった記録はなく、出雲国内で「スキ」に相当する社も見出せない。大嘗祭や新嘗祭との直接的な関係はないであろう。しかし、畿内を挟んで対峙する位置にある伊勢神宮の三節祭（10月の神嘗祭、6月と12月の月次祭）は熊野大神命の祭祀を考えるのに一つの手がかりを与えてくれる。とりわけ、この三節祭においてもっとも重要な祭儀である由貴大御饌祭はきわめて示唆的である。その中心は新穀を奉納することであるが、『皇太神宮儀式帳』神嘗祭供御行事の条には、「志摩國神戸人夫等所進湯貴御贄。又度會郡諸郷百姓等所進雑御贄。禰宜。内人。物忌父等。志摩國與伊勢國神堺島村々罷行涅ョ。漁雑御贄物等。」とあって、既に指摘されているようにユキの御贄が穀物ばかりでなかったことが知られる。桜井勝之進氏は、この贄海神事に伊勢神宮のもっとも古い伝統を見出している（桜井 1969）。

　それでは、律令制以前にはこの熊野大神命は誰によって祀られていたのであろうか。『出雲国風土記』はその点は明記していない。しかし、律令制下では

出雲国造が熊野大神命と大穴持命の祭祀を行っていたことは風土記や神賀詞によってあきらかである。

ところで、井上光貞氏は「国造制の成立」において、出雲の服属に関して「出雲の征服とは一帯を支配していたキヅキの勢力を滅しオウの出雲氏を国造とした」と結論づけ、さらにそれには「武力を伴うとともに祭祀権の収奪であった」とされた（井上 1951）。井上氏はその服属の時期については明言を避けられているが、そのような史実があったとすれば、その結果が出雲国造をしてキヅキとオウに熊野大神命と大穴持命の両神を祀ることとなり、律令制下にも引き継がれていったと考えられる。したがって、ここで想定しているように、オウの地に律令制以前の熊野大神命の祭祀の存在を認めるならば、井上氏の考えとは逆に、祭祀権を奪われたのはオウの勢力であり、出雲全体の国造となったのはキヅキの勢力であったとしなければならない。もちろん、現在の出雲国造家の新嘗会と火継ぎ神事にも、ここで想定しているような伊勢神宮に残る由貴大御饌祭を思わせるような祭儀はみられない。『出雲国風土記』には熊野大神命を祭っていたかつてのオウの勢力の伝承が断片的に記載されたとみられるのである。

このことに関連して、八木充氏も「5・6世紀の出雲岡田山古墳太刀」において、記紀にみえる出雲臣の祖は、西部地域に結びつけて伝承される場合が少なくなく、「出雲臣氏が意宇郡地方で、特に優越した地域首長でありながら、東（部）出雲には、出雲臣の氏姓の起源を説明する地名や、出雲そのものの地名が見当たらない。出雲姓が地名と極めてかかわりのふかい氏があるにもかかわらず、現存史料には、出雲と結びつく地名や神社などは、伝えられていない」ことをあげ、これに反し西部出雲には出雲郡出雲郷があり、出雲郷内に出雲社（風土記記載社）などがあって、出雲郡を中心とするあたりを「出雲臣氏の歴史的な根拠地としてどこよりもまずあげなくてはならない地域的小世界である」とされた（八木 1987）。そして、ヤマト政権はまず出雲西部に進出し、出雲臣氏を服属させ、さらに「意宇地方を平属せしめたさい、出雲ノキミを意宇に移動させて国造に任じ、さらには熊野大社の祭祀に奉仕させることになった

のではなかろうか」とし、その時期は 6 世紀代になってからと推定をされた。出雲の服属には 2 段階あり、まず西部出雲の勢力がヤマトに屈し、その後にいくばくかの時間をおいて、ヤマト政権の後ろ盾により国造となって東部出雲に移動したという八木氏の説は魅力的である。

こうした伊勢神宮に残る由貴大御饌祭の古い祭儀と『出雲国風土記』の記述を重ね合わせると、そこに律令制以前の出雲東部の首長の祀る熊野大神命の祭祀の具体的な姿と、朝酌促戸がその祭祀のための贄を貢納する聖域であったことを推定できるのである。

朝酌促戸に関連して『播磨国風土記』は次のような興味深い伝承を載せている。すなわち、讃容郡柏原里には、

　　筌戸　大神、出雲の國より來ましし時、嶋の村の岡を以ちて呉床と為て、坐して、筌を此の川に置きたまひき。故、筌戸と號く。魚入らずして、鹿入りき。此を取りて膾に作り、食したまふに、み口に入らずして、地に落ちき。故、此處を去りて、他に遷りましき。

　　意訳：筌戸というのは、出雲の大神が播磨国讃容郡柏原里の島村にやってきて、村の中にある岡にあぐらをかいて座り、そこから見下ろす位置にある川の中に筌を置いたので筌戸というのである。しかし、魚は入らず鹿が入ってしまった。そこで、大神はその鹿を膾にして食べようとしたが、口には入らずに地面に落ちてしまった。それで大神はどこかに去ってしまわれた。

とあり、『出雲国風土記』の筌を考えるときに参考になる。大神が筌戸を置いた島村は、兵庫県佐用郡を流れる志文川と千種川が合流する位置にある中島とされる（秋本 1958）。筌戸の遺称地はない。出雲の朝酌促戸の筌が個人の所有でないとすれば、筌戸の筌も島村という村でもって経営されていたのだろう。筌に鹿が入るのは珍しいことではなかったと思われる。鹿は泳ぐことができるのでこのようなことがあったのであろう。注意したいのは、出雲の大神はあちこちに筌を伝えて歩き、捕獲した魚（ときには鹿）は、大神に奉納されることになっていと思われるふしがあることである。前掲の記紀の神武天皇東征伝承

の阿陀鵜養部の起源説話にも筌や簗が鵜養部の生産手段としてみえるが、朝酌促戸を含め、いずれも古代の文献にみえる筌は「贄」と深い関係がある。これらのことから、筌を所有し浜や村という小共同体を作っていた内水面漁撈民が、初めは在地首長のもとで生産活動をしていたが、部民に編成され、やがては律令制下の戸に編成されていった過程を描くことができよう。

第4節　魚網錘を出土する古墳

1．魚網錘を出土する古墳

　弥生時代や古墳時代の墳墓から出土する漁具は、主として鉄製の釣針・銛・ヤスなどである。弥生時代後期の福岡県川ノ上遺跡Ⅵ群墳墓群42号墓出土の鉄製釣針、古墳時代前期では京都府庵寺山古墳の釣針・ヤス、中期では岡山県金蔵山古墳、後期の長崎県御手洗古墳出土の釣針・銛・ヤスなど相当数の例がある。これらの漁具は、縄文時代以降の骨角器のそれの素材が鉄に換わったものである。しかし、これらと同時に使用されていたはずの網に着けられていた魚網錘が出土した例はあまり聞かない[5]。

（1）島根県小才1号墳

　小才古墳群は中国横断自動車道広島浜田線建設に伴って島根県教育委員会によって調査された（松本・三宅 1992）。所在地は島根県那珂郡旭町（現：浜田市、旧石見国那珂郡）和田字小才で（図52-1）、中国山地は広島県三次市に源をもつ江川の支流の一つである八戸川に注ぐ小河川の昭見川を、南に見下ろす比高30mほどの尾根上に営まれた群集墳である。浜田市街地からは約25kmある。発掘調査前には4基の古墳が知られていた。古墳群を構成する一つの尾根が調査されると10基の古墳と2基の横穴墓が現れた（図53）。小才古墳群を構成する一支群がほぼ全面発掘調査されたことになる。1号墳はこの支群の最頂部に位置する一辺7.8×6.9mの方墳である（図53）。詳細は報文に譲るが、石室と副葬品の概要は以下のようである（図54）。

　石室は入り口を南に向けた、長さ3m、幅0.9mの狭長な無袖式である。報

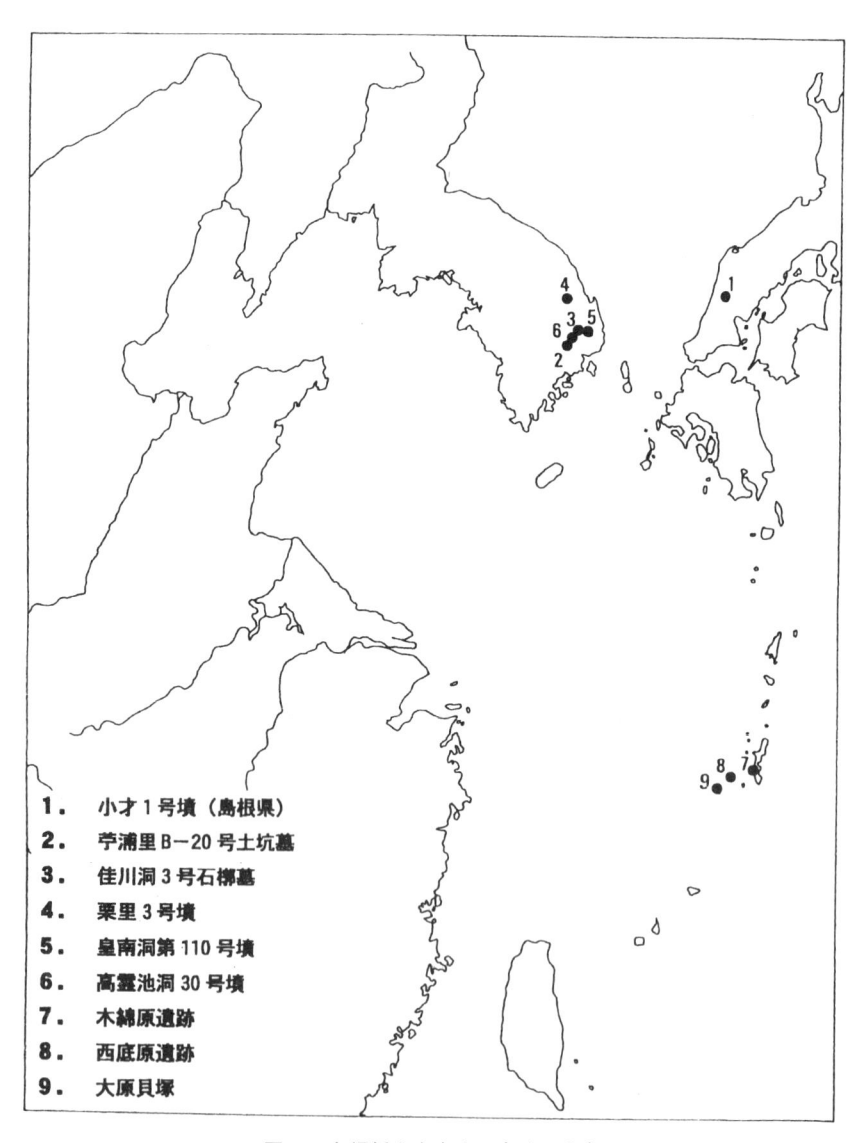

1. 小才1号墳（島根県）
2. 苧浦里B-20号土坑墓
3. 佳川洞3号石槨墓
4. 栗里3号墳
5. 皇南洞第110号墳
6. 高霊池洞30号墳
7. 木綿原遺跡
8. 西庭原遺跡
9. 大原貝塚

図52　魚網錘を出土する古墳の分布

第2章 内水面漁撈の諸相 165

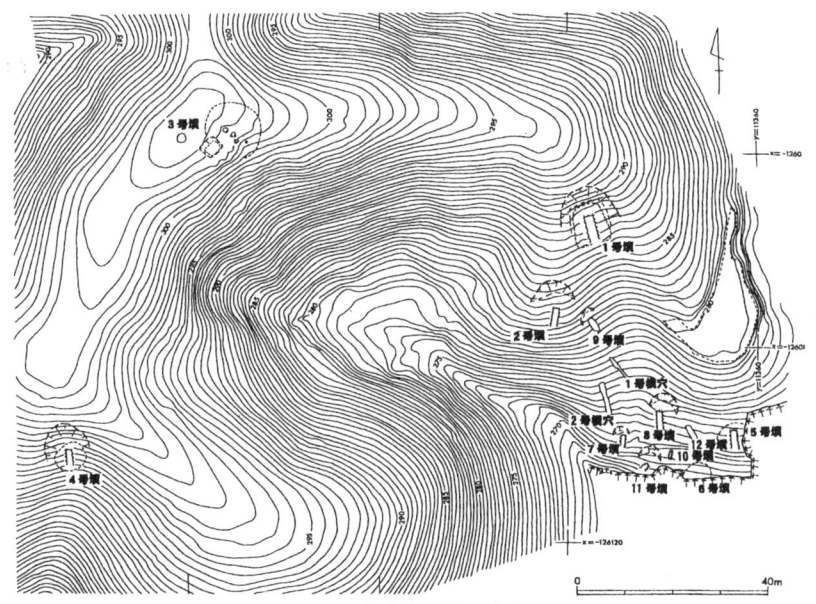

図53 小才古墳群分布図

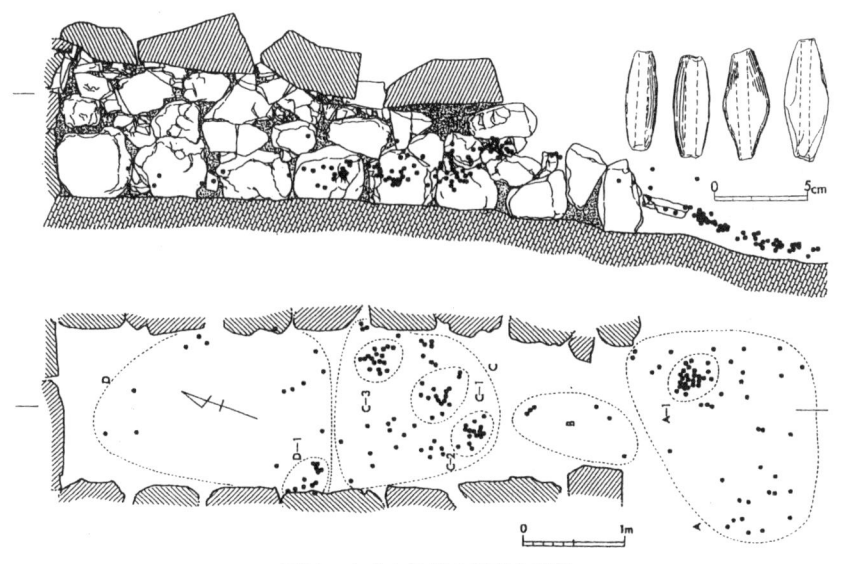

図54 小才1号墳土錘出土状態

文は床の平面形を長方形とするが、図面からはわずかに胴張りの意識が読み取れる。奥壁がわに割石による2列の棺台が、入り口に近いほうに閉塞石がみられる。石室内からは、太刀1、鎌1、木棺の釘34本、土師器1、須恵器高坏2、土錘184個が出土した。土器は7世紀代のものである。

　ここで取り上げる土錘は、図54でみるように出土状況に粗密があるが、石室全体に床面から浮いた状態で出土している。この出土状態から報文は「閉塞石のある部分では積み上げられた石の中からも多数出土したが、全体的にみると概ね閉塞石の断面形に類似した山形に分布していることが注意される」とし、閉塞石を積み上げた後に、その上に魚網を置いていたことを示唆するとしている。さらに、石室入り口付近にも土錘の集中するところがあることから、ここにも魚網が置かれていた可能性があるとする。また、184個の土錘については、形態が中央が膨らむものと円筒形に近いものがあること、それぞれ平均の長さ5.2cm、径1.9cm、孔径0.57cm、重さ15.9gで、土師質のものがほとんどであるが、9個だけ須恵質のものがあることなどがあげられている。そして、こうした土錘の出土については、「閉塞部分と石室開口部に魚網が吊り下げられていたのではないかと想像される。これは石室内と外界とを隔絶するために何らかの精神的行為にもとづいて行われたとも解することもできるが、類例がないため不明と言わざるを得ない」と考察している。

　その後も類例は管見の限りでは知らないが、魚網が置かれていたのか、吊り下げられていたのか報文の記述が曖昧であることが、理解の困難さを伝えている。しかし、根拠は何ら示されていないけれども、魚網が石室と外界を隔絶するためという考察は後述するように肯定されてよいだろう。

　(2)　苧浦里B古墳群20号土坑墓（図55）

　韓国の慶尚南道陜川郡鳳山面苧浦里の苧浦里B古墳群20号土坑墓からは198個の土錘が出土している（朴・秋　1988）。古墳群はもっとも近い海である鎮海湾まで直線距離にしても約70kmある黄江中流域の河岸段丘上にある。土錘を出土した20号土坑墓は長さ3.83m、幅1.09mで、発掘調査時には既に東側は失われており、深さ0.27mが残っていた。土錘198個は北側半分に集中するかたち

第 2 章　内水面漁撈の諸相　167

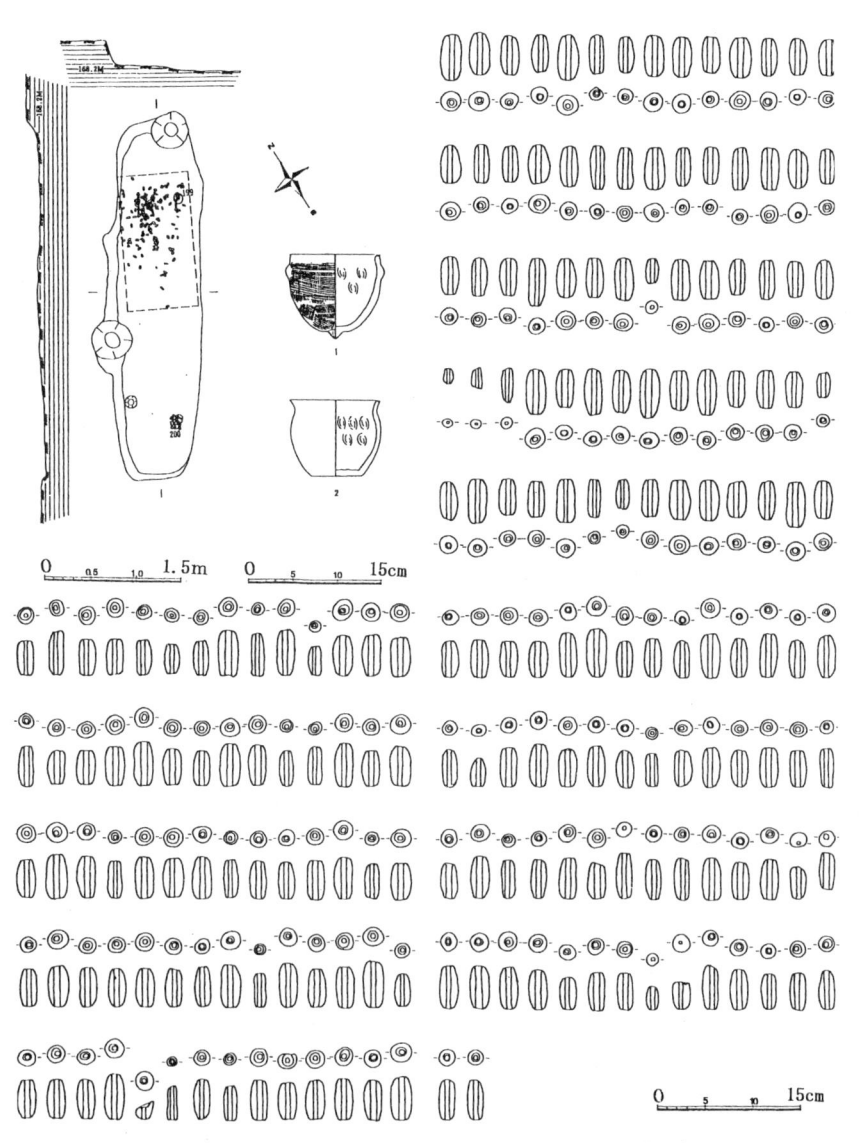

図55　芋浦里B古墳群20号土坑墓（朴・秋 1988より作図）

で発見されたが、本来はさらに多くあったと推定されている。土錘のほかに甕が2個出土している。古墳群の時期は3世紀末〜4世紀とされる。

　土錘は土師質で、中央部が若干膨らむ円筒形で、長さ2.3〜4.8cm、径1.0〜2.2cm、孔径0.3〜0.6cm、重さ3.2〜20.3gと個体差がある。出土状態から報文は、魚網が死骸全体にかけてあったとしたら、死骸を安置した後にその上に網を覆ったか、あらかじめ死骸に網を巻いて葬ったことになるとしている。すなわち、長さ40m以上の魚網を3.5mほどの長さに折りたたみ、死骸と副葬品の上を直接覆ったか、あるいは木棺上を全体に覆ったようにみえると葬送時の状況を復元している。さらに、29号土坑墓でも周辺から12個の土錘が出土しているのは同様な葬送儀礼の過程で廃棄されたものと推定している。

　そして、苧浦里古墳群の中の同時期の、すべての土坑墓からは土錘が出土していないことをもって次のように考察している。すなわち、当時の苧浦里の人々のすべてが主要な生計手段を漁撈にたよっていたのではなく、苧浦里B古墳群20号・29号土坑墓の被葬者だけが生存時に漁撈を専業とする集団の一員であって、そこに職業分化の様相がみてとれるとしている。

(3)　大邱佳川洞遺跡3号石槨墓（図56）

　慶尚北道大邱市の佳川洞遺跡3号石槨墓内からも5個の土錘が出土している（張 2004）。市街地の北を流れる琴湖江を眼下に望む標高約60mの丘陵地に石槨墓3基、木棺墓24基が発掘調査されている。3号石槨墓は長さ1.84m、幅0.59mの平面長方形で天井石は失われている。石槨の中からは土錘のほかに、6世紀ごろの陶質土器の有蓋高坏や甕、鉄鏃、刀子、鉾などが出土している（図56）。完形の土錘4点は、長さ3.2〜4.8cm、径1.0〜1.3cmで、写真図版でみると石槨の東南壁に沿うように出土している。

(4)　栗里3号墳（図57）

　栗里3号墳は、慶尚北道安東市臨東面合江洞栗里の洛東江支流の一つである大谷川を見下ろす舌状台地の稜線上の、数十基からなる古墳群を構成する1基である（伊 1989）。主体部は長軸をほぼ南北方向においた石槨で、北東と北西に外護列石が残っている。

第 2 章　内水面漁撈の諸相　169

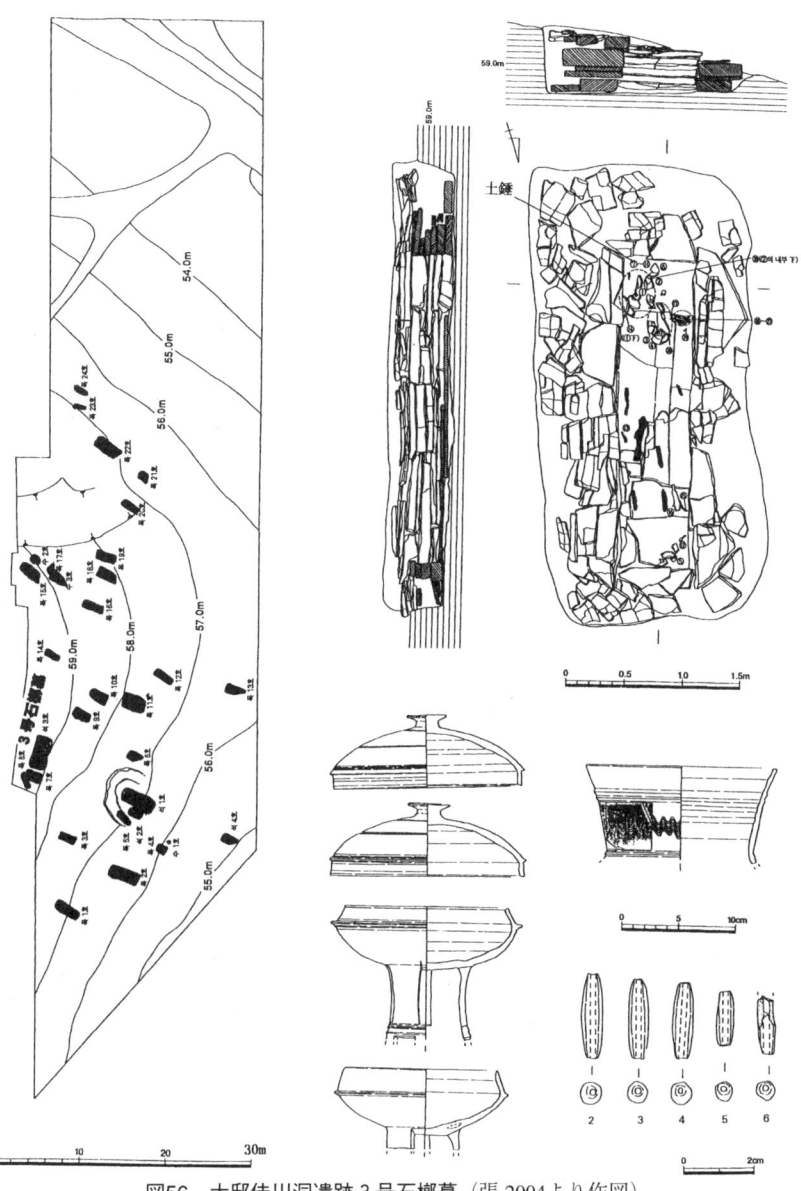

図56　大邸佳川洞遺跡 3 号石槨墓（張 2004 より作図）

170

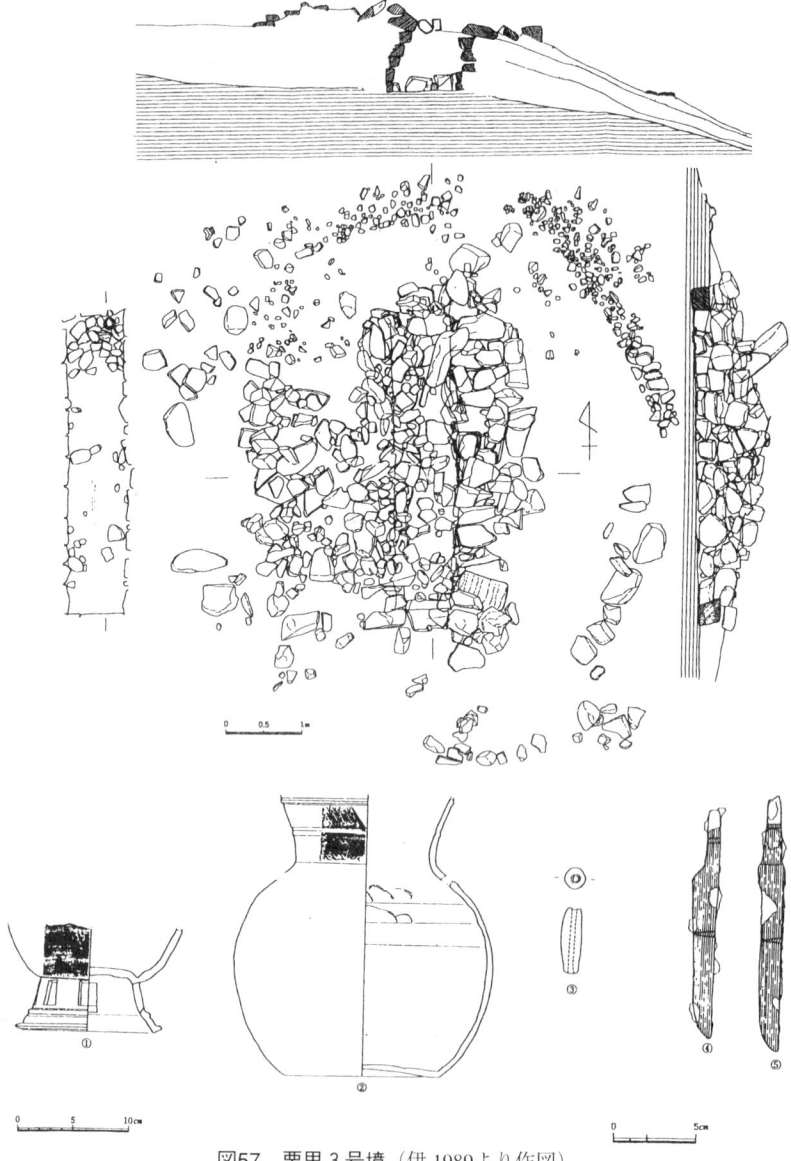

図57　栗里 3 号墳（伊 1989 より作図）

割石を用いた、長さ3.85m、幅0.80m、深さ0.65mの細長方形石槨の中から、6世紀前半ごろの台付壺や長頸壺、刀子とともに長さ3.7cm、径1.3cm、孔径0.4cmの土師質の土錘1個が出土している（図57）。

(5) 皇南洞第110号古墳（図58）

皇南洞第110号古墳は、慶州市の味鄒王陵地区にある皇南洞古墳群を構成する1基である（李 1975）。主郭とそれより規模の小さな副郭を主体部とする木郭積石墳で、封土の規模でみると、王陵地区の中にあっては3ランク中の3位に位置づけられるが、新羅の古墳としては中ほどであり、副葬品などから被葬者は王室や貴族層を支えた支配層、または官人層の一人と推定されている。4世紀～5世紀初めごろの古墳とされる。

土錘は長さ5m、幅3.1mの主郭の中で、被葬者の頭部付近から他の遺物とともに1個出土している。長さ4.5cm、径1.6cmのやや中膨れの円筒形である。土錘について報文は、農耕が主の生業であった古墳時代にあっても、従来からの狩猟や漁撈も残っていたはずで、そのような生活用具を副葬する慣習があったと推定されている。

(6) 高霊池山洞30号墳（図59）

高霊池山洞30号墳は慶尚北道高霊郡高霊邑にあって、洛東江の支流である大加川に近い池山里の標高75～60mの尾根上に営まれた約350基からなる群集墳の中にある（朴 1998）。発掘調査では、三国時代の封土をもつ30号墳の1基のほか、中小規模の竪穴式石槨墓、横口式石槨墓、横穴式石室墓などが270基と、それ以外に朝鮮時代の石槨墓と土坑墓が確認されている。30号墳の中心主体部は長さ6.5m、幅1.26m、高さ1.70mの竪穴式石槨で、鉄鋌をはじめとする豊富な鉄製品や帯金具などが出土している。この中心主体部を囲むように、報文では殉葬槨とする規模の小さい石槨が4基あり、外護列石やL字状の溝がこれらの外側に配置されている。

土錘は石槨を囲むL字状の溝の中から、5世紀前半ごろの多くの高坏、蓋、甕、高坏形器台、筒形器台などとともに21個が出土している。土師質のものと須恵質のものがある。長さは一部を欠損したものを除くと、長さ3.0～4.4cm、

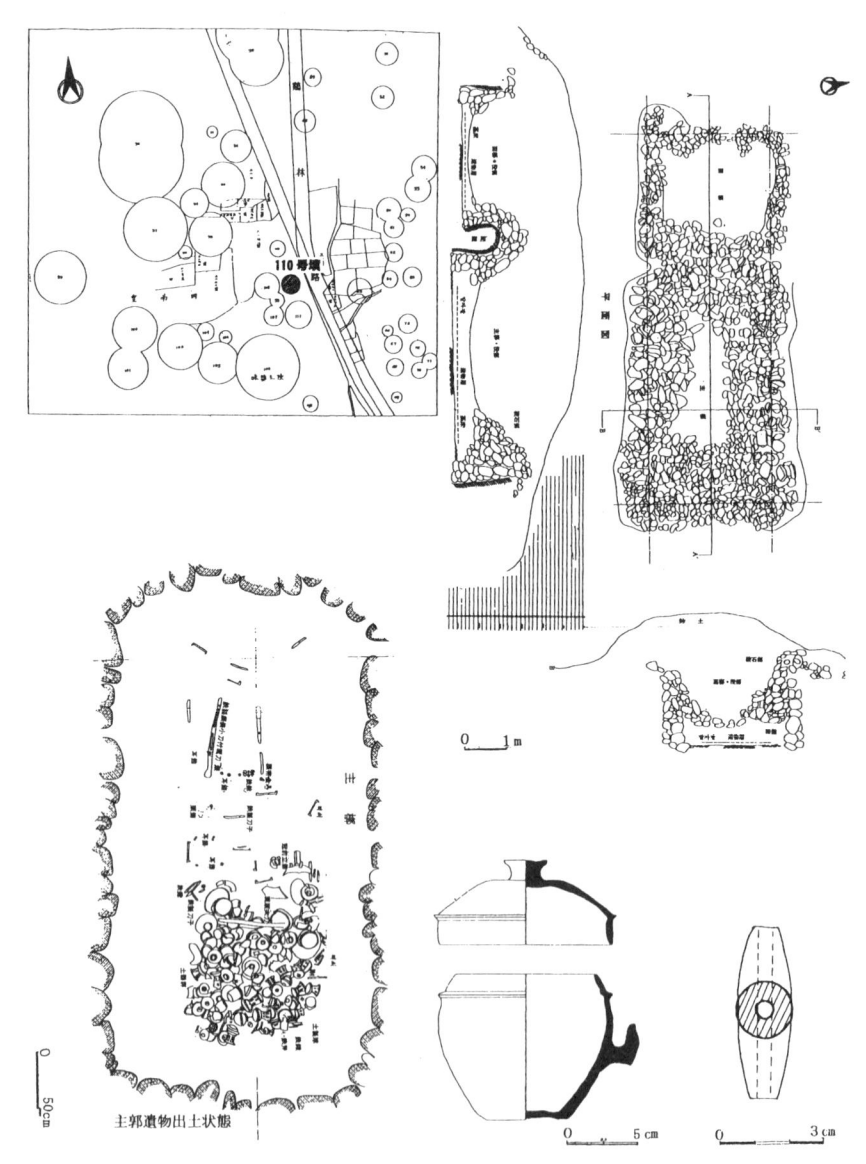

図58　皇南洞第110号古墳（李 1975より作図）

第 2 章　内水面漁撈の諸相　173

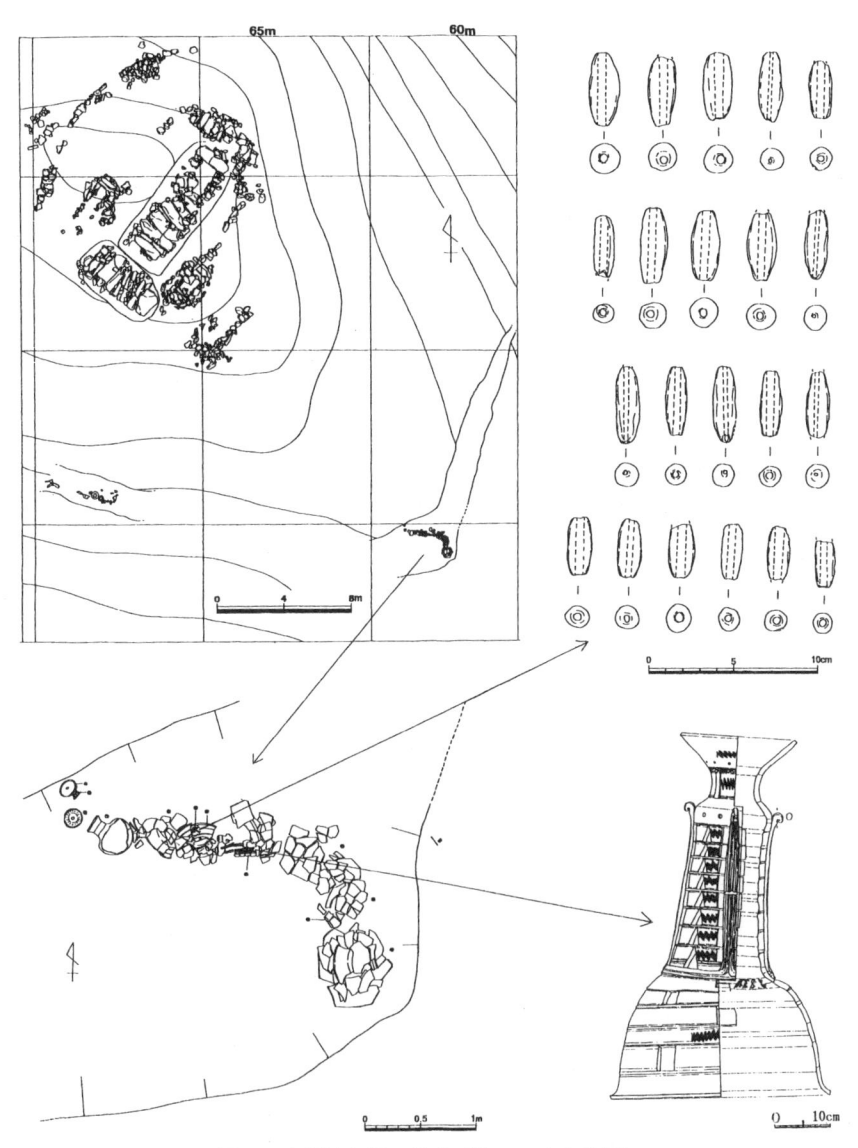

図59　高霊池山洞30号墳（朴 1998より作図）

径1.2～1.8cm、孔径0.2～0.5cmで、重量は4～12gある、中央がわずかに膨らむ円筒形である。報文ではこの溝について、土器類が儀器の性格があることから祭儀に関係があるとしている。

2．古墳と魚網錘の特徴

　以上の土錘を出土する古墳は、他の漁具の副葬はみられない。立地については、いずれも広い沖積平野を控えるところに位置しているのではなく、内陸部に入った河川近くの尾根や丘陵上にある[6]。その規模や副葬品からみて、王墓とか貴族墓といったものではないが、その古墳群の中では盟主墳的な位置にある古墳である。今のところその分布は、かつての新羅や伽耶といった朝鮮半島の東南部と山陰地方の石見部である（図52）。その時期は朝鮮半島では4～6世紀であり、島根県小才1号墳は7世紀である。

　また、土錘の形態は中央がやや膨らむ円筒形のいわゆる管状土錘で、極端にサイズや形状に違いはない。内水面漁撈に用いられた刺網の錘と考えられる。したがって、アユ・ウグイ・フナ・コイなどの比較的小型の魚類を捕獲対象とした漁撈であったことが知られる。

　土錘が出土する場所は、主体部内の場合と墳丘に関係する溝の場合がある[7]。また、出土する土錘の数量からみて、土錘が網に装着されたままで古墳に使用されたと思われる場合と、そうでない場合がある。島根県小才1号墳や韓国の芋浦里B古墳群20号土坑墓は前者の例であろう。これは、魚網で主体部全体を覆ったと考えるのが妥当であろう。土錘の個数からみれば、失われたものを考慮しても1セット分であり、複数の網は想定できない。小才1号墳の例は長い刺網を折りたたんで覆ったようにみえる。土錘が数個～十数個の場合は網の一部が副葬された可能性があろう。佳川洞遺跡3号石槨墓例はそのような出土状態を示しているようだ。主体部から出土する1個の場合は、魚網を象徴する副葬品であったのだろう。とすれば、魚網錘を副葬することに本来の意味があるのではなく、魚網で主体部や遺骸を覆うことに意味があったと理解できよう。この点は鉄製の銛やヤス、釣針などの漁具を副葬している古墳とは幾分趣を異

にするところである。

3．沖縄の貝製漁網錘を出土する墳墓（図52）

　ところで、古墳から土錘が出土することと関連して、貝製漁網錘が副葬される沖縄の墳墓例を紹介しておきたい。沖縄の珊瑚礁の海では、土錘では割れて使えない。シャコガイを始めとする二枚貝の頂部を穿孔して魚網錘とするのは、森本勲氏が明らかにされたように沖縄諸島に考古資料があり、民俗例としても残る（盛本 1981・1982・1988）。

　沖縄県渡名喜村西底原遺跡の第6号人骨では、貝頂部を穿孔したヒメジャコ製の錘十数個が人骨の周囲から出土している。沖縄の新石器時代後期の遺跡とされる。久米島の大原貝塚では小型の二枚貝の貝殻（カワラガイ7点、リュウキュウシラトリガイ1点、リュウキュウマスオ1点、サメザラガイ1点）を選んで穿孔した錘が人骨と共伴して採集されている（当真 1980）。さらに読谷村の木綿原遺跡でも、第1号人骨に伴って頭部上部にシャコガイ製の錘が出土している（当真 1978）。沖縄の貝塚時代とされる。これらの貝製魚網錘[8]を出土する墳墓の年代はおよそ古墳時代後期ごろと推定される。

　沖縄ではしばしば埋葬人骨に貝や貝製品が副葬される。それは当時の人々が海からとれる物に呪力を認めており、「死者の霊の浮遊を恐れて封じ込めをはかるためのマジカル的な意味が付与された習俗」と考えられている（当真 1978）。貝殻を副葬するのは、本土でも大分県枌洞穴遺跡を始め、縄文時代前期～古墳時代の埋葬遺跡でアワビ貝や貝製品の出土が報告されている（柴尾 1980、勝部 1993）。それらの埋葬遺跡は海浜部に多く存在することから、主なる生業が漁撈であった人々の習俗と考えられている（柴尾 1980）。とくに内面に光沢があるアワビ貝は大きな目としてみなされ、邪悪なものを防ぐ霊力があると信じられた民俗が列島内に広く存在する（矢野 1989）。沖縄の墳墓から出土する魚網錘とされる穿孔した二枚貝にもそのような意味があった可能性も捨てきれないが、嵩元政秀、当真嗣一両氏は「網を死体にかぶせて死霊の鎮圧を意図したと理解すべきであろうか」として、沖縄諸島で僻邪のため網を屋敷に廻らす風

習を紹介されている（嵩元・当真 1981）。これらのことは古墳出土の魚網錘の意味を考えるときに興味深い。

　柳田國男は「目かひ又は目籠といつて、竹を斜めに組合わせて作ったものを竿の上に引掛け、悪い神が其目の組み方に気を取られて、人を害する計画が留守になる」という目籠の民俗は、道教の九字などにも通じ、他にもいくつかの例をあげながら、それは×＝「あやつこ」の結合であると指摘している（柳田 1969）。目籠は所によっては屋根の上に置いたりもする。屋敷に網を廻らす沖縄の民俗例にも共通する。真珠光沢をもつ貝殻を大きな目とみなし、それを副葬することによって邪悪なものから遺骸を防ぐということであるならば、目籠のように多くの網目で構成される魚網にも、漁撈民たちが同様な霊力を求めたことは十分に考えられることである。韓国の高霊池山洞30号墳に伴う溝出土の魚網錘も、こうした祭祀のときに霊力が期待されていたのであろう[8]。さらに、九州地方に顕著な石室や石棺に施された彩色の連続鋸歯紋も、長持型石棺にみられる線刻鋸歯紋[9]なども「あやつこ」にみえてくる。

　おわりに、以上紹介したような古墳・土坑墓出土の魚網錘については次のような可能性があることを記しておきたい。

①　古墳時代に、朝鮮半島東南部と日本の西山陰地方に、魚網で主体部や遺骸を覆う、あるいはそれを象徴するかたちで魚網錘を主体部に副葬するという共通した習俗が存在した。そこには魚網の網目に僻邪という霊力があると信じられていた。

②　僻邪の霊力をもつ魚網で主体部や遺骸を覆う習俗は、朝鮮半島東南部で始まり、対岸の西山陰にも伝えられた。

③　その担い手は西山陰と交流のあった河川漁撈を生業の一つとする朝鮮半島東南部の人々であった[10]。

④　考古学的には証明はできないが、土錘を装着しない魚網で主体部を覆ったり、副葬したり、墓前祭祀を行う場合があったことが想定できる。

註

(1) この地方では、ワカサギ（公魚）をアマサギと呼んでいる。ここでは便宜上この地方名を使用する。

(2) コノシロは、この地方では現在はあまり食さない。コノシロの土錘がみあたらなかった要因かもしれない。

(3) この登り窯は発掘調査によって確認されている（足立 1999）。Ⅰ区1・2号窯の素焼室およびその横の1号小窯跡がこれに相当すると考えられる。

(4) このほか、オノ峠遺跡からは弥生時代以降にみられる穿孔された球状の土製品も出土しているが、多くの祭祀遺物とも共伴していて、土製玉との区別がつかなかったので魚網錘の対象からはずした。

(5) たとえば兵庫県南あわじ市の沖ノ島古墳群からは、鉄製釣針、軽石製浮子、飯蛸壺、土錘、棒状石製品などが出土しているが（市橋 1986）、これらは漁具一式という意識であるので、漁具の中から魚網錘のみを選んで副葬するのとは意味が違うと考えられる。双孔棒状土錘と鉄製釣針を出土した奈良県塚山古墳（中期の方墳）も同様である（第1章第6節）。また、山口県大浦古墳群の15号・16号墳にも双孔棒状土錘の報告例があるが、古墳に伴うかどうか不明とされる（山本 1999）。

(6) 韓国の古墳から出土した土錘で確実に古墳に伴う例は、1.(2)～(6)にあげたものである。そのほかに、慶尚南道陝川陝渓堤古墳群の中のダA古墳（金 1987）と、安東市の安東安幕洞古墳（任 1989）においても主体部付近や封土中からの出土が報告されているが、いずれも封土を築くときに混入した可能性があるとされているので、ここでは取り上げないことにした。

(7) 鳥取県西伯郡中山町の日本海に突き出た比高差17mの段丘端に造られた御崎古墳群の7号墳（径22mの円墳）の周溝の埋土中から短円柱状の管状土錘が4点出土している（西尾 1999）。1号主体部の箱式石棺からは6世紀前半の須恵器が出土している。周溝内には土錘のほかに遺物はなく、古墳に関係するものと思われる。海浜部の古墳においても同様な祭祀が行われていた可能性があろう。

(8) 有孔貝製品として報告されることもある。

(9) 長持型石棺の蓋石に施されたこの種の紋様としては、日本海側では福井県免鳥長山古墳（全長90.5mの前方後円墳：福井市教委 2002）や島根県丹花庵古墳（一辺47mの方墳：山本 1963）をあげることができよう。

(10) たとえば島根県の石見部の大田市五十猛町大浦には、式内社にはみえないが、「韓神

新羅神社（からかみしらぎじんじゃ）」（主祭神は素盞嗚命）があるのも、半島の東南部と西山陰地域に交流のあった証である。

第3章　神話・伝承にみる漁撈民

第1節　「天眞魚咋(あめのまなぐひ)」考

1．国譲り神話

　日本の建国神話のクライマックスは大国主命の国譲りである。これによって天孫降臨の準備が完了したのである。その舞台となったのは出雲であった（図60）。『古事記』によれば、八重事代主神の服従の後、建御雷神が出雲の伊那佐小浜（図60）で大国主神に国譲りをせまり、それに対し大国主神は、杵築大社（出雲大社）の造営を交換条件として受け入れる。そして、大国主神は服属し

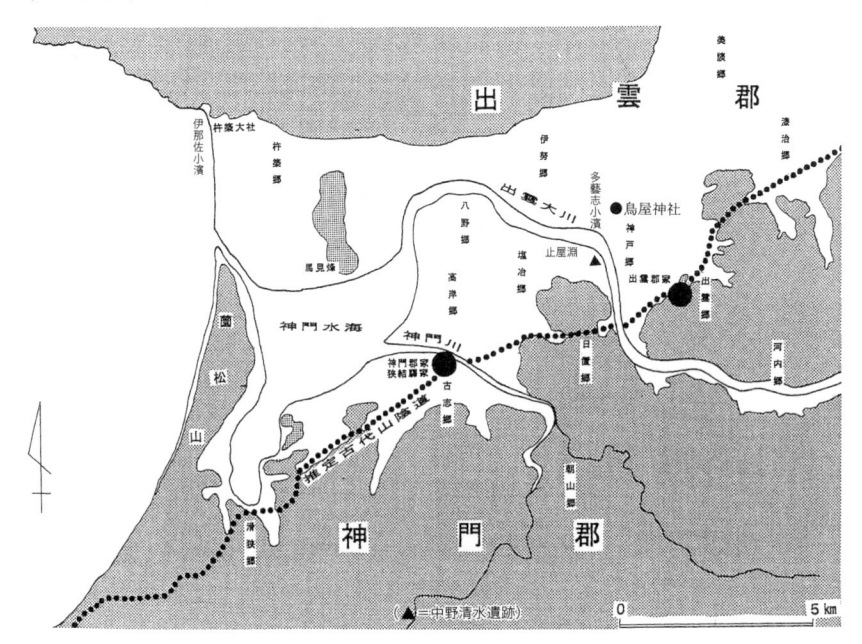

図60　古代の出雲郡・神門郡関係図（内田 2004bより）

た証に高天原の使者である建御雷男神(たけみかづちのかみ)をもてなすために多芸志の小濱(たぎしのをばま)に迎賓館を造り、誓いの言葉を唱えるのである。『古事記』の該当部分は次のようである。

　　出雲国の多芸志(たぎし)の小濱(をばま)に、天の御舎(あめのみあらか)を造りて、水戸神(みなとのかみ)の孫、櫛八玉神(くしやたま)、膳夫(かしはで)と為りて、天の御饗(みあへ)を献りし時に、禱(ほ)き白して、櫛八玉神、鵜(う)に化(な)りて、海の底に入り、底の波邇(はに)を咋ひ出でて、天の八十毘良迦(やそびらか)を作りて、海布(め)の柄(から)を鎌(か)りて、燧臼(ひきりうす)に作り、海蓴(こも)の柄を以ちて燧杵(ひきりきね)に作りて、火を鑽(き)り出でて云ひしく、

　　是の我が燧(き)れる火は、高天の原には、神産巣日御祖命(かみむすひのみおやのみこと)の、登陀流天(とだる)の新巣(にひす)の凝烟(すすの)の、八拳垂る摩弖(やつかたるまで)焼き拳げ、地の下は、底津石根(そこついわね)に焼き凝らして、栲縄(たくなは)の、千尋縄打ち延へ、釣為(つり)し海人(あま)の、口大(くちおお)の、尾翼鱸(をはたすずき)、佐和佐和邇(さわさわに)、控き依せ騰(あ)げて、打竹(さきたけ)の、登遠遠登遠遠邇(とををとををに)、天の眞魚咋(まなぐひ)、献(たてまつ)る。

意訳：大国主神は、出雲国の多芸志の小浜に天の御舎を造り、水戸神の孫神の櫛八玉神が料理人となって尊い御食事を差し上げたときに、祝言を唱えながら、櫛八玉神が鵜になって海底の埴土をくわえて出て、たくさんの神聖な器を作って、ワカメの柄を刈って燧臼に、ホンダワラの茎を燧杵として神聖な火を起こしながら次のように誓いの言葉を申し上げられた。

　今、わたくしの作り出した火は、高天原において神産巣日御祖命がお住まいになる新宮殿に、煤が長く垂れ下がるほど竈を焚きあげ、地面は土が岩盤のように固くなるまで竈を焚いて、海人が楮でできた千丈もの長い延縄で釣った大きな口と尾のスズキを、さわさわと船縁に引き寄せ上げて、竹が撓うほど頭を打たなければならない活きのいいスズキを料理して、贄として献上いたします。

　この神話から少なくとも四つの漁撈に関する要素を摘出できよう。一つは前段の鵜飼、二つ目は同じく前段の海藻、三つ目はホンダワラ（海蓴）を利用した製塩、そして後段のスズキ延縄漁である。

2．海　　藻

　海藻については既に第1章第5節で取り上げて検討したので詳細は避ける

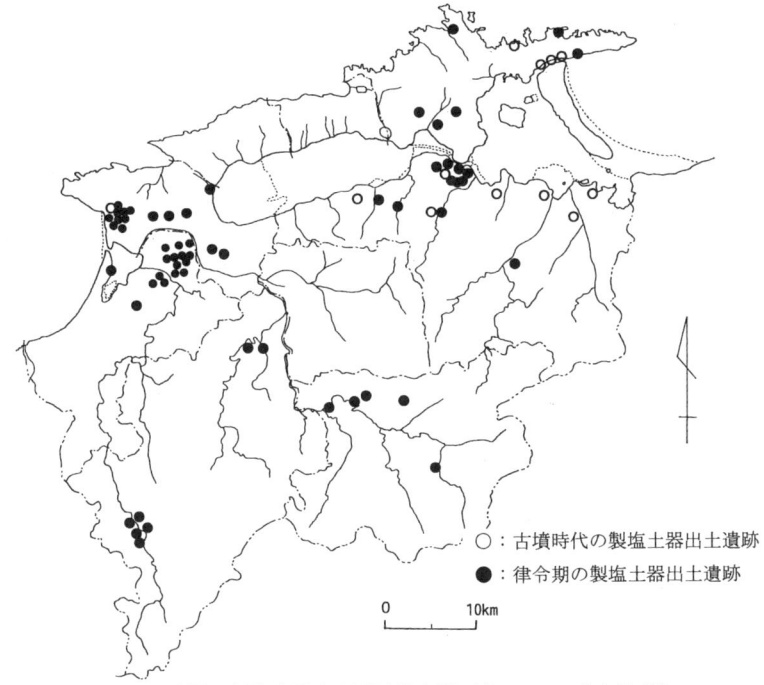

図61 出雲の製塩土器出土遺跡分布図（内田1987bを加除筆）

○：古墳時代の製塩土器出土遺跡
●：律令期の製塩土器出土遺跡

が、ワカメ（海布）は、メカリ神事で行われているように、メカリ鎌で刈り取って採取された。『出雲国風土記』の海浜部の島々には、海産物としてもっとも多くの記載があり、贄として貢納されている。

3. 製　塩

　ホンダワラ（海藻）に関する記述はおそらく海岸に流れ着いたものを集めて製塩作業をすることを象徴していると考えられる。ホンダワラは山陰地方で塩草といい、塩と同じ扱いがされているからである（内田1995）。燧臼・燧杵は現在も杵築大社（出雲大社）の神事において使用されている。土器製塩は山陰地方でも古墳時代前期には開始され、奈良・平安時代まで続いた（図61、内田1994）。山陰地方の製塩土器は当初は備讃瀬戸地方の影響のもとに出現するが、

やがて山口県美濃が浜遺跡出土製塩土器のように脚部が長くなり、先端は尖ってくる。それは北陸の能登式製塩土器に影響を与えるが（飛田 2002）、律令期には北部九州から響灘地方のそれのように、玄界灘式と六連式土器に取って代わられるようになる。とくに、律令期には製塩土器（塩焼土器）は山間部の集落遺跡にまで流通している（内田 1987b）。

4．鵜　　飼

「鵜に化りて、海の底に入り、底の波邇を咋ひ出でて」はウミウを使った鵜飼を象徴しているのであろう。鵜飼は、かつては南九州と青森・北海道を除く全国各地の河川で行われていた（図62）。その鵜飼には各地の河川の状況の違いによってさまざまな手法があった。鵜の首に綱をつけて操る方法は比較的流れの速い河川に多い。日本のように流れの速いところには、一般的にこの方法が行われた。鵜が流されてしまう恐れがあるからである。流れのゆるい河川では縄をつけない、いわゆる放ち鵜飼が行われていたらしい（可児 1966）。島根県益田市の高津川の河口付近での鵜飼は、この放ち鵜飼である（宅野 1990）。

図62　鵜飼の分布（長良川の鵜飼研究会 1994より）

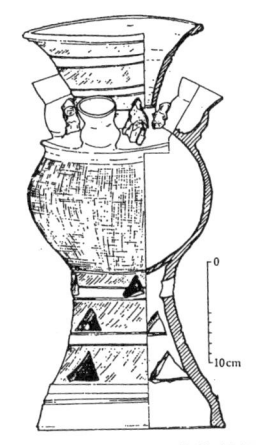

第3章　神話・伝承にみる漁撈民　183

図63　鵜飼を表現した装飾付須恵器
（梅原 1964b より）

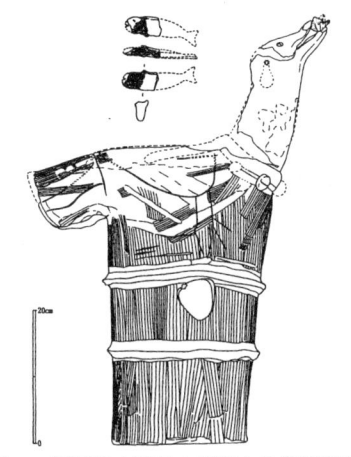

図64　群馬県八幡塚古墳出土の鵜飼埴輪
（若狭 2002 より）

鵜に化けた櫛八玉神は放ち鵜飼が想定できよう。

　日本における鵜飼の起源は不明であるが、中国四川省出土の後漢時代とされる画像塼には鵜飼が描かれているので（可児 1966）、稲作とともに入ってきた可能性があるが、いまだ証明されるにいたっていない。画像塼の鵜に紐が着けられていないことを重視すれば島根県高津川例のような放ち鵜飼であったろう。文献上は『隋書倭国伝』の「小環を以て鸕鷀の項に掛け、水に入りて魚を捕えしめ、日に百余頭を得」としているのが最古の記録である。考古資料では、岡山県出土と伝えられる装飾付須恵器（梅原 1964b）や群馬県保和田八幡塚古墳出土の埴輪（若狭 2002）がある[1]。前者は壺の肩部に鵜飼漁の形象が表現されている（図63）。6世紀後半ごろの須恵器である。後者は全長96mの5世紀末の前方後円墳で、埴輪は首に紐、嘴に魚を加えている（図64）。したがって年代や鵜飼の方法は『隋書倭国伝』と矛盾しない。

　鵜飼では河川に生息するさまざまな魚を捕らえることができるが、何といってもアユが一番の捕獲対象魚であった。『出雲国風土記』も出雲の河川に多くのアユの記載をしている（第2章表8）。出雲国関係の都城出土木簡の中に、

　　「出雲国煮干年魚〇御贄」（平城京）

という資料があり、贄としてアユを国の責任において貢納していることが知られる。国譲り神話の舞台となった多芸志の小濱は現在の出雲市武志町がその遺称地であり、古代では出雲郡伊努郷から神戸郷にかけての地域にあたる（内田2004b）。その地域に、現在『出雲国風土記』記載社である鳥屋社に比定される鳥屋神社（式内社）があるのは、鵜飼との関係で見逃せない。鳥屋とは鵜飼を飼っておく施設と考えられるからである（可児1966）。

5．スズキ延縄漁

「栲縄の、千尋縄打ち延へ、釣為し海人」の部分が延縄漁であると最初に指摘したのは羽原又吉である（羽原1949）。最古の延縄漁の文献である。今日、出雲地方では宍道湖にスズキ延縄漁は残っている。筆者は2000年10月7日、宍道湖においてこのスズキ延縄漁の船に同乗する機会を得た。屋賀部忍さん（出雲市平田町）のスズキ延縄漁を紹介しよう（写真5）。

延縄（幹縄）は1本が約750mで、五尋（7.5m）ごとに、先端に釣針をつけた長さ1.2mのヤメ（枝縄）を出す。1本の縄には100本の釣針がつくことになる。このヤメ3本ごとに浮き（発砲スチロール）、幹縄の3分の1ごとに石錘を装着する。こうした延縄を3本連ねる。スズキの需要がもっと多かったときにはさらに数本をつなげた。したがって、延長は数キロにもなった。作業は2人で行った。餌は活きたエビかアオムシで、水中で泳

写真5　宍道湖のスズキの延縄漁

がしておく。どちらかといえばエビのほうが大きなスズキがかかる。スズキは夜、好物のシラウオやワカサギなどの小魚をねらってはしる。そこで、前日の夕方に延縄を仕掛け、翌日の日の出前に引き上げる。この日は、餌はアオムシで、100匹以上のスズキがかかっていた。このうち、80cm以上のものは5匹、それ以外は40cm前後であった。ときどきフナ、ウグイ、ウナギもかかることがある。延縄漁は引き上げるまで魚が生きているので、網漁のそれよりも重宝され値が高い。しかし、最近では何匹かは死んでいることがあり、これは水質が悪化したためであるという。引き上げたスズキはテグスを口元で切り離し、船底の水槽に入れる。スズキの口には釣針のついたテグスが残ったままなので、延縄漁のそれと見分ける指標となる。鮮度を保つためには鰓と尻尾のところから血抜きをすることもある。

このように、漁具はその素材が変わっているものの、そこには神話の世界（古代）そのままの漁法があった。羽原又吉は『古事記』のこの当該部分を「延縄の前駆」と評価した（羽原1949）。しかし、それは前駆ではなく既に完成された延縄漁である。『古事記』は、古代のスズキ延縄漁の様子を的確に描写しているのである。

藤原京出土の出雲国関係の木簡資料の中に、

 出雲評支豆支里大贄煮魚須々支

がある。支豆支里は天平期には（出雲国）出雲郡杵築郷であり、『出雲国風土記』出雲郡杵築郷の地名起源説話は、

 杵築郷　郡家の西北のかた廿八里六十歩なり。八束水臣津野命の國引き給ひし後、天の下造らしし大神の宮を造り奉らむとして、諸の皇神等、宮處に参集ひて、杵築きたまひき。故、寸付といふ。神亀三年、字を杵築と改む。

 意訳：杵築の郷は出雲郡家の西北の方向に28里60歩行ったところにある。八束水臣津野命が国引きをして出雲の国を造られた後で、大穴持命（大国主神）がお住まいになる宮（杵築大社）を造って差し上げようとして、皇神の方々が、杵築大社（出雲大社）を造る場所にお集まりになって、宮

を造るための土台を築かれた。それで、「きづき」と云うのである。神亀
三年（726）に、字を「寸付」から「杵築」に改めた。

とあって、杵築郷は杵築大社（出雲大社）の創建された場所であった。藤原京
出土木簡に記された大贄としての「煮魚須々支」こそ、膳夫が調理し献上した
「天の眞魚咋」であろう[2]。

6．出雲の服属と贄の貢納

　贄は元来、共同体の神や首長に対して初物を奉納していたことに起源がある。
そうした共同体内の関係を、首長・共同体と大和政権との関係に転化し、大王
（天皇）に貢納させるようにしたものである。『肥前国風土記』松浦郡条値嘉郷
は景行天皇の時代のこととして、この地方の土蜘蛛大耳等が服属したときに、

　　大耳等が罪は、實に極刑に當れり。萬たび戮殺さるとも、罪を塞ぐに足
　　らじ。若し、恩情を降したまひて、再生くることを得ば、御贄を造り奉
　　りて、恆に御膳に貢らむ

　　意訳：わたくしたち（大耳等）が犯した罪はまことに極刑に相当いたしま
　　す。幾万回死刑にされようとも罪を償ったことにはなりません。もし、天
　　皇（景行天皇）のご温情により、極刑を免れることができましたら、今後
　　はいつまでも、御贄を作って御膳に献上いたします。

といって木の皮で作った長鮑・鞭鮑・短鮑・陰鮑・羽割鮑を献上したと記して
いる。ここではアワビを贄として貢納することが地域の首長の服属を象徴して
いる。

　『出雲国風土記』意宇郡条の郡司に海臣が名を連ね、『天平十一年出雲国大税
賑給歴名帳』には出雲郡の漆治郷・河内郷・神戸郷に海部首や海部が散見され、
『日本三代実録』には楯縫郡の海部がみられる。つまり海浜部にも内水面にも
海部が分布しているのである。それはあたかも、国譲り神話の中から抽出した
漁撈民の性格にも一致する。すなわち、

　　①ワカメ……………布刈鎌による海藻採取
　　②ホンダワラ…………製塩

③アユ……………鵜飼
④スズキ……………スズキ延縄漁

である。いずれも、律令制下の贄や調庸物の品目である。このうち、①と②は海浜部、③と④は内水面の漁民たちの生業を構成するものである。櫛八玉神が膳夫となって調理する天の御饗の食材は主として①〜④であった。その中でもとくに④のスズキを食材とした天の眞魚咋の献上は大国主神（出雲）の服属の象徴であった。出雲の漁民たちは、海部としてその統率者である海臣とともに、大和政権の服属関係に入っていたことが知られるが、その中には「入海」や「神門水海」といった内水面を漁場とし、延縄漁を得意とする漁民が含まれていた。

第2節 『出雲国風土記』蜈蚣島伝承の背景

1. 蜈蚣島伝承

島根県の東部は古代には出雲国であった。その平原部には宍道湖と中海という入海が東西に長く横たわり、その西側にはさらに神門水海が広がっていた。蜈蚣島は『出雲国風土記』嶋根郡条に蜈蚣島とともに記載されている。現在の中海の大根島と江島である。『出雲国風土記』が記す蜈蚣島伝承とは次のようなものである。

> 蜈蚣嶋　周り一十八里一百歩、高さ三丈なり。古老の傳へていへらく、出雲の郡、杵築の御埼に蜈蚣あり。天羽々鷲、掠り持ち飛燕來て、此の嶋に止まりき。故、蜈蚣嶋と云ふ。今の人、猶誤りて栲嶋と號くるのみ。土地豊かに沃え、西の邊に松二株あり。以外は茅・莎・薺頭蒿・蕗等の類生靡けり。即ち牧あり。陸を去ること三里なり。

> 蜈蚣嶋　周り五里一百三十歩、高さ二丈なり。古老の傳へに云へらく、蜈蚣嶋にありし蜈蚣、蜈蚣を食ひ来て、此の嶋に止居りき。故、蜈蚣嶋と云ふ。東の邊に神社あり。此の外は皆悉に百姓の家なり。土體豊かに沃え、草木扶疎り、桑麻豊富なり。（以下略）

意訳：蜈蜙島は周囲が18里100歩で、島のもっとも高いところは3丈ある。古老の伝承によれば、「むかし、出雲郡の杵築御崎に一匹のタコが住んでおったんじゃ。ある日そこへアメノハハワシがやってきてのう、そのタコをひょいと嘴でつまんで、この島まで飛んでやってきたんじゃ。それでこの島のことを蜈蜙島というようになったと伝え聞いておる。だけど、どう間違ったか知らんが、今の島の人たちはタク島と云うておるわ」ということである。島の土地はよく肥えており、西端に松の木が2本ある以外は、カヤ・ハマスゲ・ヨモギ・フキなどがたくさん生えている。この島には官営の牧があり、陸からは3里離れている。

ムカデ島は周囲が5里130歩で、島のもっとも高いところは2丈ある。古老の伝承によれば、「むかし、蜈蜙島におったタコが、どういうわけかこの島のムカデを食いに来たそうじゃ。それで、今でも蜈蚣島と云うとる」ということである。島の東端に神社があるほかは、ことごとく百姓たちの家々である。島の土地はよく肥え、草木は茂り、桑や麻も豊富に栽培されている。

この蜈蜙島と蜈蚣島の古老の語る伝承は、元来一つの物語であったことは容易に推定されよう。つまり、蜈蜙島と蜈蚣嶋は不可分離の関係のあることをこの伝承から知ることができる。古代の中海では、「中海のタコは、その昔、アメノハハワシが出雲郡の杵築御崎からタコをくわえてやってきて、タコ島に住み着くようになった。そしてそのタコがムカデを食いにムカデ島にもやってきた」という伝承が漁民たちに共有されていたのである。

2．蛸漁の民俗事例

タコは日本人が好んで食し、日本沿岸には20種類近くが棲息しているといわれている。このうち食用としてよくみかけるのは、マダコ、ミズダコ、テナガダコ、イイダコの4種である。おそらくかなり古い時代より食用として捕獲されていたと思われるが、コウイカ類を除くイカやナマコと同様に原始・古代の遺跡からはこれらの遺存体はまず出てこない。

図65　原始・古代の蛸壺出土遺跡

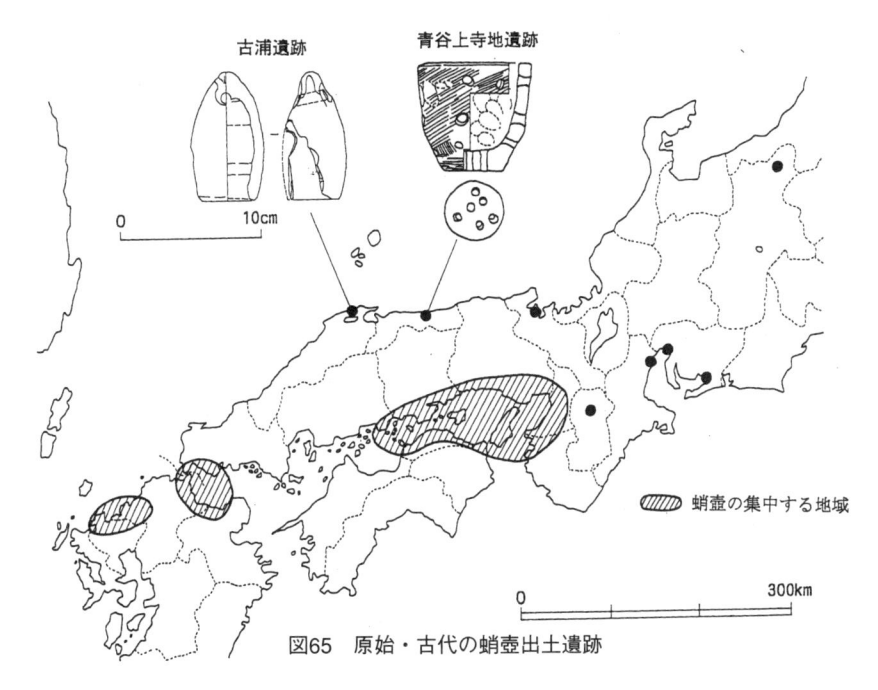

　しかし、弥生時代も中期になると、大阪湾沿岸を中心とする地方でマダコやイイダコを捕獲するために作られた土製の蛸壺が現れ、漁業としても成立していたらしいことが知られる。それは蛸壺を使った延縄漁で、今日残る民俗例と何ら変わることがない。タコは残らなくとも漁具が残るのである。これより後に蛸壺漁は日本各地へ広まり、今日まで長く伝えられてきている。

　現在のところ、西日本の原始・古代遺跡からこの種の漁具が発見されているのは、われわれが気づいていないだけのことかもしれないが、瀬戸内・北部九州・伊勢湾が中心で（図65）、山陰地方はきわめてまれである。わずかに鳥取県青谷上寺地遺跡で弥生時代中期の飯蛸壺[3]（湯村 2002）と、島根県古浦遺跡で古墳時代の飯蛸壺（藤田 2005）がそれぞれ1点ずつ出土しているのにすぎない。それらは瀬戸内地方の飯蛸壺の編年と矛盾するものでない。ここでは、今後山陰地方の原始・古代遺跡でもさらに蛸壺が出土する可能性もあることを念頭に置きながら、中海・美保湾で現在も行われている、あるいは近年まで行

われていた蛸壺漁を紹介したいと思う。

(1) 安田丸に乗る

さて、現在行われている蛸壺漁は真蛸漁と飯蛸漁の2種がある。真蛸漁は季節に関係なく1年中、飯蛸漁はイイダコの産卵期にあたる2～4月を中心に行い、両者とも一種の延縄漁である。ただし、今日では中海では蛸壺漁はみられない。そこで美保関福浦の飯蛸壺延縄漁から紹介することにしよう。

1990年3月23日、午前6時、安田丸に乗る。船長は増岡磯市さん（1934年生）。お父さんのあとを継いで30年、美保湾で漁を続けてきた人である。天候は曇り、無風。2.29 tの比較的小型の動力漁船安田丸は、私という珍客を乗せ福浦港を境水道から美保湾へ向けて舫綱を解いた。

対岸の境港（鳥取県）は西日本でも最大のマグロの水揚高を誇る良港で、境水道は日本各地はもとより、大きな外国船も行き交う。これらの大型船の間隙をぬって、船長の増岡さんは片足だけで船尾の舵をたくみに操りながら、幸運にもベタナギの美保湾へ安田丸を進めた。しばらくして振り返ると、水面に白い水尾が一直線に跡を残していた。

約40分で増岡さんが漁場としている米子市皆生沖に着いた。目印は下方に沈子と中ほどに発砲スチロールをつけた長さ約3 mの笹竹製の浮子（写真6-①）。上方には赤い布がつけてある。ここから飯蛸壺をつないだ縄が始まり、縄の反対側の端にある浮子まで約1000m、200～250個の蛸壺が約2尋おきに結ばれている。今年はイイダコが少なく、増岡さんの目印をつけた浮子しか見当たらないが、例年だとどれが自分の浮子なのかわからないほど多いという。今年のようにイイダコがとれない年は4年周期があるとのことだ。

蛸壺はアカニシやテングニシの貝殻製。兵庫県明石から取り寄せたもの。最近は明石でもニシがいなくなり手に入らなくなったので、飯蛸壺漁をする人も昔と比較すると少なくなった。陶製の蛸壺も使用していたが、貝殻製は壊れにくくイイダコも入りやすいので、今では貝殻ばかりが使われている。

目印の浮子を船に引き上げた増岡さんは、船をとめ、船縁で縄を少しずつ手繰り始めた。しばらくすると、海中から白く光るアカニシ製飯蛸壺が上がって

きた（写真6-②）。寛政3年（1791）の『日本山海名産図会』に描かれた「飯蛸」の絵が頭をかすめる。今年は少ないといっても飯蛸壺4～5個に1匹の割合でイイダコが入っている。イイダコが多い年ならばほとんどの蛸壺に入っていて毎日でもとりに出かけるが、今年のような場合は数日間つけておく。蛸壺は幹縄から枝縄をのばさない短いものだ。この点は枝縄の長い瀬戸内海のそれと異なっている。

　船上に引き上げた飯蛸壺からイイダコを出すのには、安田丸では二つの方法が取られている。一つは塩を使い、もう一つは長さ20cmの鉄製の鉤で引き出す方法である（写真6-③）。多くは前者であった。すなわち、蛸壺の中に卵を生みつけているイイダコは、卵を守ろうとしてなかなか出てこない。ところが、蛸壺の中にほんの少し塩を入れてやると、イイダコはとても苦しそうに、その8本の足をバタつかせ、もがきながら外に飛び出してくる（写真6-⑤）。ミルク缶に荒塩を入れておき（写真6-⑥）、それを長さ35cmの竹の先端から約9cmまでを茶筅のように細かく裂いたところに塩をつけ蛸壺の口から入れるのである（写真6-④）。イイダコが海水で棲息しているから塩に強いと思いがちであるが、そうではない。海水中の塩分濃度にはとても敏感な生き物であるらしい。これによって、イイダコが多くとれる年とそうでない年があるのは、塩分濃度の変化しやすい内湾に棲息していることと関係があるように思われた。さらに、原始・古代の蛸壺を出土している遺跡が、ほぼ製塩遺跡の分布と重なることも少し気になるところだ。

　蛸壺の中に生みつけられたイイダコの卵は、すべてきれいにその場で取り出し海に捨ててしまう。なぜなら次のイイダコが入らないからである。蛸壺にイイダコが入らないもう一つの例は、飯蛸壺を結びつけてある縄の両側にコウイカが袋状の卵を生みつける場合である（写真6-⑦）。この季節はコウイカの産卵の時期でもあり、出航前に福浦港でも山積みにされたコウイカを取る籠をみかけた。コウイカはこの卵を守るため、他の魚を一切近寄らせないのだ。したがって、船上ではこのコウイカの卵も落としておかねばならない。小さなイイダコを取るのにも、いろいろな作業が船上で行われていることを知った。

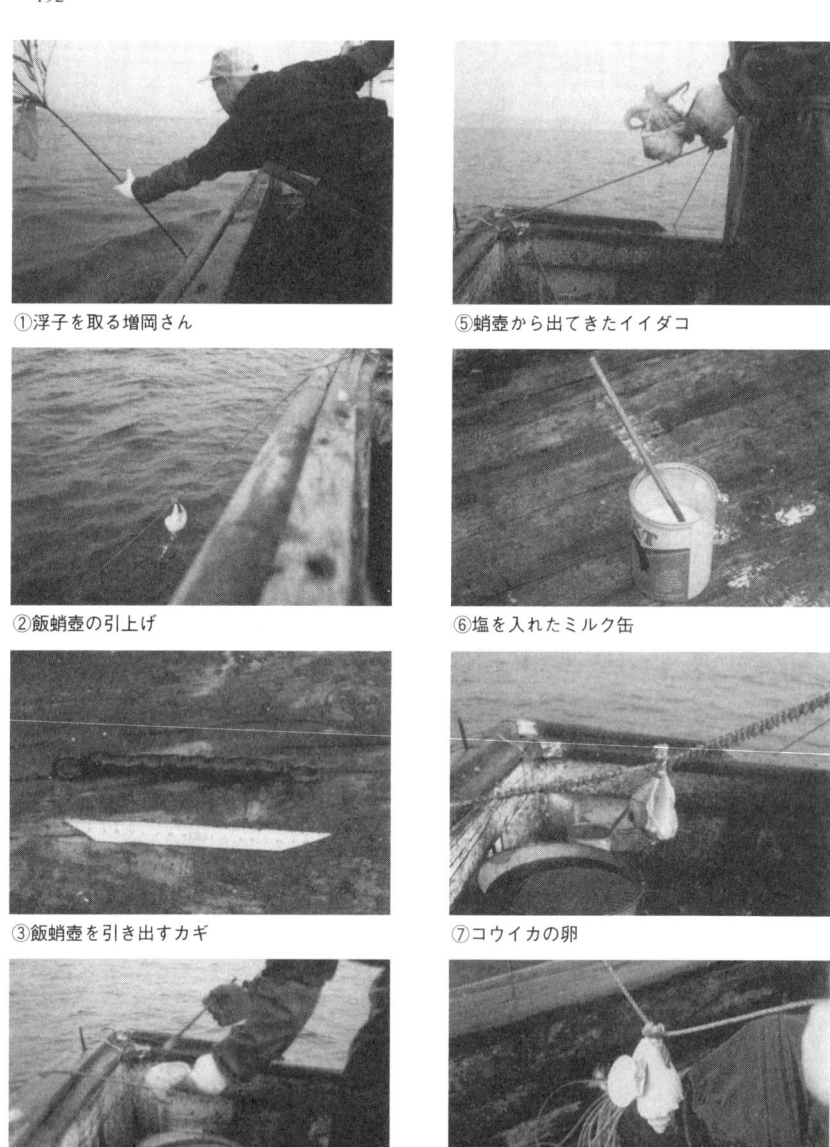

①浮子を取る増岡さん　　　⑤蛸壺から出てきたイイダコ

②飯蛸壺の引上げ　　　　　⑥塩を入れたミルク缶

③飯蛸壺を引き出すカギ　　⑦コウイカの卵

④蛸壺中に塩を入れる　　　⑧貝で蓋をしたイイダコ

写真6　美保湾の飯蛸漁（安田丸）

卵を守ることは海中の生物にとって必死の覚悟である。蛸壺の中に入った雌を守り、雄は蛸壺の外で外敵を監視しているようだ。雌の入っている蛸壺にしっかりとへばりついて固守している雄が一緒に上がってきたことが数度あった。

イイダコは、小さな貝、エビ、カニなどを食べる。これらがときおり蛸壺の中に入っていることがある。かつて中海で飯蛸漁が盛んに行われていたことと、中海がそれにもましてサルボウ（地元ではアカガイ）やエビの名産地であったこととは密接な関係があった。時にはその二枚貝の殻でもって蛸壺の中から蓋をしていることがある。これも外敵から身を守るためである。タコの吸板はこのようにしても使うのかと感心してしまった。この日、イイダコが蓋にしていたのは、ツメタガイに食われ貝頂部に小孔があけられたスダレガイの一種であった（写真6-⑧）。

美保湾から境水道に入るあたりで、ナマコケタでナマコを数匹とって福浦港に帰港したのは午前11時を少しまわっていた。

(2) 蛸壺いろいろ

以下は、現在使用されている、あるいは近年まで使用されていた蛸壺である。

• 【貝殻製飯蛸壺】（図66-1）

美保湾で使用。美保関町長浜、松本強氏使用。サルボウ製（地元ではアカガイと呼ぶ）。重さ170ｇ。外面に所有者を表わす「イ」の字が黒色ペンキで描かれる。貝頂部を穿孔し、ちょうどカスタネットのようにビニル紐で結ぶ。中に入ったイイダコは自分の吸板で中から貝を閉ざす。このサルボウのような二枚貝だと、ニシのように入口があいたままでなく、より安全で他の貝殻製で塞ぐ必要もない。

• 【貝殻製飯蛸壺】（図66-2）

美保湾で使用。美保関町長浜、松本強氏使用。アカニシ製。長さ13.5㎝、幅10.6㎝、重さ390ｇ。外面に所有者を表わす記号が黒色のペンキで描かれているが、薄くなっており判読できない。

- 【貝殻製飯蛸壺】（図66-3）
　美保湾で使用。美保関町長浜、松本強氏使用。テングニシ製（地元ではヨナキという）。長さ17.5cm、幅9.6cm、重さ200ｇ。外面に所有者を表わす「イ」の字が黒色ペンキで描かれる。
　松本強氏（昭和19年生）の場合は、1本の縄に、アカニシ、ヨナキ、アカガイの3種を混合し、約3mおきに蛸壺を結ぶ。1本の縄に250～300個の蛸壺をつけたもの3本を一つの籠に入れ、船にはこれを3籠積み込み延える。そして5日目に引き上げるが、多いときはイイダコが1本の縄で約半分、普通は70～80匹入る。3種の貝殻製飯壺のうち、どちらかといえばニシの蛸壺がよくイイダコが入る。これは、ニシがある程度重量があり海底で安定しているからだということであった。

- 【セメント製飯蛸壺】（図66-10）
　美保湾で使用。境港水産展示室蔵。図66-1のような二枚貝をセメントで模したものである。型作りであるが、中海で使用されていたものより整形され、サルボウの放射肋を意識したと思われる浅い溝を外面に入れたものもある。径は11.4cm、二つを合わせたときの厚さ7.5cm。境港水産展示室には図示したものよりやや大型品もある。

- 【セメント製飯蛸壺】（図66-9）
　中海で使用。本庄町手角、佐々木清隆氏製作。図66-10とほぼ同様のセメント製である。径15×14cm、2枚合わせた厚さ1.8cm。重量は1100ｇ。不整円形。以下は佐々木清隆氏（1915年生）の談による。
　飯蛸壺漁は大根島の二子で漁をしている友人から聞いて始めた。昭和40年代まで行っていた。12～2月が漁期。幹縄に15cmほどの枝縄を出して蛸壺を結んだ。縄の長さは約2km。したがって500～600個の蛸壺が必要だった。ケタ引漁を妨げないよう比較的海岸に近いところに、海岸に平行となるよう縄を延えた。蛸壺は天気の良い夏の昼下りに、庭に穴を掘って型にしてセメントを流し込んで作った。セメント製のもののほかに、陶器の破片を2枚合わせて使用したこともある。イイダコは煮て食べるとやわらか

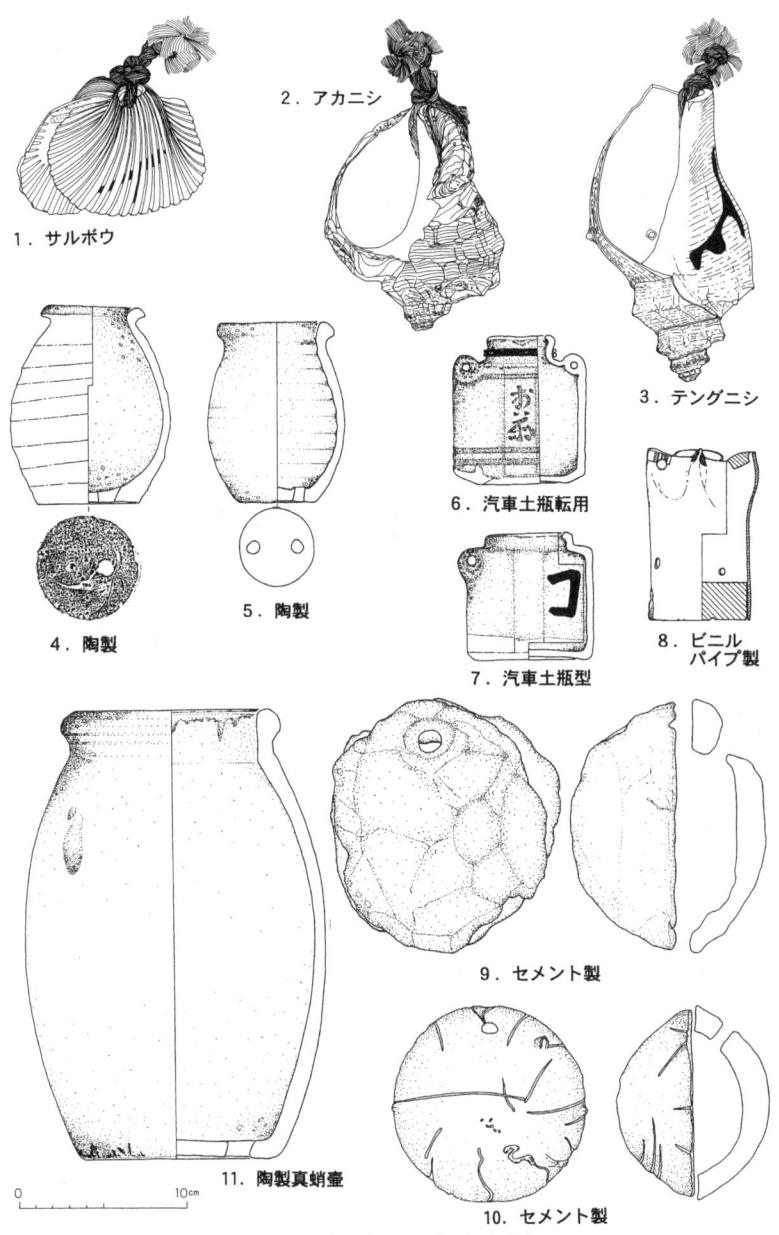

第 3 章 神話・伝承にみる漁撈民 195

1. サルボウ
2. アカニシ
3. テングニシ
4. 陶製
5. 陶製
6. 汽車土瓶転用
7. 汽車土瓶型
8. ビニルパイプ製
9. セメント製
10. セメント製
11. 陶製真蛸壺

図66　蛸壺実測図（民俗資料）

く美味だった。

- 【陶製飯蛸壺】（図66-4）

　美保湾で使用。ケタ引網によって引上げられたもの。器高11.6cm、最大径9.5cm。外面にロクロ目を残す。外面底部は回転糸切痕がみられ、径0.9cmの小孔が焼成前にあけられている。口径は6.2cm、頸は狭く、口唇部は「く」の字状に短く外反する。別の資料によって、頸部に細い紐をまき、縄に結ばれたことが知られる。茶褐色釉が内面から口唇までかかり、外面のほとんどは無釉である。

- 【陶製飯蛸壺】（図66-5）

　美保湾で使用。図示したものはケタ引網で引き上げられたもの。器高10.5cm、胴底径7.0cmと広口である。型作りで、内外面とも褐色釉がかかる。底部は径0.7cmの小孔が2孔焼成前に穿たれている。これは2孔とも紐を結ぶための小孔である。境港水産展示室には同じ型で作られた資料が2点ある。

　原始・古代の飯蛸壺の中には、大阪府大園遺跡出土例（廣瀬 1981）のように底部に2孔を有するものがあるけれども、同様な機能としてよかろう。

- 【陶製飯蛸壺】（図66-6）

　国鉄時代に各駅で駅弁とともにお茶を入れて売られていた汽車土瓶を飯蛸壺に転用したものである。汽車土瓶転用飯蛸壺と呼ぶこととする。美保湾で使用。ケタ引網で引き上げられた資料である。約7.0cm四方、器高は8.7cmを測る型作りである。重量は170g。外面に「お茶」、その反対側に菊花文が陽刻されている。底部外面を除き、他は内外面とも黄褐色釉がかかる。

　この汽車土瓶を蛸壺として使用したら、イイダコが好んでよく入るようになり、美保湾の中でもとくに島根半島側の漁村で一時流行した。

- 【陶製飯蛸壺】（図66-7）

　汽車土瓶がイイダコの入りがよいということがわかったので、これを模して飯蛸壺として業者に注文して作らせた。ここでは汽車土瓶型飯蛸壺と呼ぶことにする。

　美保湾で使用。美保関町長浜、松本強氏使用。6.5cm四方、高さ7.4cm、重量

は170ｇ。汽車土瓶の口を少し拡げ、紐孔を口縁付近の外側に1ヵ所つけた型作りである。底部外面とその付近と口唇部のみが無釉で、他は内外面とも乳白色の釉がかかる。外面に所有者を表わす「コ」の字状のマークが描かれる。

　このタイプのものは、イイダコの入りがどの蛸壺よりもよかったが、陶製であることと、入ったイイダコを出しにくいという欠点があったため、一時流行したが、また貝殻製蛸壺が主流となったといわれる。前述の大園遺跡出土例（廣瀬1981）や山口県小野田松山窯出土資料（中村1985）などにみられる飯蛸壺は、この汽車土瓶型飯蛸壺にもっともその型態が近い。原始・古代において、この種のものが古墳時代でも6世紀代に限ってみられ、その後に続かなかった要因はこのあたりにありそうに思える。また、汽車土瓶型飯蛸壺の外側にみられるマークは、たとえば大阪府池上曽根遺跡（大阪府1980）などから出土している須恵質の釣鐘型飯蛸壺の外面に線刻された一種のマークを想起させる。

● 【ビニルパイプ製飯蛸壺】（図66-8）

　美保湾で使用。イイダコがたくさんとれて蛸壺が不足してくると、空瓶など使用できるものは何でも蛸壺とした。このビニルパイプ製飯蛸壺もその一つであるが、汽車土瓶の形態を意識しているものと思われる。

　径は6.0cm、高さ10cm、重量は170ｇ。底部より2.2cmの厚さでセメントを入れ沈子としている。口縁部は炎で燃し、4ヵ所をつまんで口径を狭くし、そのうちの一つに紐孔をあけている。胴部の中ほどに一対の小孔が穿たれているのは、明らかに水抜きのためである。あまり例は多くないが、池上曽根遺跡出土の多孔式飯蛸壺の場合もやはり水抜きであろう。

● 【陶製真蛸壺】（図66-11）

　美保湾で現在も使用されている。美保関町長浜にて採取。器高27.0cm、胴部径18.0cm、口径13.3cm、重量2860ｇの型作りである。内外面とも全面に褐色釉がかかる。底部には径1.5cmの孔が焼成前に1孔穿たれている。口縁部は玉縁状となり、口唇部と外面底部に離れ砂の付着がみられる。原始・古代の真蛸壺の中にも形態のよく似たものがある。

　蛸壺にかける紐は大きな網目状にして、底部の方が幹縄に近いようにして結

ばれる。底部の孔は紐孔としては使わない。つまり、海中より引き上げるときに底部が上方になるようにする。『日本山海名物図会』の「章魚」の項に描かれているのはこの真蛸漁である。

マダコを蛸壺から出す方法は、底部の孔から塩を入れる場合もあるが、勝部正郊『山陰の民具』によれば、①底の孔に竹串や焼け火箸を入れたり、②底を木片で軽くたたいたり、③蛸壺の中に木灰を少々振り掛けたりする方法があった（勝部1990）。

飯蛸壺にせよ真蛸壺にせよ、蛸壺にあけられた孔は、これまでに述べてきたように多目的なのである。

- 【セメント製真蛸壺】

境港水産展示室蔵。高さ29.0cm、胴部径14.0cmを測る。陶製のものと比較するとかなり重いと考えられるが、重量は記録できなかった。底部径は17.0cmと太くなる。底部を若干凹め、径2.2cmの孔を3孔穿って紐孔とする。

- 【プラスチック製真蛸壺】

境港水産展示室蔵。長さ約30cmのカマボコ型で、蛸壺の側面にセメントをつけ沈子とする。底部に径3.3cmの孔を1孔あけている、これによく似た蛸壺は韓国でも使用されているらしく、山口県北浦海岸から島根半島のあたりにかけて数多く漂着している。

- 【ネズミ取式真蛸壺】

蛸壺の中に餌を入れ、タコが入ってこれをとろうとすると入口の蓋が落ちるようになっている。美保湾で使用。図66-11の陶製真蛸壺の入口をセメント製の蓋で塞ぐ仕掛けを取りつけたもの。同様なものは、島根半島では鹿島町御津でもみかけた。

- 【ネズミ取式真蛸壺】

美保湾で使用。カマボコ型をしたセメント製である。海底で上になる方に3孔、入口と反対側に3孔、両脇に2対の合計10孔があけられている。このうち入口に近い両脇の1対が幹縄に結ぶための紐孔として利用される。

3．中海における近世の蛸壺漁

　古浦遺跡出土の飯蛸壺によって、この地方でも古墳時代には蛸壺漁が行われていたことが知られるが、それは近世には中海で盛行した。その様子は次の近世文書によって知られる[4]。

(a)「文化三年十月蛸壺縄漁許状」

　文化三寅十月十六日馬渡村定五郎江嶋村伊兵蛸壺縄漁御免ヒ成下リ御差紙馬渡村定五郎江嶋村伊兵両人之者大根嶋廻リニ而蛸壺いたし渡世之多足ニ仕度旨委曲願之趣令承知及御沙汰候処無余儀相聞候付無運上ニ而漁事被差免旨御聞屆相慎候尤嶋根郡本庄町之者も蛸壺漁いたし候条漁場所等之儀ニ付口論ケ間敷儀有之候而ハ以外之事之間不限何等何の方示合相互ニ馴合差々入相ニ漁事いたし候様能々可有申渡候以上

　　　　　　　　　　　　　　　　　　　長谷川良右ヱ門
　　十月十六日　　　　　　　　　　　　　　　　（花押）
　　前田差左江門殿
　　与頭友左江門殿

　文化3年（1803）に大根島馬渡村の定五郎と江島村の伊平が、中海で蛸壺漁をするのにあたり、郡奉行の長谷川良右ヱ門から村役人を通して「蛸壺縄漁許状」が出されており、その中で本庄町（現在の松江市本庄町）の漁民も蛸壺漁を行っているので互いに争いのないよう条件がつけられている。

(b)六月廿一日蛸壺漁許状

　入江村吉一右ヱ門遅江村茂三郎両人之者の大根嶋廻リニ而蛸壺いたし渡世之多足ニ仕度旨委曲願之趣令承知及御沙汰之処無余儀相聞候ニ付無運上ニ而漁事相慎候尤嶋根郡本庄町之ものも蛸壺漁いたし候条漁場所等之儀ニ付口論ケ間敷儀有之候而者以シ外之事ニ候間不限何等何の方示合相互ニ馴合萬々入相ニ漁克いゝし候様解々可申渡候以上

　　　　　　　　　　　　　　　　　　　青木甚左ヱ門
　　六月廿一日　　　　　　　　　　　　　　　　（花押）
　　与頭又兵衛殿

追加本文之趣廣瀬唯七へハ其方ゟ可申通候以上

　入江村の喜一右ヱ門と遅江村の茂三郎の場合も天保年間と思われる同様な許状が出されている。これら(a)・(b)によって近世の中海では漁場争いが起こるほど蛸壺漁が広く盛んに行われていたことが知られよう。

4. 蛸 釣 漁

　タコをねらって捕獲するのは、蛸壺漁、釣漁、突漁などがある。このうち、蛸壺漁については前項で述べたとおりであるが、もう一つ蛸漁で盛んに行われていたのは蛸釣漁である。以下に蜈蚣嶋伝承に関係する地域である日本海西部の蛸釣具を概観する。

- 【島根町歴史民俗資料館所蔵資料】

　資料館には島根県ではもっとも多くのこの種の資料が採集・保管されている。そのうちの10点を図化した（図67-1〜10）。1は長さ26.0cmで、竹を台としている。台の一方を縦方向に四つに割り、それぞれに1本ずつ釣針をつける。釣針には内側に鐖があり、台の上側に縛りつけてある。錘は鉛製かと思われるが布を巻き針金で台に縛りつけてある。台には餌を縛る紐がつけられている。2は台の長さ12.0cm、幅4.0cm、厚さ1.0cmで、材は木製である。釣針は3本で、鐖がない。台の両側に沿って小孔があけられ、餌をつけるための針金が取り付けられている。錘は鉄製の分銅形である。3は長さ15.5cm、最大幅4.8cmで、先細りの舟型を呈している。材は木。釣針は鐖のないもの3本。2にみられたような小孔のほかに、縁に切込みがはいる。錘は失われているが、4に同様なものであろう。4は3と同形態である。長さ16.0cm、最大幅5.3cmで舟底形の錘がつく。材は木。釣針は1本のものを中央で曲げて台に通した鐖のない2本針である。錘の一端はこの湾曲部に差し込んである。5は台の長さ22.0cm、幅5.5cm、厚さ1.0cmの舟型。材は木。台の両縁に切込みがみられるが、これは錘や餌を取り付けるためのものであろう。釣針は釘を転用している。6の構造は5に同様であるが、長さ15.5cmの蝉形を呈す。5・6とも材は木で、錘は失われている。7は4の形態・構造に同じであるが、台の長さ11.2cmと小型である。8

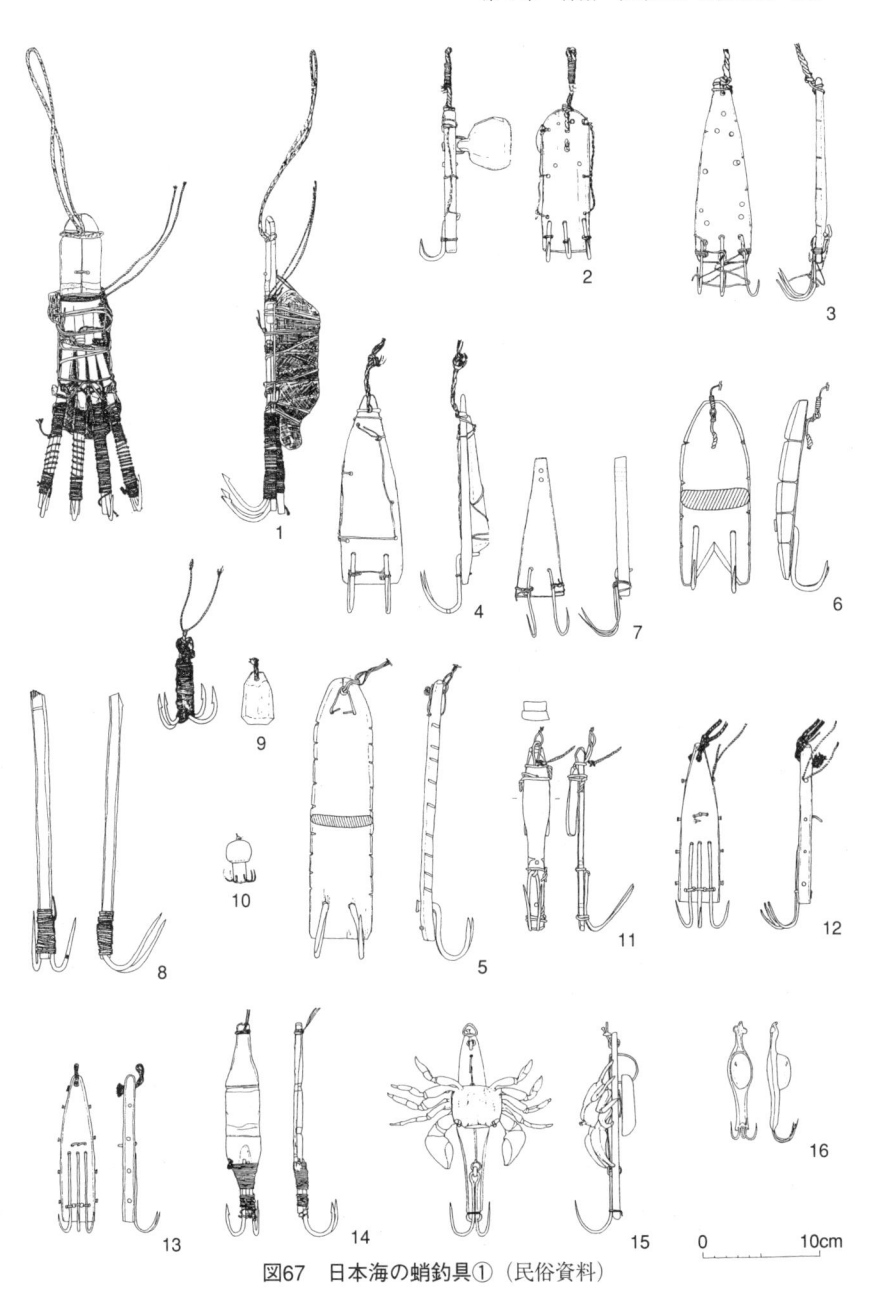

第3章　神話・伝承にみる漁撈民　201

図67　日本海の蛸釣具①（民俗資料）

は長さ22.6cm、幅1.2cmの竹製である。鐵のない2本針である。1～8は海底を這わせる構造になっているが、9は船上から海中で釣具を上下させる方法をとる。長さ7.0cmで内側に鐵のある4本の釣針をつける。これに長さ4.4cm、幅3.0cmの鉛の錘があり、そのつけ方は不明であるが、釣針の1本に掛けたと考えられる。いずれも、釣具の上10cmのあたりの引き紐にタコの注意を引きつけるための赤い布をつけた。島根町ではこの釣具を「カタ」といった。漁期は3～12月。魚を餌にして、小船で海底をゆっくり這わせた。10は長さ3.5cmのイイダコ用である。市販のもので頭部が球形をした白磁製。針は4本。同様のものは有明海に報告例がある（金田 1986）。

- 【西ノ島町民俗資料館所蔵資料】

島根県隠岐郡西ノ島町民俗資料館所蔵資料で（図-67-12～14）、台が木製のもの（12・13）と竹製のもの（14）の3例がある。12・13は同じ構造で、形態は島根町歴史民俗資料館所蔵資料の図67-3に近いが、縁に沿ってみられた小孔や切込みはないが、それにかわるものとして小釘がうたれている。12は長さ13.3cm、幅3.5cm、厚さ1.0cm。13は長さ12.3cm、幅1.3cm、厚さ1.0cm。いずれも3本針で鐵がない。14は台の長さ16.0cm、幅3.1cmの竹製。両端を細くしてその一方に内側に鐵のある釣針をつけるが、台の上側に釣針を縛りつけている。錘は失われているが、石が使用されていた。

隠岐の蛸漁の歴史が古いことは、『延喜式』主計に山陰道では唯一調として「鮹腊」の記載があり、タコを貢納していることによって知られる。

- 【韓国・勒島資料】

勒島は韓国慶尚南道三千浦市沖合の離島。図67-11は渡辺誠氏による採集資料である（渡辺 1986a）。図も報文より転載した。長さ15.3cm、最大幅2.3cm、厚さ0.5cmの竹製。これに長さ6cmの鉛の錘がつく。錘のことを除くと、サイズや材、構造は、西ノ島町民俗資料館所蔵資料の14と多くの共通点をもつ。報文によると三千浦市では、2匹のカニを針と向い合わせにして台につけ、マダコの場合は1本で流すが、やや小型のテナガダコは延縄漁を行う。延縄の場合は1本の縄に100個の釣針がつけられるという。

● 【市販資料】

　これまで、民俗資料としてのタコ釣具を紹介した。次は、いわゆるレジャーフィッシング用に市販されているものである。いずれも、隠岐・西ノ島の釣具屋において入手した（図67-15・16）。15は長さ15.7cm、最大幅3.0cmの台が桃色のプラスチック製。台の上にゴム製の赤いカニの疑似餌が取り付けられている。カニの疑似餌が韓国三千浦市例のように、針と向い合わせにして台につけられているのが注意される。これはカニが敵におびえて逃げるときに後ずさりする習性によると考えられる[5]。錘は赤く塗装した鉄製。16は全長10.0cmで、鉛の台の上に合成樹脂製の長さ3.0×1.8cmの白い楕円形の疑似餌が嵌め込まれている。イイダコ用である。針は3本で鐖はない。合成樹脂の疑似餌のかわりにラッキョウを使用した、関東地方でテンヤと呼ばれるイイダコ用蛸釣具に似る。

　餌に生きたカニを使うのは、寛政11年（1799）の『日本山海名産図会』の「予州長浜章魚」に描かれている。その解説によると、釣具は2本針で「すいちゃう」と呼ばれ、カニの甲をはがし、足を残して4×6寸ほどの木の台につけ、石錘が使われていることがわかる（千葉 1970）。さらに、「泉州亦此法を以小鮹を取るには烏賊の甲蕎麦の花などを餌とす」としているので、大阪湾ではイイダコを釣るにあたり「イカの甲」や「ソバの花」のような白く目立つものを疑似餌にしていたことが知られる。

● 【『釣鉤図譜』にみる蛸釣具】

　明治19〜22年間に中村利吉によって著されたと考えられる『釣鉤図譜』には、当時日本各地で使用されていた釣針が集成され、彩色図示してある（中村 1889）。その中にこの地方で使用されていた蛸釣具も載せられている（図68）。解説がほとんどないので、大きさや材の詳細、漁法などは不明である。1は「雲州秋鹿郡」としてあり、3本の針、石錘、台の中央を中心にして餌をつけるための三重の輪がある。2は「出雲楯縫郡」のもので、台の上に竹の材を井形に組んで、それを囲むように一条の輪がつけられている。針は中央の台に3本、その両脇に1本ずつの合計5本。錘は自然石。これによってこの地方の蛸釣具の古

竹 鉛

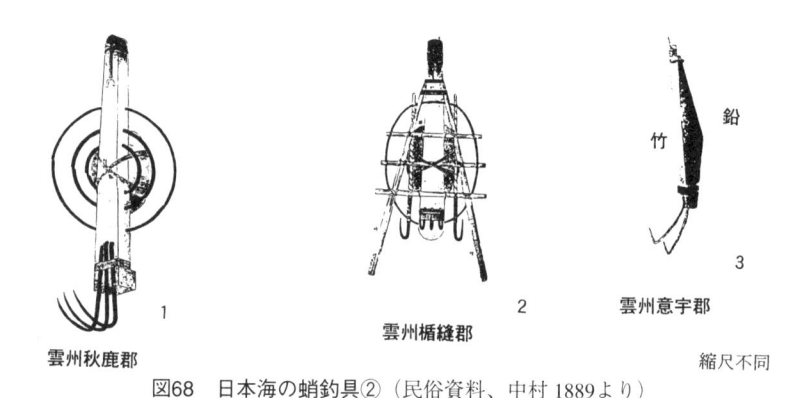

1 雲州秋鹿郡
2 雲州楯縫郡
3 雲州意宇郡
縮尺不同

図68　日本海の蛸釣具②（民俗資料、中村1889より）

い形態を知ることができる。この『釣鈎図譜』は実大で描かれている可能性がある。とすれば1はミズダコのような大型のタコを、2はマダコ用であろう。3については次項で述べる。

5．中海の飯蛸釣漁

　かつて中海が飯蛸の生息に最適地であり、盛んに飯蛸漁が行われていたことは既に紹介したとおりであるが、その飯蛸漁には蛸壺漁のほかに釣漁があった。今日、飯蛸漁は行われていないが、幸い中海干拓事業が始まるまで、釣漁で飯蛸漁をされていた八束町馬渡（大根島）の渡部官一さん（1929年生）より話を聞くことができた。以下は渡部官一さんの飯蛸釣漁である。

　　蛸釣りの道具（図71左）は、竹を細く削り台とする。これを「シド」という。このシドの先端にピアノ線で作った釣針をつける。この釣針の部分を「カーガレ」という。釣針は1本のピアノ線を中央で折り曲げ、その両先端を尖らせて鐖のない2本針としたものである。鐖がないのはタコを釣りあげたとき針からタコが外れやすくするためである。カーガレの長さは個人差があった。釣針は専用の針曲げの道具を作って曲げた。長さ7.0cm、径1.5cmの椿の枝で両端に釣針と同じピアノ線をU字型にしたものを埋め込んである（図71右）。これを「ちまげ」、あるいは「つまげ」という（渡辺1993a）。

シドのもう一方の端はさらに細くして紐穴をあける。長く使用しているとこの部分が細くなり、するとさらにより多くのタコがかかるようになる。図示した資料では最大幅0.6cm、釣針までを入れた全体の長さは13.0cmとなる。これに鉛で作った錘をカーガレと反対側（紐穴に近い方）のシドの下につける。錘は単に「オモリ」という。長さ6.0cm。

このオモリはシドよりやや幅広の、舟形をしたもので、端に小孔を穿ちシドの紐穴のところにつける。海底がかたいところでは尻にあたる部分を重くし、沼地のようなやわらかいところでは中間を重くした。

餌は爪（鋏脚）の紅いベンケイガニ（通称アカギン）を使用した。普通は1匹を釣針の先端と向い合うよう紐でシドにくくりつけた。したがって、シドを引くときにカニは後退りをするようになる。餌のカニが小さいときには2匹をつけた。その2匹のうち小さい方を前、すなわちカーガレの近い方につけて、いずれも釣針の先端と向い合うようにした。ただし、2匹のカニの一方が極端に小さいときには、互いにカニどうしが向き合うようつけた。餌になるベンケイガニは夏までに捕獲して箱に入れて、糠・カボチャ・ナスなどを与えて飼っておいた。雨降りの日や朝露の多い日に雑草の中にいるのを手で捕まえた。この餌のベンケイガニが足りなくなるとサワガニを利用した。サワガニは能義郡広瀬町（現在の安来市）の川まで取りに行ったことがある。また、アオデ（ガザミ）を四つ切りにして代用することもある。その場合、腹の方を上向きにしてつけた。

イイダコを釣るのには舟を使用した。1t未満の木造船で通称「三枚底」といった。昭和30年代頃から船外機にした。漁期は10～12月。毎日出かけたが、朝夕によく釣れた。上の瀬と下の瀬が一致した潮かげんになるときだ。12～1月のタコの産卵期にはマダコも釣れた。2月以降、中海の水が濁るころになると雄ダコしか釣れなかった。舟は潮の流れに対して直角になるように向け、流しながら釣った。潮の流れに向い合計7個の釣針を入れた。このうち2個は手持ち、残りの5個は竿につけ、これらすべてを舟とともに1人で操作した（図69）。竿の長さやオモリの重量、糸の長さなど

は操作しやすいようにみな異なっている（表11）。竿や糸の微妙な変化を自分の勘だけで見分けながら釣った。勘が悪ければタコがかかったことがわからず、餌のカニを殻だけにして食べられてしまう。10月末からは夜8〜9時まで釣った。勘を頼りに闇夜でもできた。砂地ではオモリを這わせるように、石の多いとこ

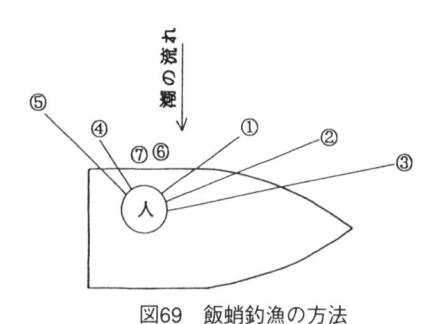

図69　飯蛸釣漁の方法

表11　飯蛸釣針の錘の重さ

釣竿の番号	6	7	3	5	2	4	1
釣竿の長さ (m)	0 手持ち	0 手持ち	3〜3.5	2.5	2.0	1.5	1.2
錘の重量 (匁)	8.0	7.0	6.0	5.5	5.0	4.5	4.0

ろでは少し上げ気味に引いた。この引き方の速い遅いによっても釣れるタコの大小がある。釣れたタコは針を下向きにして揺するとすぐ外れる。すかさずまた投げ入れる。餌は何度でも使用できた。

　漁場は大根島の北側（美保関町との間）から西側（本庄・大海崎との間）にかけてで、海底の様子は前者は砂地、後者は沼地である。時には漁師仲間と数隻で組んで美保湾まで漁に出かけた。父（渡部官一氏の父で熊一さん、明治生）の代には、大根島の南、つまり安来との間の海域を漁場としていた（図70）。そこはアカガイ（実際はサルボウ）の漁場でもあった。蛸漁の時期には熊一さんは対岸の安来市荒島にある知人の舟小屋を借りて一週間ほど泊まりこんで漁をすることもあったという。釣ったタコは安来の市場にもって行って出していた。

　タコは1匹を「イッパイ」と数えた。また、いったんゆでた後、味噌和えにすると美味である。砂地に生息しているタコはかたく、沼地のものはやわらかい。さらに、墨抜きした後に、小さく刻んで蛸飯にもした。そのとき大根を一緒に入れると身がやわらかくなる。

　図71は渡部官一氏が使用されていたタコ釣具である。1977年の勝部正郊・河

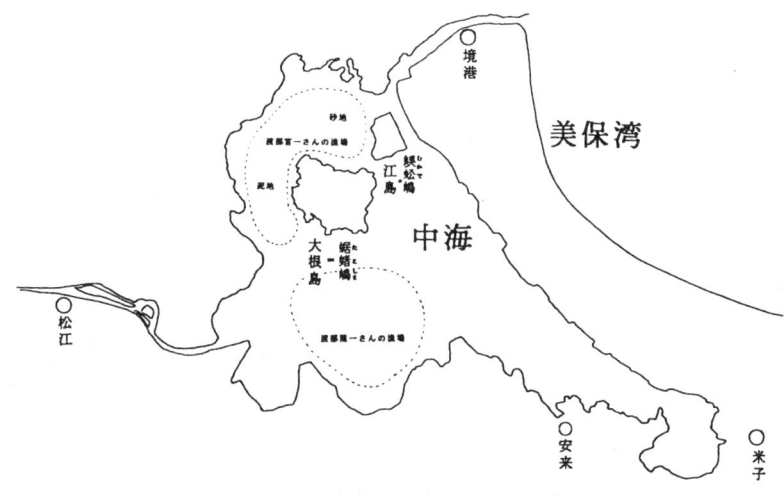

第3章　神話・伝承にみる漁撈民　207

図70　渡部熊一・官一さんの漁場

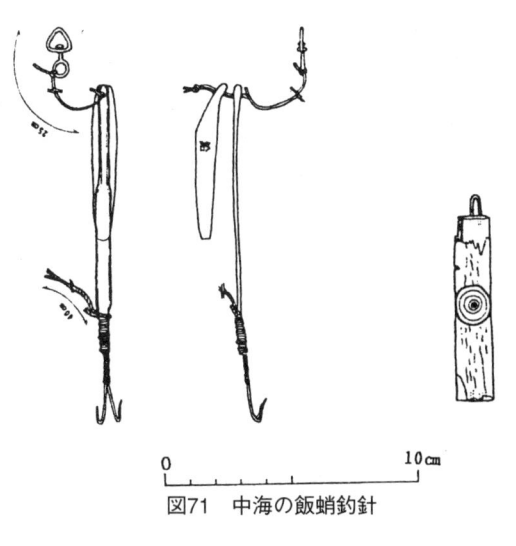

岡武春両氏による報告には、タコの種類は不明であるが「蛸釣り」の項に、「中海の底には塵が二尋位もあった。これが沈殿するようになる八月から翌年の二月頃まで蛸が釣れる。蛸釣り針にテグス、又は畳糸を二〜三尋とりつけ、船べりにとりつけた一尋位の釣竿から垂らす。釣糸がじわじわすれば、糸を引いてひっかける。餌はクソガニの小さいのを二つ糸で図のようにからみつける」として、略図が示されている（勝部・河岡1997）。カニのつけ方など詳細は不明であるが、ここでの取材内容とほぼ一致する。

図71　中海の飯蛸釣針

ベンケイガニの代用にサワガニを使うのは、サワガニの色素細胞が環境によ

って変化しやすく、表面の色が変わりやすいことによるからだと思われる。また、前掲の『釣鉤図譜』には、「雲州意宇郡」としてこれと同様な資料が掲げられており（図68-3）、この種の漁法の少なくとも明治年間にさかのぼることが知られる。かつて中海には、ある種の「漂海民」（羽原 1963）を彷彿とさせる渡部家のような漁民が多数存在し、その生業の中で蛸漁の占める役割には軽視できないものがあった。

6．南太平洋の蛸釣具

既に紹介したように、蛸釣りには餌をつける場合と疑似餌による場合があるが、タコを捕獲して食するのは、地中海諸国を除くと、アジア大陸の東南岸からインド・インドシナ半島、南太平洋諸島、中南米諸国、そしてカナダ太平洋のアメリカインディアンなど環太平洋の広い地帯である（畑中 1994）。このうち沖縄以南では貝殻の疑似餌が使用されている。

石毛直道氏によると、ポリネシアではコヤスガイが使用される。以下は石毛論文（石毛 1971）によるポリネシアの民俗例である。トンガではmaka-feke（タコ石）といい、「石あるいは厚手の貝殻を円錐形あるいは砲弾形にみがき、使用するとき上面にあたる部分を子安貝の殻でおおい、下部にココヤシの葉を裂いたものをからませた小枝をむすびつけ、小枝の一端が長くのびている道具」で、全体はネズミを模ったもので鉤はない。ほぼ同様な釣具はフィジー諸島、エリス諸島にあり、ハワイ諸島ではこれに骨や金属製の鉤と、房飾りがつけられる場合がある[6]。また、ソシエテ諸島では長さ35cmほどの棒の一端を尖らせ、何個体かの子安貝の殻で卵形にしたものが使われる。これらの蛸釣具は発掘調査によっても確認されており、その年代の上限は放射性炭素の測定では9世紀を前後する値が得られている。

沖縄ではチョウセンフデやナンヨウクロミナミが使用される。ただし、イイダコをねらったものである。須藤健一氏の報告によれば、八重山では石垣島と西表島の間の珊瑚礁域で、満潮時に「チョウセンフデガイをテグスや細紐の先につけて、（タコ）穴のまわりを引きまわすとタコが食いつく。それを海面に

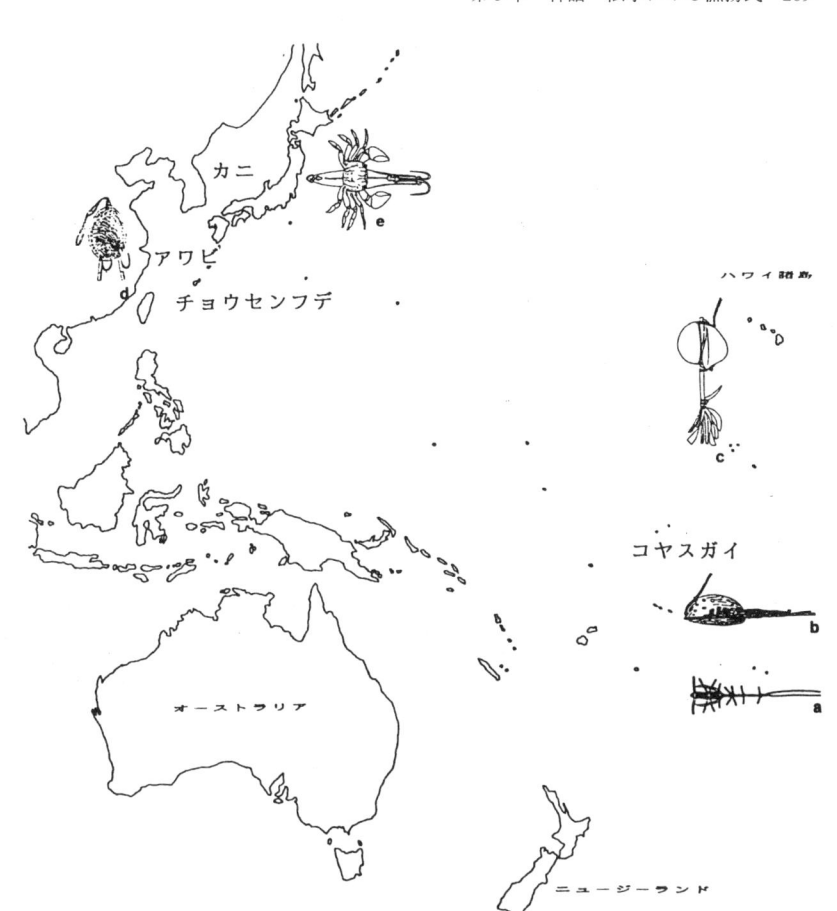

図72　太平洋の蛸釣具

たぐり寄せて手でつかむ」方法が行われ（須藤 1987）、沖縄本島の東海上にある伊計島では、これらの貝殻3〜4個を約30cm間隔に1本の紐につけ海に投げ入れ、これを手繰り寄せる方法がある[7]。いずれも釣針はつけない。

　九州地方ではアワビの殻が使用されていた（図72-d）。これには鉄製の釣針がつき、アワビの殻は台とする。貝殻内面の真珠光沢の疑似効果を利用したとも思われるが、餌もつけられる（中村 1889）。前載の『釣鈎図譜』中の出雲の秋鹿郡（図68-1）と楯縫郡（図68-2）例にみる餌をつけるための輪は、このア

ワビの形の残映であるかもしれない。

　以上のような民俗例から、何故にこのような蛸釣具がそれぞれの地域で決定されたのかという問いに対する解答が得られよう。それは蛸壺漁と同様に、餌を使用するにしろ疑似餌にしろ、タコやその餌となる生物の生態と深くかかわっていることが知られる。

　一つは、海中において海中の生物としては不自然な動きをし、光沢を放ったり白や赤色を呈し目立つこと。これは疑似餌を作る場合のもっとも基本となることである。タコに限らず生物界は弱肉強食の世界だからである。もう一つは、貝類・エビ・カニなどはタコの好物であることだ。人間にとってはイソガネを使ってさえ難しいアワビの採取でさえ、タコはその腕にあるいくつもの吸盤でアワビの呼吸孔をふさぎ、仮死状態になったところをいとも簡単に裏返しにして食べてしまう。また、カニがいくら岩の間などに逃げ込んでも、タコの長い腕は許さない。カニは捕らえられると、自らその脚を落して逃げようとするけれども、その切り口からタコの毒液（オルトキノン）が体内に入って麻痺し、動けなくなるのである。

　このようなことが明白であるにもかかわらず、ポリネシアの人々はタコを釣るなりわいの中から素晴らしい民話を創作した。前述したようにトンガの蛸釣具はネズミを模ったものであるという。それは次のような起源説話によって説明される。石毛論文（石毛1971）の中から「タコのかたきうち」というトンガの説話を要約してみよう。

　　むかしむかし、ネズミとアホウドリとヤドカリが、ココヤシの舟に乗って海にでかけた。ところがアホウドリが舟をつついて孔をあけ沈没させてしまった。ヤドカリは自分で珊瑚礁の上にあがり今でもそこに住んでいる。アホウドリは空に飛んでいった。溺れそうになったネズミは通りかかったタコの頭の上に乗せてもらって岸辺についたが、ネズミはタコの頭の上に糞をしており、タコはおこったけれど、そのまま陸に逃げていってしまった。それでタコはいまでもネズミの姿をしているものを見るとつかまえようとする。

コヤスガイは確かにネズミにみえる。とくに横からみた形はそっくりである。石毛論文では、トンガの外に少しずつ内容を変えながらエリス諸島、サモア諸島などにある同様な説話の分布を紹介してある。したがって、この説話におけるタコとネズミの関係は、もとはタコが貝を好むという食物連鎖のうえにできあがったものであることがわかる。

7. 蜛蝫島伝承の背景

『出雲国風土記』には蜛蝫社が 2 社記載されているが、それらはいずれも大根島、つまり蜛蝫島にあるのではなく、江島すなわち蝛蚣島にある。このことは蜛蝫島のタコが蝛蚣島のムカデを食べにやってきたという伝承と関係がありそうだ。両島が今日同じ行政区としてあるということばかりでなく、これらの伝承は元来一体となったもので、そうした点からも密接な関係にあったことが知られる。

大根島がなぜ蜛蝫島と呼ばれていたかについては、『出雲国風土記考証』（後藤 1918）や『八束郡誌』（野津 1926）は「中海には小さい鮹が多いからか」とし、『出雲国風土記参究』は「中央から八方に支陵を分かつ台地状の島が、タコを連想させるので名づけたのであろう」としている（加藤 1962）。そして、『八束村誌』（山本 1956）や『出雲国風土記参究』は、蜛蝫島に牧が設置されたことと、蝛蚣島に蜛蝫社があることとは関連があるとして、蜛蝫島にあった集落を蝛蚣島に移らせたと推察している。おそらく、そうした社会的な出来事とも無関係ではないと考えられるが、この伝承の中でとくに注目したいのは、①主役のタコ、②アメノハハワシという鳥、③ムカデの 3 者が登場し、タコが陸上の動物をねらうというモチーフである。こうしたモチーフはポリネシアのそれに同じであることがいえる。

一方、蝛蚣島に関してはあまり言及された例がない。既に紹介したように、蛸釣具は餌をつけるにせよ疑似餌にせよ、その地域によって少しずつ異なる。それはちょうど、同じモチーフをもった伝承がそうであるのに似ている。中海の例を取り上げると、釣針と向い合わせに複数の生きたカニを餌としてつける。

するとその2本の釣針はムカデの長い触角に、カニの鋏脚はあご脚に、その他のカニの脚は「百足」と表記される脚に見立てることができよう。これに『出雲国風土記』の伝承を重ねると、ポリネシアと同様に説話でタコがねらう陸上の動物は、現実の蛸漁でタコが喰いつく蛸釣具のその形状に関係していることが考えられるのである。とすれば、蜈蚣島のムカデは日本に一般的にみられるアカムカデであろうか。

　　　ポリネシア………………コヤスガイ──→ネズミ
　　　日本………………………複数の小ガニ──→ムカデ

　ここでは、どちらからどちらに、こうした漁法や民話が伝わったということを問題にしているのではなく、同じタコを食する民族として、そこに共通した民話を漁民間で共有していた時代があったことを想定したい。『出雲国風土記』は第3節で取り上げるように、同じ中海（入海）に面した意宇郡安来郷の地名起源説話の中に、娘を和爾（鰐）に殺された語臣猪麻呂が仇討ちをしたという、いわゆる「比賣埼伝承」を載せている。それはすでに多くの先学によって、マレーシアなどの南方の民話に共通していることが指摘されている。

　以上、長々とこの地方の蛸漁の民俗事例を紹介したのは、『出雲国風土記』の「蜈蜍島」と「蜈蚣島」の伝承のタコ漁との関係を積極的に追求しようとしたからである。風土記の伝承とタコとは密接な関係にあった。
　このようにみると、『出雲国風土記』の伝承は、少なくとも奈良時代には蛸壺漁のほかに、ここで紹介したような釣漁法が成立していたことを示唆するものであり、ポリネシアにおけるこの種の漁具の発掘資料の年代とも大きくかけはなれない。『出雲国風土記』が「今の人、猶誤りて栲島と號くるのみ」としているのは、風土記編纂にあたって正しく伝承を採集した結果であると考えられるのである。そして、何よりもこの種の確実な資料を、つとに可児弘明氏が指摘されているように（可児1957）、発掘調査において発見したいものである。

第3節　ワニを信仰する漁撈民

1．ワニとサメ

　『古事記』で有名な大国主神と「稲羽の素菟」の神話は、山陰地方を舞台としている。この神話の中で「稲羽の素菟」は「和邇」を騙したため、その「和邇」に衣服を剥がされ裸にされる。この「和邇」はサメのことであると普通いわれている。それは、主に山陰地方でサメのことをワニと呼んでいることによる。

　記紀にはワニはみえるがサメは出てこない。しかし『古事記』では、この「稲羽の素菟」のほかにも海幸彦と山幸彦の神話に、

　　其の和邇を返さむとせし時、佩かせる紐小刀を解きて、其の頭に着けて返
　　したまひき。故、其の一尋和邇は、今に佐比持神と謂ふ。

とみえ、ワニを神格化していることが知られる。『日本書紀』神武天皇即位前紀には、天皇の兄の稲飯命が熊野の海で暴風雨を鎮めるために剣を抜いて海に入り、「鋤持神」になったという異伝がある。このサヒは刀剣や鋤のことであるとされる。同じく『日本書紀』神代の彦火火出見尊と豊玉姫の神話では、ワニは「海神の乗る駿馬は、八尋鰐なり。是其の鰭背を竪てて、橘の小戸に在り」として、背鰭のある海神の使いとされる。

　この記紀のワニに関する神話上の生態や形状の記載から、ワニとは海にいて、一尋から八尋までのさまざまな長さがある、鉄製品に関係した神格化された魚のような生き物とすることができよう。このことは、ワニがサメであるという一般論を一応肯かせる。

　このことに関連して、矢野憲一氏は、「サヒとは刀剣や農具の鋤を意味する古語で、刀を持つ神という意味である。私はこれはサメの鋭い歯を畏怖して神格化したもので、シュモクザメのことだろうと推察するが、命を頭に載せて送ったという表現は、このサメの頭部がT字状に横につき出ているのでハンドルのように見え、しかも頭の形が小刀を横にくわえ持ったような奇怪なイメージ

があるので、古代人は想像をたくましくしたのであろう」とし、ワニをシュモクザメとする（矢野 1979）。さらに長崎県対馬では大きな舟をワニ、小さな舟をカセといったという古い方言例を紹介している。山陰から能登半島にかけてはシュモクザメをカセワニともいった。カセとはシュモクザメの形が工字形をした紡績具の桛に似ているからであろうか。享保19年（1734）頃の『隠岐国産物絵図注書』には「かせ鰐」としてシュモクザメ2頭が描かれている（図73）。八尋鰐は海神の乗る舟にふさわしい。

　ワニに関する矢野憲一氏のこのような考えは多分正しいであろう。『出雲国風土記』にはこのワニとサメの両方の記載があるからである。意宇郡条安来郷には、「和爾」に脚を食われ死んだ娘の敵討ちをする語臣猪麻呂の話があり、その舞台となった入海（中海）の産物に「和爾」の記載がある。一方、サメは嶋根郡条の産物に「沙魚（サメ）」とある。つまり、『出雲国風土記』では、ワニとサメを区別していることがわかる。それはクジラとイルカは同じクジラ目であるが、一般的には別種の水産動物として認識されているのと少しく似ている。古代においては、ワニとサメはまったく別の生物として認識されていたのである。それゆえ、神格化されないサメは神話には登場できなかったのである。

　シュモクザメのシュモクは撞木のことであるが、その奇妙な姿は欧米人にも同様に映ったようでハンマーヘッドシャークと呼ばれている。関和彦氏はシュモクザメと古代の鋤の形状の類似を積極的に指摘する（関 2003）。しかし、出雲の漁民の間で

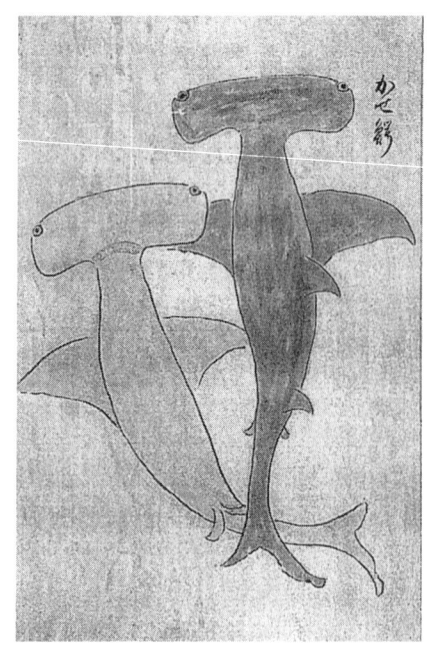

図73 『隠岐国産物絵図注書』に描かれた
　　　シュモクザメ（岡 2000より）

第3章　神話・伝承にみる漁撈民　215

写真7　「鬼の舌震」の景観

は「鼻に目のあるテカケノワニ」と具体的な名前がつけられた（朝山 1954）。T字型をした頭部の両端に目があり、肘掛のようなものが連想されたのだろうか。この長い名前は撞木や鋤が出現する以前に命名された古くて素直な表現に思える。

2．川を上るワニ

それでは、神格化された古代のワニ＝シュモクザメの生態をもうしばらく古代の風土記の中にみてみよう。

次は『出雲国風土記』仁多郡条戀山である。

戀山　郡家の正南一十三里なり。古老の傳へていへらく、和爾、阿伊の村に坐す神、玉日女命を戀ひて上り到りき。その時、玉日女命、石を以ちて川を塞へましければ、え會はずして戀へりき。故、戀山といふ。

戀山は現在の仁多郡仁多町の鬼の舌震で、確かに川は多くの大きな石で塞がれたような自然景観となっている（写真7）。この川は阿伊川で、斐伊川の上流部にあたり中国山地の中である。日本海からは直線距離でも40kmの内陸部にある。古代仁多郡の阿伊村の信仰の対象となっていた戀山の祭神が玉日女命だっ

たのだろう。伝承では玉日女命に恋焦がれたワニが阿伊川を上ってきたけれども、玉日女命は石で川を塞いだので会えなくてただ慕っているだけであったというのである。

　この説話にきわめてよく似たものがある。『肥前国風土記』佐嘉郡条である。
　　（前略）此の川上に石神あり、名を世田姫といふ。海の神鰐魚を謂ふ年常に、流れに逆ひて潜り上り、此の神の所に到るに、海の底の小魚多に相従ふ。或は、人、其の魚を畏めば殃なく、或は、人、捕り食へば死ぬることあり。凡て、此の魚等、二三日住まり、還りて海に入る。

ここにみえる川とは佐嘉川のことで、現在の嘉瀬川である。現在の佐賀県大和町の川辺に式内社の与止日女神社があり、与止日女はこの神話の世田姫とされる。さらに上流部の山中には高さ10m以上の巨石群があり、石神に比定されている。この神話では「和爾」は海神となっていて、世田姫に会いに多くの海の魚を従えて毎年川を上るとされている。

　遠く離れた出雲と肥前にこれほどまでによく似た神話があるのはなぜであろうか。そこには、「和爾」に対する共通した信仰が民間では意外にも広く存在したのであろう。このように、風土記の神話上のワニは、海神として川を上り、上流部の女神のもとに通うという生態をもっていたのである。

3．考古資料にみるワニ

　ところで、原始・古代の考古遺物の中には、ワニ＝シュモクザメを描いたものが見受けられる。それが最初に確認されたのは、兵庫県袴狭遺跡であった。その後、鳥取県青谷上寺地遺跡でも同様な絵画が相次いで発見された。以下は管見の範囲内で見つけた原始・古代のワニの線刻絵画である。

　兵庫県出石郡の袴狭遺跡出土資料（小寺他2000）は、長さ29cm、幅12cmの木製琴板に、サケ・シカ・雷紋とともに3匹のシュモクザメが描かれている。いずれも同一方向に泳いでいるのを真上からみた構図となっている。弥生時代後期から古墳時代前期の層から出土したものである。

　鳥取県気高郡の青谷上寺地遺跡は、日本海に面した弥生時代から古墳時代に

かけての集落遺跡である。ここでは、木製琴板・土器・石板にシュモクザメの線刻絵画がみられる（北浦2001、湯村2002）。木製琴板は弥生時代中期のもので、現存する長さ55cm、幅12cmで、躍動するシュモクザメを描いている。弥生時代中期の壺の肩部に描かれたものは木製琴板のものと同じ意匠で酷似している。同じく弥生時代中期の長さ13cm、幅8cm、厚さ1.5cmの石板には3匹のシュモクザメがみえる。このほかにも、報文ではサメを描いたとされる琴板や土玉があるが、少なくともシュモクザメにはみえないのでここでは取り上げないことにする。

島根県出雲市の白枝荒神遺跡は、斐伊川の河口に近い弥生時代の集落遺跡である。この遺跡からも、やはり弥生時代中期の壺の肩部に描かれた資料が出土している（米田1995）。破片のため頭部を欠いておりシュモクザメであることを確認できないが、サメであることは間違いなかろう。同一個体の破片にももう1匹のサメが確認できるので、2匹のサメが描かれていたようである。これをヨシキリザメのように復元する案もあるが（橋本1994）、シュモクザメの可能性が高い。

このほかに、長崎県原の辻遺跡からも弥生時代後期の器台にシュモクザメと思われる線刻絵画をみることができる。竜が簡略化されたものとされているが（杉原2000）、袴狭遺跡や青谷上寺地遺跡のシュモクザメの頭部に似ている。シュモクザメがデフォルメされたものであろう。

以上は、弥生時代中期後様から古墳時代前期の資料である。いずれも日本海側にみられる[8]。ところが、これらよりさらにシュモクザメの特徴をよく表している資料が、以前に出土していることがわかった。長野県飯山市山の神遺跡出土の縄文時代晩期の椀形土器のそれである。報告者の高橋桂氏はこれを「一見、シュモクザメの形を思い起こさせる。だが、シュモクザメと晩期の縄文人、しかも裏日本水系の山地の住民とは、あまりにも無縁でありすぎるであろう」として消極的であるが（高橋1972）、頭部を上方にして描き、その両端に目まで表現してあるところは、前掲の『隠岐国産物絵図注書』の「かせ鰐」（図73）に同じであり、山陰地方で「鼻に目のあるテカケノワニ」の表現に符合する。

大竹憲治氏もこれをシュモクザメと認めている（大竹 1998）。この山の神遺跡出土例をサケがエリにかかった様子ととらえる見方もあるが（梅原・渡辺 1989）、エリと魚の大きさがあまりにもかけ離れているところが理解しがたい。

高橋氏が問題にされるのは山の神遺跡の位置である。山の神遺跡は千曲川の左岸の河岸段丘上の遺跡である。千曲川は下って新潟県に入ると信濃川となり、日本海に注いでいる。その河口から山の神遺跡までは約150kmある。しかし、風土記の神話にあるように、ワニは神として山の女神を目指して川を上るのである。ちなみに、兵庫県の袴狭遺跡は円山川の河口から約20kmのところにある。

以上のような原始・古代のワニの資料は、北部九州から日本海沿岸に分布を示している（図74）。およそ対馬海流に洗われる地域といっても良いだろう。こうした広範囲の地域に風土記にみられるような共通した神話が存在したのであろう。おそらく祭の場において、琴や土器に描かれたワニをみて神話が語られたに違いない。琴は「言」に通じ、神の言葉を聞くための祭祀用の楽器であるならば（関 1999）、ワニが琴板に描かれている意味をいっそう理解できよう。

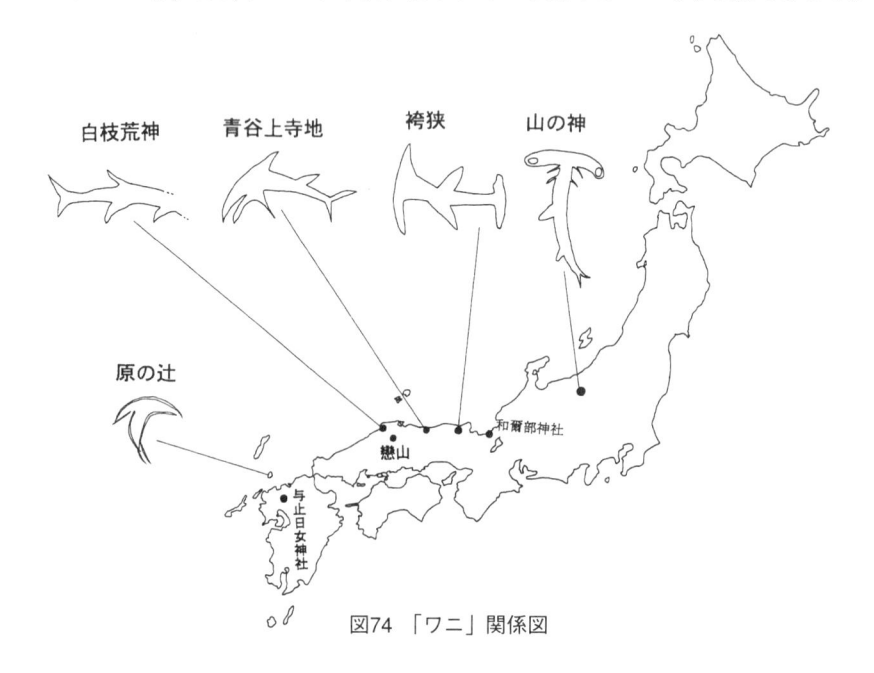

図74 「ワニ」関係図

サメの仲間でシュモクザメ以外は明確な絵画を原始・古代遺跡出土資料の中に見出せない。シュモクザメが日本海沿岸の漁撈民たちに神格化されていたということであろう。式内社の和爾部神社が若狭国三方郡にあるのも、日本海沿岸でサメをワニと呼んでいることとは無関係ではないように思われる。

以上、古代の文献にみえるワニは神格化されたシュモクザメであることを考古資料を扱いながら述べた。シュモクザメはその独特な形状からワニと呼ばれ神格化され、山の女神を求めて川を上る神と意識されていたのであろう。その起源は山の上遺跡例にあるように縄文時代にもさかのぼる可能性がある。広島県三次盆地では、サメをワニといい、その刺身を食べる（広島県立三次高校 1975）。祭日や正月には欠かせないとされる。サメが体内にアンモニアを含み腐りにくいことが、山間部でのその習慣を生んだらしい。このことも、ワニが川を上ることとどこかで関連しているように思える。そのワニが鉄と関係をもつようになるのは、鉄器の普及以後のことであろうが、そのあたりの歴史的事情は明らかでない。

4．『出雲国風土記』意宇郡条安来郷のいわゆる「毘賣埼」伝承

さて、ワニに関係して『出雲国風土記』意宇郡条安来郷には、いわゆる「毘賣埼」伝承が語られている。始めに、岩波古典文学大系『風土記』からその伝承を引用しよう。

(a)安来の郷　郡家の東北のかた廿七里一百八十歩なり。神須佐乃烏命、天の壁立廻りまししき。その時、此処に來まして詔りたまひしく、「吾が御心は、安平けくなりぬ」と詔りたまひき。故、安來といふ。

(b)即ち、北の海に毘賣埼あり。飛鳥浄御原の宮に御宇しめしし天皇の御世、甲戌の年七月十三日、語臣猪麻呂の女子、件の埼に遊遙びて、邂逅に和爾に遇ひ、賊はれて歸らざりき。その時、父の猪麻呂、賊はれし女子を濱上に斂めて、大く苦憤り、天に號び地に踊り、行きて吟ひ居て嘆き、晝も夜も辛苦みて、斂めし所を避ることなし。是する間に、數日を徑歴たり。然して後、慷慨む志を興し、箭を磨り、鋒を鋭くし、

便の處を撰びて居りて、即ち、擅み訴へまをしけらく、「天神千五百萬はしら、地祇千五百萬はしら、并に、當國に静まり坐す三百九十九社、及、海若等、大神の和み魂は静まりて、荒み魂は皆悉に猪麻呂が乞むところに依り給へ。良に神靈有らませば、吾に傷はしめ給へ。ここをもて神靈の神たるを知らむ」とまをせり。その時、須臾ありて、和爾百餘、静かに一つの和爾を圍繞みて、徐に率て依り來て、居る下に従きて、進まず退かず、猶圍繞めるのみなり。その時、鋒を擧げて中央なる一つの和爾を刃して、殺し捕ること已に訖へぬ。然して後、百餘の和爾解散けき。殺割けば、女子の一脛屠り出でき。仍りて、和爾をば殺割きて串に挂け、路の垂に立てき。安来の郷の人、語の臣興が父なり。その時より以来、今日に至るまで、六十歳を経たり。

このいわゆる「毘賣埼」伝承は、その舞台が一般的に安来郷であると考えられている。それはこの伝承が意宇郡条安来郷に書かれていることと、語臣猪麻呂が安来郷の人で興の父であったからにほかならない。しかし、(a)段と(b)段ではそれぞれ違う内容が完結しており、両者の内容は連続していない。すなわち、(a)段は安来郷の地名起源説話、(b)段は内容が(a)段とは直接的には関係のない、いわゆる「毘賣埼」伝承となっている。内容の異なる(a)段と(b)段が「即ち」で結ばれているのである。ここでは(b)段に語られている、いわゆる「毘賣埼」伝承について若干の検討を行い、この伝承の性格を考えることにしたい。(b)段の「毘賣埼」伝承は、飛鳥の浄御原の宮に御宇しめしし天皇（天武天皇）の御世の甲戌の年（676）七月十三日のこととして語られる。語臣猪麻呂の娘が毘賣埼においてワニに襲われ死んでしまう。猪麻呂は神に祈って敵討ちをするのであるが、襲ったワニの体の中から娘の片足が出てきた。猪麻呂は現在安来郷の語臣興の父で、その事件から60年が経過しているという悲劇の内容である。

5．「毘賣埼」伝承の検討

(1) 北の海

まず、(b)段には「北の海に毘賣埼あり」として「ひめざき」の位置を示す。

しかし、それは単に「毘賣埼」の位置を「北の海」と漠然と示唆しているのであって、特定の場所を示しているのではない。「北の海」とはこれまで安来郷が面していた入海、すなわち現在の中海と考えるのが通説であった。

① 安来市安来港の東北部、十神山の南の地。十神山が島で、これに向きあった岬であった（秋本 1958）。

② 毘売埼は今の安来市安来町の東北方、中海に突出している十神山の対岸にあたる地である。風土記時代にはこの十神山は孤立した島で砥神島といったことが後章にみえるから、当時の毘売埼はこの島に面して岬状に突出していたものと想像される。今の日立工場の東の丘陵で、山上に毘売塚古墳と呼ばれる古墳がある[9]（加藤 1962）。

③ 毘賣埼は安来灣の南にある（後藤 1918）。

④ 姫崎　十神山の洲先なり、【風土記】に載る邑賣崎これなり、（以下略）（黒沢 1717）

⑤ （前略）安来海辺十神山磯有云比賣埼處所謂猪麻呂之女子為鰐魚所呑蓋以此之處欤（以下略）（岸崎 1683）

このように先行研究は、北海＝入海という前提のものに「毘賣埼」を考察しているのである。後述する『出雲国風土記』の入海（中海）のみに「和爾」の記載があるのも根拠となっているものと推定される。さらに②の『出雲国風土記参究』は毘売塚古墳との関係をも重視している。

そこで、『出雲国風土記』の中の海に関する記述をみると次のようである。

(c)野代の海の中に蚊嶋あり。（以下略）〔意宇郡条〕

(d)（前略）北の方、出雲の海の潮を押し上げて、御祖の神を漂はすに、此の海潮至れりき。（以下略）〔大原郡条海潮郷〕

(e)栗江の埼　夜見の嶋に相向かふ。促戸の渡、二百一十六歩なり。埼の西は、入海の堺なり。〔島根郡条〕

(f)凡て、南の入海に在るところの雑の物は、（中略）至りて多にして、名を盡すべからず。〔島根郡条〕

(g)北は大海。埼の東は大海の堺なり。猶、西より東に行く。〔島根郡条〕

(h)凡て、北の海に捕るところの雑の物は、(中略)至りて繁にして、稱を盡すべからず。〔島根郡条〕

(i)南は入海。〔秋鹿郡条〕

(j)北は大海。〔秋鹿郡条〕

(k)凡て、北の海にあるところの雑の物は、(以下略)〔秋鹿郡条〕

(l)北の海の濱の業利磯に窟あり。〔楯縫郡条楯縫郷〕

(m)南は入海。雑の物等は、秋鹿の郡に設けるが如し。〔楯縫郡条〕

(n)北は大海。〔楯縫郡条〕

(o)凡て、北の海に在るところの雑の物は、秋鹿の郡に設けるが如し。(以下略)〔楯縫郡条〕

(p)北の海濱に礒あり。脳の磯と名づく。〔出雲郡条宇賀郷〕

(q)東は大海。〔出雲郡条〕

(r)北は大海。〔出雲郡条〕

(s)凡て、北の海に在るところの雑の物は、楯縫の郡に設けるが如し。(以下略)〔出雲郡条〕

このうち、(b)以外に(h)、(k)、(l)、(o)、(p)、(s)に「北の海」(北海)がみえる。その堺は(e)にあるように栗江埼であった。「北の海」とは日本海のことで、ほかに大海や出雲の海という表記もある。現在の宍道湖や中海は入海と表記されている。ただし、入海を(c)野代の海のように、面している地名をつける場合もある。(b)において安来の海と表記されていないことは、「北の海」が日本海を示していると考えられるのである。それは『日本書紀』においても同様である。斎明天皇四年(658)十一月条には、

　出雲國言さく、「北の海の濱に、魚死にて積めり。厚さ三尺許。其の大きさ鮐の如くにして、雀の啄、針の鱗あり。鱗の長さ數寸。俗の曰へらく、『雀海に入りて、魚に化而為れり。名けて雀魚と曰ふ』といへり」とまうす。

とある。現在でも冬季の日本海では、波の荒い日にはハリセンボンが浜いっぱいに打ち上げられている状況にときおり遭遇することがあるので、その内容に

は信憑性がある。ここでいう「北海の濱」とは日本海に面した漁村のことである。

このように、(b)のいわゆる「毘賣埼」伝承にある「北の海」は入海（中海）ではなく、日本海を示したものとみなされよう。すなわち、「毘賣埼」は日本海に面した位置にあったことになる。

(2) いわゆる「毘賣埼」について

次にいわゆる「毘賣埼」について検討するが、それに先立ち『出雲国風土記』の古写本を比較することにする。

⑥　北海有邑賣埼‥‥‥‥‥‥細川家本
⑦　北海有 邑賣埼 ‥‥‥‥‥倉野本
⑧　北海有ｒ邑賣埼 ‥‥‥‥‥日御碕神社本
⑨　北海有ｒ邑日 賣埼 ‥‥‥‥万葉緯本

古写本の該当部分は上記のようである。この部分は、賣埼（ひめさき）、邑賣埼（むらひめさき、おうめさき）、日賣埼（ひめさき）と複数の読みができるが、これを「毘賣埼」と校訂するのが一般的である。それは『出雲国風土記』の最初の注釈書である⑤の『出雲風土記抄』に始まる（岸崎1683）。ここではとりあえず「毘賣埼」としておく。

さて、その「毘賣埼」のある「北の海」が日本海であるとすれば、まず島根半島沿岸部に求めなければなるまい。こうした問題意識をもとに『出雲国風土記』をみると、嶋根郡条の這田濱と質留比濱の間に、

　　比賣嶋　磯なり。

とあるのが注目される（図75）。『出雲国風土記』の島の記載には、島の周囲や高さを記したものと、それらの記述がないものがある。古代の島は今日より広い意味で使用されており、とくに後者の場合、海上に浮かぶ島以外にも、陸続きの岩礁や一定の範囲をも島のもつ意味に含まれていた。嶋根郡条の比賣嶋がこれに該当するかどうか俄かには判断しがたいが、島の範囲や高さの記述がなく、「磯なり」としていることは、今日的意味での島でない可能性があろう。同様の記載のある島は風土記の中には多数みられるが、その中には陸続きの岩礁である例も含まれると思われる。

図75 古代の入海（中海）関係図

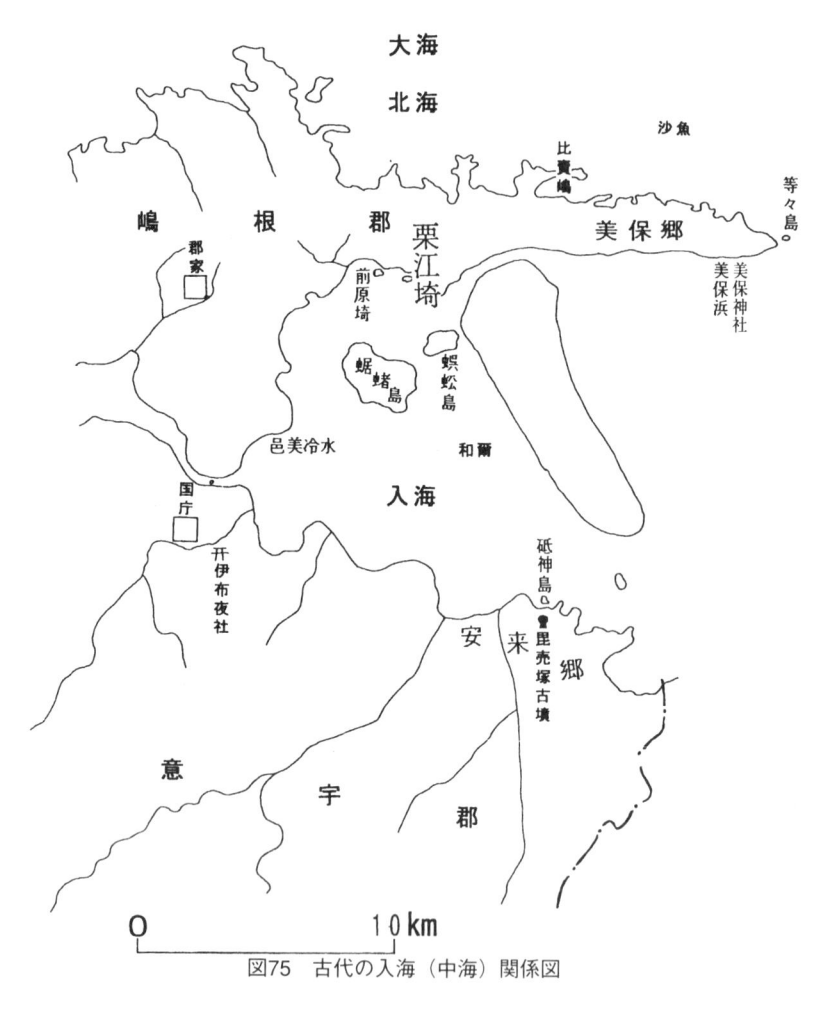

　前掲の古写本のうち⑥の細川家本には返り点はないが、⑦⑧⑨はいずれもそれがみられる。これらの返り点がいつの時点でつけられたのかという問題はあるが、仮に写本時のものとすれば、当該部分の近世での理解を知ることができる。すなわち、⑦の倉野本は邑賣埼、⑧の日御碕神社本と⑨の万葉緯本では、賣埼という邑（村）があるとする理解である。『出雲国風土記』の中での埼は村という意味では使用される確実な例はないが、島と同様に今少し広い意味が

あったかもしれない。嶋根郡条前原埼は、

　　前原の埼　東と北とは並びに巖嵯しく、下は則ち陂あり。周り二百八十歩、深さ一丈五尺ばかりなり。三つの邊は草木自から涯に生ふ。鴛鴦・鳧・鴨、随時當り住めり。陂の南は海なり。即ち、陂と海との間は濱にして、西東の長さは一百歩、北南の廣さは六歩なり。肆べる松翁鬱り、濱鹵は淵く澄めり。男も女も随時叢り會ひ、或は愉樂しみて歌り、或は耽り遊びて歸らむことを忘れ、常に燕喜する地なり。

とあり、同郡条手結埼には、

　　手結埼　濱邊に窟あり。高さ一丈、裏の周り卅歩なり。

とあり、埼が濱を含んだ広い意味での説明となっている。ここでは「北の海」にある「毘賣崎」を、とりあえず集落の意味をも含めた嶋根郡条の比賣嶋を候補にあげておくことにする。

　それでは、何故に「北の海」で起こったこの事件が意宇郡条安来郷に伝承されたのかを説明しなければならなくなる。それについては次のように考える。

　まず、語臣猪麻呂の性格が漁撈民であることである。彼の生業範囲は入海（中海）のみならず北海（日本海）までを含んだ広範囲のものであったと考えられること。次に当時の社会が基本的にはいまだ母系制的社会が色濃く残っていたことが、「猪麻呂の女子」が「毘賣崎」に逍遥する背景にあったとみられることである。おそらく、猪麻呂の本貫地は安来郷あたりであったとしても、「猪麻呂の女子」は日本海に面した小漁村に住んでいたのであろう。この伝承は漁撈民としての猪麻呂の広範な漁撈活動とも関連している。

(3)　「毘賣崎」伝承の変容

　ところで、当地方にはこのいわゆる「毘賣崎」伝承に似て非なる「足を食われた恵比須様」とでもいうべき民話がある。それはおよそ次のようなものである。

　　美保関の恵比須様（事代主命）は揖屋（東出雲町）にいる女神のところに毎夜通っていた。ある晩、夜明けを待たずに鶏が鳴いたので、恵比須様はいそいで舟に乗り美保関に向かった。途中、あわてていたため楷を失ってしまった。そこで、足で舟を漕いでいるとワニザメに片足を食いちぎら

てしまった。このため、美保関町と東出雲町は今でも鶏は飼わず、卵も食べない。

この民話に関係し、享保2年（1717）の『雲陽誌』意宇郡条揖屋大明神（風土記の伊布夜社、『延喜式』の揖屋神社：図75）は次のように記す。

>揖屋大明神　（前略）【日本紀】に熊野諸手舟と書するは此所の諸手舟の事なりといひつたふ、世人熊野と書てゆやとよませ侍る本字揖屋なり、事代主命三島溝橛姫に通給ふ毎夜鶏なきて別たまふ。故に揖屋意東出雲江大草春日多久島三穂關にも今も鶏を飼うことを忌といへり、三島とは三穂島の事なり、鳥居の前一町去て海中に神石あり、（後略）

ここでは『日本書紀』と民話がこじつけられている様子がうかがえるが、『雲陽誌』能義郡条姫崎は、

>姫崎　十神山西の洲崎なり、【風土記】に載る邑賣崎これなり、（中略）故に此處を姫崎といふ、古老傳に猪麻呂は揖屋明神の神官なり、

として、「毘賣崎」を邑賣崎としながらも、十神山の西の洲先が姫崎＝「毘賣崎」とする。邑賣崎とするのは古写本のうち⑦の倉野本である。『雲陽誌』は倉野本と同様な読みをしながら、邑賣埼を姫崎として十神山麓に比定する。

さらに、『出雲国風土記』の最初の注釈書である岸崎佐久治による天和3年（1683）の『出雲風土記抄』は「毘賣埼」伝承について次のように記す。

>安来ノ海辺十神山ノ磯有下云　比賣埼　處三所謂猪麻呂之女子為　鰐魚　所呑蓋以此之處歟世俗謬日揖屋明神常通　于嶋根郡三保明神　之時偶為鰐魚傷于其足然蓋乃猪麻呂可　為　揖屋明神ノ社司　歟故有　世俗ノ傳説　者也或ハ曰ク出雲神戸ノ神官也

文脈を理解しがたいところもあるが、次のような内容であろう。⑩十神山の磯に比賣埼というところがあり、そこが猪麻呂の女子が鰐魚に食われたところであろうか。⑪人々は誤っているが、「揖屋明神が三保明神に通い鰐魚に足を食われた」といっている。⑫そうであるなら、猪麻呂は揖屋明神の社司であろうか。人々は「（猪麻呂は）出雲神戸の神官である」ともいう。

『出雲風土記抄』が注釈を著したころには、「毘賣埼」伝承に類似したものが、

揖屋明神と三保明神の神様の話として（どちらが女神かは不明）流布していたらしい。このことは、既に民間では「毘賣埼」伝承が変容していたか、あるいは風土記とは幾分別のかたちのものが伝承されていたかであろう。おそらく「毘賣埼」伝承に関係して、民間では古くより「北の海」にある美保神社まで含めた伝承があり、『雲陽誌』や『出雲風土記抄』の編述者は安来郷に「毘賣埼」伝承が記載されていることにひきずられて、「毘賣埼」を十神山に求めたものと考えられる。「ヒメザキ」や「ヒメシマ」は全国の海岸部に点在してみられる地名でもある。ここでは、「北の海」を重視し、美保神社に目を向けてみたい。

(4) 美保神社の神迎神事

事代主命を祭神とする美保神社は『古事記』や『日本書紀』の国譲り神話を再現した青柴垣神事や諸手舟神事で有名である。しかし、『出雲国風土記』には事代主命は一切登場することはない。島根郡条美保郷は、

　美保郷　郡家の正東卅七里一百六十四歩なり。天の下造らしし大神の命、高志の國に坐す神、意支都久辰為命のみ子、俾都久辰為命のみ子、奴奈宜波比賣命にみ娶ひまして、産みましし神、御穂須須美命、是の神坐す。故、美保といふ。

とあり、御穂須須美命が美保郷の祭神となっている。『出雲国風土記』にはこのあたりのことを、

　美保の濱　廣さ一百六十歩なり。西に神の社あり。北に百姓の家あり。志毘魚捕る。
　美保の埼　周りの壁は、峙ちて巍しき定岳なり。
　等等嶋　禹禹當り住めり。
　上嶋　磯なり。

と記している。美保濱にみえる神の社は式内社の美保神社である。等等嶋は地の御前、上嶋は沖の御前として現在美保神社の神域となっている（図75）。今日この美保神社の主祭神は事代主神と三穂津姫命となっているが、これは記紀神話が神社に結びつけられてから以降のことであろう。青柴垣神事はまさにそ

のことを演出するものである。したがって、『出雲国風土記』にみえる御穂須須美命こそもともと美保神社の祭神であり、美保濱の人々が共同体の精神的な依りどころとした神であった。

今日、美保神社に伝わる神事のうち、注目すべきは次の神迎神事である。鈴鹿千代乃氏の報告（鈴鹿 1999）を紹介しよう。

> 五月五日未明、神主と両頭屋（一の頭・二の頭）が船を仕立てて楽を奉して沖の御前に参り、えびす浦の"しめかけ岩"にあがって注連縄をかける（ここは岩が荒波にかくれている時が多いので、なかなか船をつけがたく、実際に注連縄をかけるのは五十年に一度ということである）降神の儀を行って、神を迎えてもどり、町内は消灯してこれを迎えるというものである。船が着くと、古くからの伶人家である奥市家の老母が、まず、白衣・白袴に片足を垂らし、片足を折曲げて負われて神社に上ったという。今は巫女がこれを勤めるが、これは御祭神が揖屋の女神のもとに通われていたが、ある夜鶏が早く刻を告げたのであわててお帰りになる時、急がれたために船の舵を忘れられ、御足を舵としてこいでおられると、鰐魚（出雲では鱶を鰐という）が御足を傷つけたという伝説に基づき、美保大神のその時の態を演じているのだという。（以下略）

この鈴鹿報告は、いわゆる「毘賣埼」伝承を考えるときにいくつかの興味深い問題を提起してくれる。まず、前述したように『出雲国風土記』では沖の御前は上嶋である。上嶋＝神嶋とするならば[10]、この神事の前半の部分、つまり集落の神を島から迎えるという祭儀が古代には既に行われていたとみなすことができよう。この神迎神事こそ美保濱や美保神社の確実に古代にまでさかのぼる神事であろう。次に、後半の部分におけるこの神事の主役が伶人家の女性に特定されており、美保神社の祭神が揖屋の女神（揖屋明神）に通ってワニに足を食われたときのことを演じていることである。鰐魚に足を食われたのは誰かという点で伝承に混乱があるようにも受け取れるが、このことから美保神社の祭神（上嶋の祭神）がもともと女神であり、それは『出雲国風土記』の美保郷に登場する御穂須須美命であったと推定できよう。

このことに関係して再度『出雲国風土記』の各郡郷村の地名起源説話をながめてみると、女神を祭神とするものが多いことに気づく。他の風土記においても在地の神は女神の活躍がみられる。柳田国男はその著『妹の力』において、豊富な民俗事例をあげながら、「祭祀祈祷の宗教上の行為は、もと肝要なる部分がことごとく婦人の管轄であった。巫はこの民族にあっては原則として女性であった」とし、わが国の古代社会の祭祀権は女性が継承していたことを想定した（柳田 1974）。おそらく、郷なり村なりの小共同体の祭神は女神と認識され、それを祀り、神の意向を伝えるのも女性であったのだろう。また、柳田は『一つ目小僧』において、「ずっと昔の大昔」のこととしながら、「祭りのたびごとに一人ずつ神主を殺す風習があって」一般の人と区別するため、一脚一目にしておいたのだろうとも推測している（柳田 1975）。こうした柳田の一連の研究を勘案すれば、「猪麻呂の女」も、あるいはそのような立場の女性であったかもしれない。

(5) 「毘賣埼」伝承の背景

　ところで、加藤義成『出雲国風土記参究』（1957）は、この「毘賣埼」伝承に関して昭和26年（1951）5月18日発行の『夕刊山陰』に掲載された「まゆつばの話。マレーの王様から聞いた話」というコラム欄に紹介された五つのワニの話のうちの一つを引用している。それは次のようなものである。

　　クランの町にはワニの親方がいる、といってもそれはワニではなくて人間なのだが、ワニが人でも食うことがあると、すぐにこの親方がそこに行って河中のワニを呼び集める。呼び出されたワニが何十匹か河岸に鼻づらを出して整列する。親方は厳然とお前達に人を食ってはいけないとあるのに、またやった者がある。人を食った奴は残れという。ほかのは皆水中に沈んでしまうが、一匹だけ残る。これは罰として殺されるのだという。

　加藤は、「この記事は、帰還者の話であると思うが、この親方はあまりにも比売埼伝承の猪麻呂に通ずる所をもっているので、簡単にまゆつばものと捨てがたい。古代人や原始人にはこうした言霊振興に通ずる神通力といったものが、或る程度実際に行われていたかもしれないので、この伝承はそのような意味で

も貴重な文化財といえるであろう」としている。

この加藤の『出雲国風土記参究』より一足早く、朝山皓『出雲国風土記水産攷』（朝山 1954）が発表され、「毘賣埼」伝承と同様な話がマレーにもあることを堀維孝が紹介していることを指摘している。堀維孝は大正9年（1920）に「上古の伝説に見えたる鰐」として『輔仁會雑誌』に論文を発表している（堀 1920）。その中の「猪麻呂の娘鰐に捕られた話」の項で、「此話は和邇が我國の近海に居るものでなければならぬと主張する人の大切な論據であるが、實は我國の事實ではないのである。今より百餘年前森島中良も此話の類例を海外に得て、餘りに似た話と不審を起して居る」として、森島中良の『紅毛雑話』を引用している。そして続けてスキートの『マレーマジック』に報告された類似の話を紹介する。それは次のようである。

　鰐使は鰐の群を呼集め其中の人喰鰐を発見する力を有すると時々信ぜられる。近頃目撃者がそんな場合の光景を吾に告げた。云く、一人の馬來人がLarutという綽號で通って居た或Batu Barut人が其犯行者を発見しようと企てた。乃ち通例捧げ物にする米粉煉とサフラン色に染めた米とを河の水面に撒布し、大聲掲げて河中の鰐共を水面に浮び出でよと呼んだ。すると十匹ばかりの鰐が實際浮び出た。鰐使は罪を犯した者だけを置いて他は沈めと命令した。そこで只一匹の鰐が残ったので、之を殺して切割いて見ると捕られた人の上衣が腹の中に在った。

森島中良は桂川甫粲（1754〜1808）のことで、平賀源内に従学したこともある蘭学者であった。『紅毛雑話』に鰐の絵を挿入しながら次のような話を収録し、「毘賣埼」伝承と比較して、両者が似ていることを指摘している。

　瓜哇（ジャワ）邊には「カイマン」（鰐）の除をする僧あり。若シ人を取りたる時。彼僧をして咒咀せしむれバ。人を服したる鰐を寸々に引キ切て。多くの鰐水上に浮び。其罪をあがなふとなん。」〔（ ）内は筆者注〕

桂川甫粲はもっともはやく「毘賣埼」伝承と南方との関係を示唆したのであるが、伝承の成立を、一元的かあるいは多元的とするのかは議論の別れるところである。おそらく両方の場合があったと考えられるが、「毘賣埼」伝承はい

ずれに該当するのであろうか。第2節で検討した蜈蚣島伝承も同じ入海（中海）にあることを考え合わせれば、入海周辺の漁民たちがかつては日本海をも生業の範囲に入れており、さらに南方とも交流をもっていたことをうかがわせる。

(6)「和爾をば殺割きて串に挂け」

さて「毘賣埼」伝承の最後に、猪麻呂は「和爾をば殺割きて串に挂け、路の垂に立てき」という行動をとる。その行動は猪麻呂の居住地である安来郷内で行われたと考えられる。これについては先学の多くは、娘をワニに奪われた親の報復措置としてとらええる。これに対し関和彦氏は、串が「路の垂」に立てられたことに着目して、一種の境界祭祀とする。すなわち、ここでいう路が海への道か、他村へのそれなのか不明としながらも、「娘が和爾に殺されたという忌まわしい出来事を払拭し、その他もろもろの災難の流入を防ぐための『みちきり』と考えられる」とされた（関1994）。

④や⑤が「毘賣埼」があるとする十神山は、今では陸続きになっているが、『出雲国風土記』では「砥神島」としてみえ、現在でも民間では神在月に全国から出雲に集まった神々が帰るときに立ち寄る場所であるとのいい伝えがあり、島の名称からも古代から神の宿る島として認識されていた。この「砥神島」の「砥」を門と置き換えれば、「門神島」を、人間の住む世界と海の神の世界との門、すなわち境界の島となり、関氏が想定された海への道での「みちきり」という祭祀が行われた場所と解することもできるかもしれない。

しかし、ここでは猪麻呂が「和爾」に報復する前に神に祈り、その願いが叶うなら「ここをもて神霊の神たるを知らむ」といっていることに注目したい。猪麻呂は大願成就したのであり、したがって神への賂（まいない）が必要であった。「和爾」を「割きて串に挂け」るとは、「和爾」の肉を神への賂として差し出す行為と受け取れよう。そこに幣帛の古い姿をみることができる。「神霊の神たるを知らむ」のを演出したのが、「和爾」の肉を串に刺して「路の垂に立て」る行為であった。矢野憲一氏によれば、伊勢神宮では祈年祭、神嘗祭、月次祭には、厚さ1cmのサメの肉を15×10cmほどの長方形に切りそろえたものを4cmの高さに積み重ね和紙で括り、さまざまな神饌の一つとしているという。

また遷宮のときには、長さ6cm、幅1cmほどの刺身のように薄くし乾したサメの肉の5切れを1本の細い竹の串に刺したものが三寸土器の上にのせられ、饗膳の品目の一つにするとされている。また、藤原宮出土の木簡には「佐米楚割」があり、平城宮出土の木簡から、参河国の篠島や析島から「佐米楚割」が御贄として多数献上されていることが知られる。「和爾をば殺割きて串に挂け、路の垂に立て」神に感謝・奉納という祭祀行為は、共同体内における贄の原初形態の一つであったろう。木簡にみえる「佐米楚割」とは、細切れにしたいくつかのサメの肉を串に刺したようなものであったのだろうか。そのことよりも語臣猪麻呂の時代（天武朝）には、既に「和爾」を神話の時代のように神聖視することは行われていなかったことが注意される。

註

(1) 首に縄をつけた鳥型埴輪は他にもいくつかみられるが、鵜と明確に認定できないのでここでは取り上げなかった。

(2) 第1章第5節で若干触れた松江市和多見町の賣布神社は現在、『延喜式』の賣布神社、『出雲国風土記』の賣布社に比定されている。主祭神は速秋津比売神であるが、境内摂社に櫛八玉神、豊玉彦神、豊玉姫神の海神を祭る和田津見神社がある。これらの諸神は『古事記』の神統譜に符合する。主祭神の速秋津比売神は『古事記』では速秋津比古神とともに水戸神となっている。この和田津見神社の古伝祭とされる御饗祭がある。御饗祭は別名「鱸祭（すずきまつり）」ともいい、神前に中海と宍道湖を結ぶ大橋川で氏子漁師が獲ったスズキを奉納するもので、現在10月10日に行われている。天保4年（1833）の『出雲神社巡拝記』（島根県立図書館蔵）には、「今猶古例に依て毎年九月十日の祭礼式に志バて網の漁師より名にしおふ松江の鱸を貢て、神供となす事有り」と記されている。ところが、享保2年（1717）編纂の『雲陽誌』には賣布神社は白潟明神として記され、そこでは『延喜式』の賣布神社、『出雲国風土記』の賣布社に比定されている。その記述は境内社や諸神事にいたるまでかなり詳しいが、「鱸祭（すずきまつり）」は出てこない。祭神が『古事記』の神統譜に一致することは、この「鱸祭（すずきまつり）」が『古事記』の神話にもとづいて作られたことを示していよう。それは『雲陽誌』の編纂された享保2年（1717）から『出雲神社巡拝記』の成立した天保4年（1833）の間であったと推定される。しかし、このことは賣布神社を氏神とする大橋川周辺の漁撈民が『古事記』とは無関係

に、スズキを古くから奉納していた可能性を否定するものではない。
⑶　報文はこの青谷上寺地遺跡出土資料を異形土器としてその機能について言及を避けるが（湯村 2002）、ここでは遺跡の立地と民俗資料から飯蛸壺とする。
⑷　山本清氏の調査史料による。
⑸　河村吉行氏（山口県史編纂室）のご教示による。
⑹　石毛論文（石毛 1971）には、サモア諸島にムカデのようなタコ釣具が紹介してある（図72-a）。
⑺　渡辺誠氏のご教示による。
⑻　このほかに島根県出雲市青木遺跡（松尾 2006）や石川県金沢市中屋遺跡（深澤芳樹氏のご教示）からも、近年サメと思われる魚を描いた弥生時代後期の土器が出土している。いずれも日本海側の遺跡である。
⑼　「毘賣埼」伝承に関することとして安来には毘売塚古墳がある。毘売塚古墳はその名称が示すように、「猪麻呂の女子」が葬られているのではないかという想像をさせる。また、現在、安来町では「月の輪祭り」としてこの「毘賣埼」伝承にちなんだ祭りが行われている。その起源ははっきりしないが、『雲陽誌』能義郡条安来の加茂大明神と糺大明神には、「（略）七月十四日より十五日まで安来市店白布の旗を立、男女老少鴨糺の両社へ拝参する神事あり、是は猪麻呂か古事なりといひつたふ」とある。これに対し『安来市誌』（1970）は、「昔は、毘売塚山のふもと浜垣の地で村人達がかがり火をたいて、神酒、どぶろくを供え、重箱に餅（もち）・さかな類を詰めて四日間飲食歌舞を行ない慰霊祭を行っていたもようで、元禄年間、天下泰平でのお祭騒ぎが流行し、町を練り歩く祭事と化し、大念仏と称し、中元お盆の行事と発展し、加茂糺両大明神と神仏混合の神事となったと古記にある」としている。『雲陽誌』では古墳と神事の関係は無関係であることが知られ、毘売塚古墳の記載もない。『安来市誌』が毘売塚山のふもとで慰霊祭を行っていたもようとしているのは執筆者の希望的推測であろうか。ここでも「猪麻呂の女子」と古墳との関係ははっきりしていない。①や②が、この毘売塚古墳のある丘陵を「毘賣埼」に比定しているのは、古墳の名称にひきずられているものと思われる。
⑽　古代において、「神」を「上」で表す用例は管見のかぎり文献上は見出せない。しかし、千葉県佐倉市馬場遺跡004号住居址の竈跡からは、土師器坏が4点伏せられ重なった上体で出土し、その一番上の土師器の体部には倒位で「上」と墨書された例がある（栗田 1988）。この場合の「上」は竈神の「神」と理解される。

終章　日本海沿岸の漁撈民

1. 縄文時代

　縄文時代は、海浜部の遺跡では遺存体として残りやすいということもあるのかもしれないが、クロダイやフグの顎骨が多い。早期～前期の漁撈具は、丸木舟、骨角製の刺突具＝ヤス（図77-1～11）[1]、打欠石錘および若干の土器片錘などである。釣針や銛は今のところ確実な出土例がない。船・網・刺突具の漁撈であった。島根県松江市西川津遺跡や鹿島町佐太講武貝塚では、クロダイ・マダイ・フグ・スズキ・エイ、サルボウガイなど、内湾～外洋性の魚介類が検出されている。中海に面した美保関町サルガ鼻洞窟遺跡でもほぼ同様な魚類の遺存体が出土しているが、マグロやボラも検出されている。海獣はクジラ類が西川津遺跡で発見されている。骨角製のヤスはシカ・イノシシを素材としている。いずれの遺跡でも動物遺存体で多いのはこのシカ・イノシシであり、狩猟の獲物は漁撈具の原材料でもあった。また、隠岐島の宮尾遺跡では漁撈具は打欠石錘しか出土していない。それには大中小の3種がある（図76）。この3種の石錘は晩期および弥生時代前・中期まで続く。魚網の具体的な復元は難しいが、追込み漁や刺網が考えられよう。ただし、中国地方の山間部の帝釈峡遺跡群では早期の釣針があり注意を要する。

　中期の遺跡は基本的には前期の遺跡と重複する場合が多い。しかし、全体的に中期の遺跡は少ない傾向があり、生業についてもあまり明確でない。後・晩期には遺跡数は増加し、とくに晩期の突帯紋土器は弥生前期の土器と共伴することが多い。

　後期には漁撈具に若干の変化が現れる。一つは海浜部での釣針の登場である。島根県松江市美保関町の小浜洞窟遺跡では骨角製の刺突具（図77-44～51）のほかに、鹿角製の単式釣針が1点出土している（図77-43）。中国地方に目を向

236

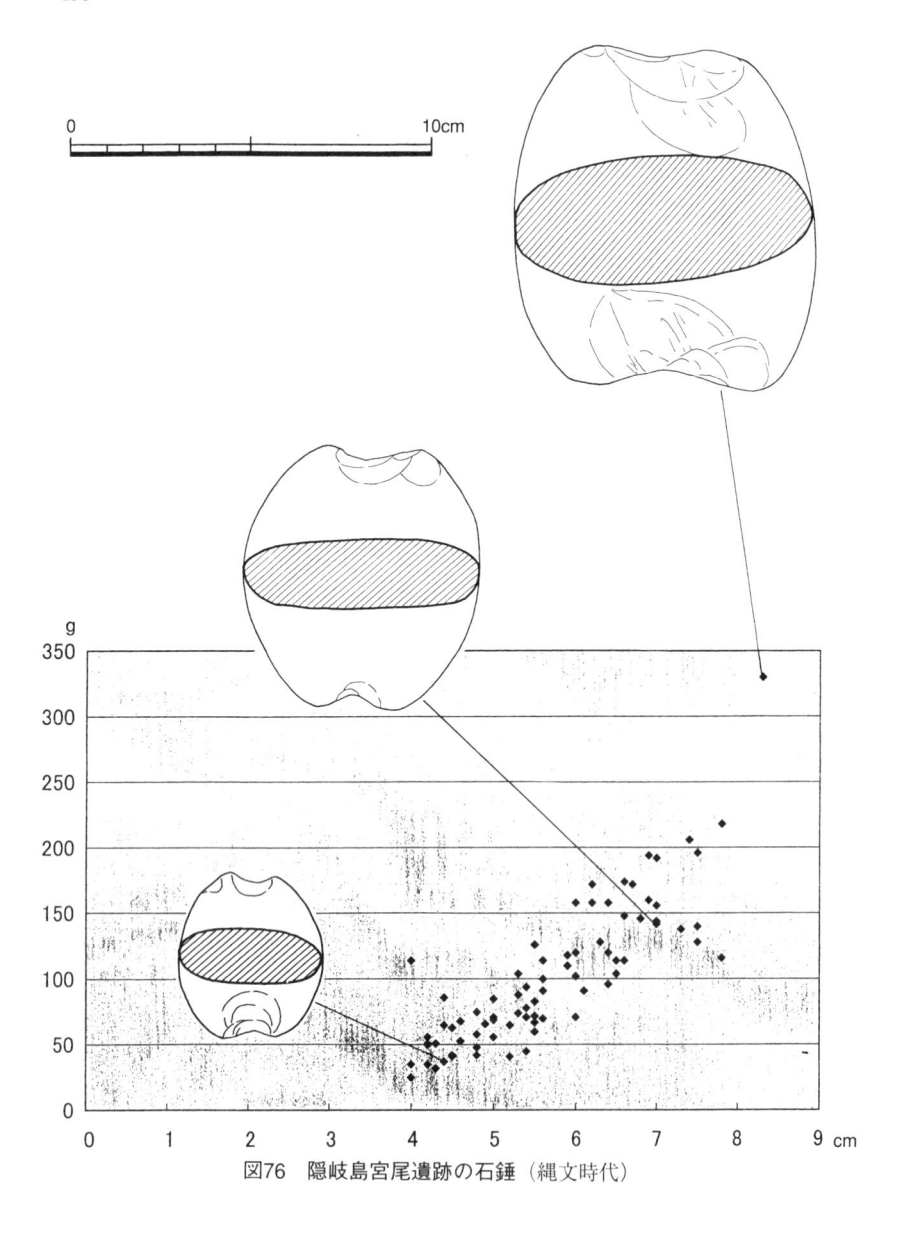

図76 隠岐島宮尾遺跡の石錘（縄文時代）

終章　日本海沿岸の漁撈民　237

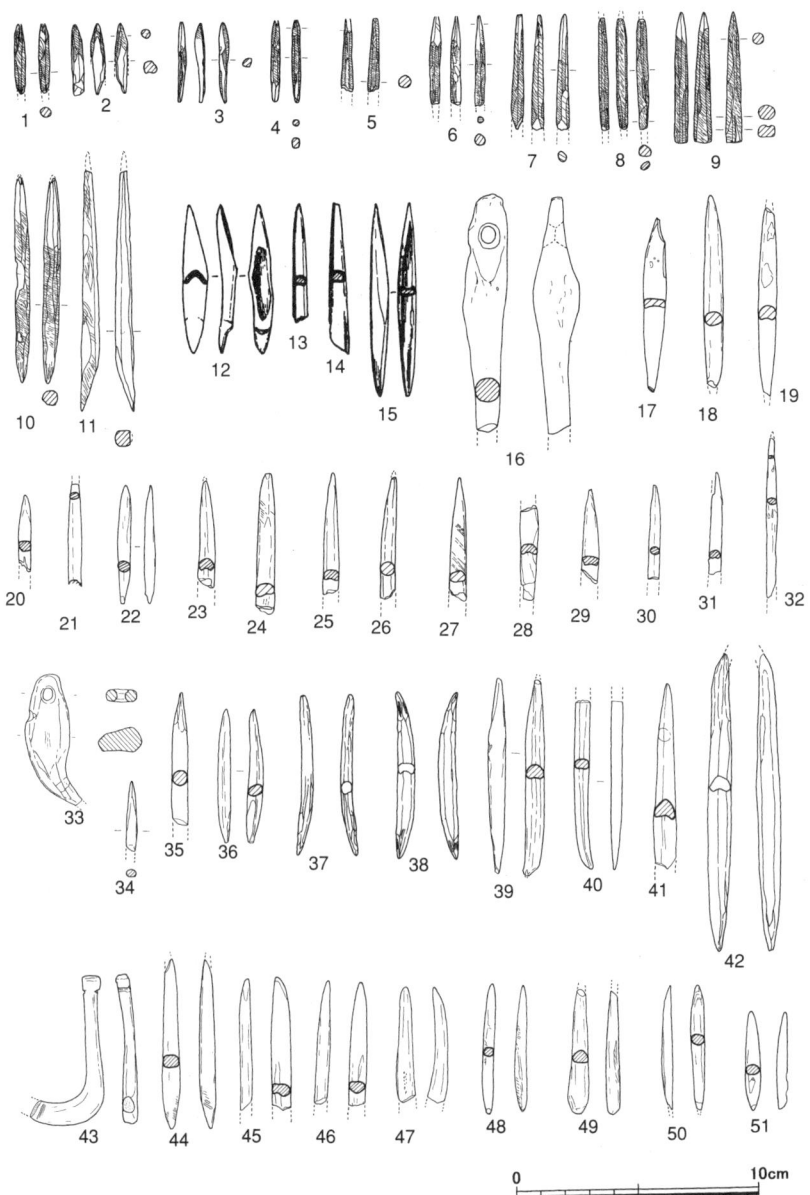

1〜11：西川津　12〜32：サルガ鼻　33〜42：佐太講武　43〜51：小浜
図77　縄文時代の骨角器

けると、広島県帝釈峡遺跡群からも数点出土している。それらも後期以降のものであり、同時代の東日本と比較すると出土数はきわめて少ない。もう一つは打欠石錘のほかに切目石錘が混在して出土するようになることである。打欠石錘に対する比率はけっして多くない。切目石錘は、打欠石錘でいえば小さいサイズものに相当する。切目石錘が東日本に発達したことと、それがこの地方では縄文時代後期以降にみられることを考え合わせれば、たとえば第2章第1節で論じたような、山陰海岸の河川にサケの遡上する冷涼な自然環境が後期以降に形成されたことと関係していると思われる。このことに関連して、山陰を含めた西日本の縄文時代後期の単式釣針については、東日本的要素の南下現象とみる渡辺誠氏の見解があるが（渡辺 1984）、甲元眞之氏は大陸や朝鮮半島の資料を検討し、九州のそれについては大陸・半島との関係を主張される（甲元 1999）。島根県サルガ鼻洞窟遺跡では、縄文時代後期とされる銛頭（図77-12）が1点報告されており（佐々木・小林 1937）、それは西北九州の雌型離頭銛との関係が指摘されている（山浦 2004）。サルガ鼻洞窟遺跡がアシカの生息地の付近であることも、後述する弥生時代の大型結合式釣針とともに注意を要する。小浜洞窟遺跡出土の単式釣針の評価についても今後の課題の一つである。総じて縄文時代の漁撈具は、残りにくい簗のようなものを除けば、早期から一貫して骨角製の刺突具＝ヤスと打欠石錘を使用した網漁が主流であったといえよう。

2．海と山の猟人

　海浜部や平原部の遺跡によって内湾〜外洋で漁撈活動が行われていたことが知られるが、中国地方山間部の遺跡でも海産の動物遺存体が出土する遺跡もある。山間部では洞窟や岩陰遺跡のようなところでなければ自然遺物の遺存は期待できず、生業の復元はより難しい。今のところ早期〜晩期まで石錘しか知られていない。近年山間部の遺跡の発見例が増加しつつあるが、それに伴って石錘の実体も明らかになりつつある。雲南市家の後Ⅱ遺跡では1調査区で1684点、奥出雲町原田遺跡の5・6区では549点もの石錘が出土している（熱田 2007a・

2007b)。いずれも中期を中心とする河川に沿うた遺跡である。その9割以上は打欠石錘である。それらの重量は70～90gにとくに集中している。海浜部の遺跡として例をあげた隠岐島宮尾遺跡出土石錘に照らし合わせると小型のものに相当する。基本的に刺網の錘と考えられる。

　シカとイノシシは縄文時代の主要な動物性タンパク源であったことは多くを語るまでもなく、狩猟は海浜部・山間部を問わず重要な生業であった。山と海の遺跡を残した人々は、互いに交易・交流をしていたとするよりも、季節的に移動を繰り返していたと考えるべきであろう。単に漁撈・狩猟を区別することはできず、海と山はまだ一体となっていた時代であったといえるのであるが、どちらかといえば狩猟に生業の中心はシフトしていたように思われる。海浜部の遺跡である佐太講武貝塚ではツキノワグマの牙玉が（図78-33）、サルガ鼻洞窟遺跡では鹿骨製の垂飾り（図77-16）が出土しているのは[2]、優れた狩猟民こそ、優れた漁撈民であったことを象徴している。山陰地方に釣針の出土例が少ないのも、そのようなことが背景の一つに考えることができよう。

　このような縄文時代の人々の動きと関連して、広島県帝釈峡遺跡群では、たとえば馬渡岩陰遺跡の前期層ではハマグリ・サルボウ・ハイガイ・テングニシなどの貝製品が、名越岩陰遺跡の晩期層ではハマグリが、猿穴岩陰遺跡の後期層ではアワビ・ハマグリやサルボウ製貝輪などが検出されている。これら山間部の遺跡から出土する海洋性遺物の自然科学的な産地同定[3]が進めば（石丸他2006）、中国山地の縄文人が瀬戸内地域や日本海地域とどのような関係にあったのか解明されるであろう。

3．弥生時代前・中期

　弥生時代は漁撈と稲作農耕とが不可分の関係にある。海浜部の低湿地遺跡からは多くの農耕具とともに、漁撈具や狩猟具が出土している[4]。漁撈具をみると、刺突具のほかに大小各種の骨角製釣針があり、今日使用されている鉄製釣針の各種形態をみることができる。縄文時代以上に漁撈は発達していることが知られる。船は依然として丸木舟であるが、漁撈具の種類が増え、比例するよ

うに魚介類の遺存体の種類も増す。石錘は、打欠石錘は残るが、小型の切目石錘がなくなり、球状・管状の土錘が現れる。管状土錘の中には両端に一周する溝をもつ、外見上は揚子江型土・石錘を思わせるものもある（内田 1989）。しかし、瀬戸内で出土するような小型の葉巻状の管状土錘は、この山陰地方には今のところみられない。離頭銛・結合式釣針・アワビオコシなどが、この地方で本格的に使用され始めるのも弥生時代からである。

　釣針は縄文時代後期からみられる単式釣針と、新たに大型の結合式釣針が登場する。単式釣針には針部に鐖（逆刺）のあるものとないものがある。鐖のないものは小型の単式釣針に多い。原材料も鹿角製と猪牙製がある。これは釣り上げて魚から安易に釣針を外すためであり、小〜中型の魚を一定量捕獲する目的が想定される。遺跡から出土している遺存体と比較すれば、タイ類やボラ、スズキなどが対応する。鐖が互いに向き合うように、針部と軸部にあって、軸部が長い軸鐖釣針と呼ばれる（渡辺 1989）単式釣針（図78-6、図80-7）は、フグやダツをねらったものであろうか。長さ5cmを超える単式釣針には、内鐖（図80-14）と外鐖（図78-8）のものがあるが、その違いは明確でない。大型のタイ類や小〜中型のブリ（ハマチ）やマグロ（ヨコワ）などが対応すると思われる。大型の結合式釣針（図78-9・10、図80-15〜28）は、サワラ・シイラ・ブリ・マグロ・サメなどの大型魚類に対応するものである。複数人が船に乗り込み一本釣り（トローリング）が行われたと考えられる。とりわけ、大型のマグロやサメ類は、この結合式釣針と回転式離頭銛が組み合わされて使用された（第1章第5節）[5]。この漁法は漁撈具の素材が鉄に替わった古代から中・近世へ、そして近現代の延縄漁にも引き継がれていった。山陰地方の結合式釣針は、島根半島東部と弓浜半島との間の境水道（境港・福浦）、鳥取県青谷上寺地遺跡、島根県西川津遺跡から出土している。それは軸部を鹿角、針部を猪牙とするのを原則としている。この種の釣針は長崎県佐賀貝塚など西北九州において縄文時代後期に発達するそれが、弥生時代前期になって伝播してきたものと理解されている（渡辺 1989c、中尾 2005b）。西北九州のものは軸部の下部に溝をつけて針部を差し込むが、弥生時代の山陰地方では軸部に溝のあるものとない

終章　日本海沿岸の漁撈民　241

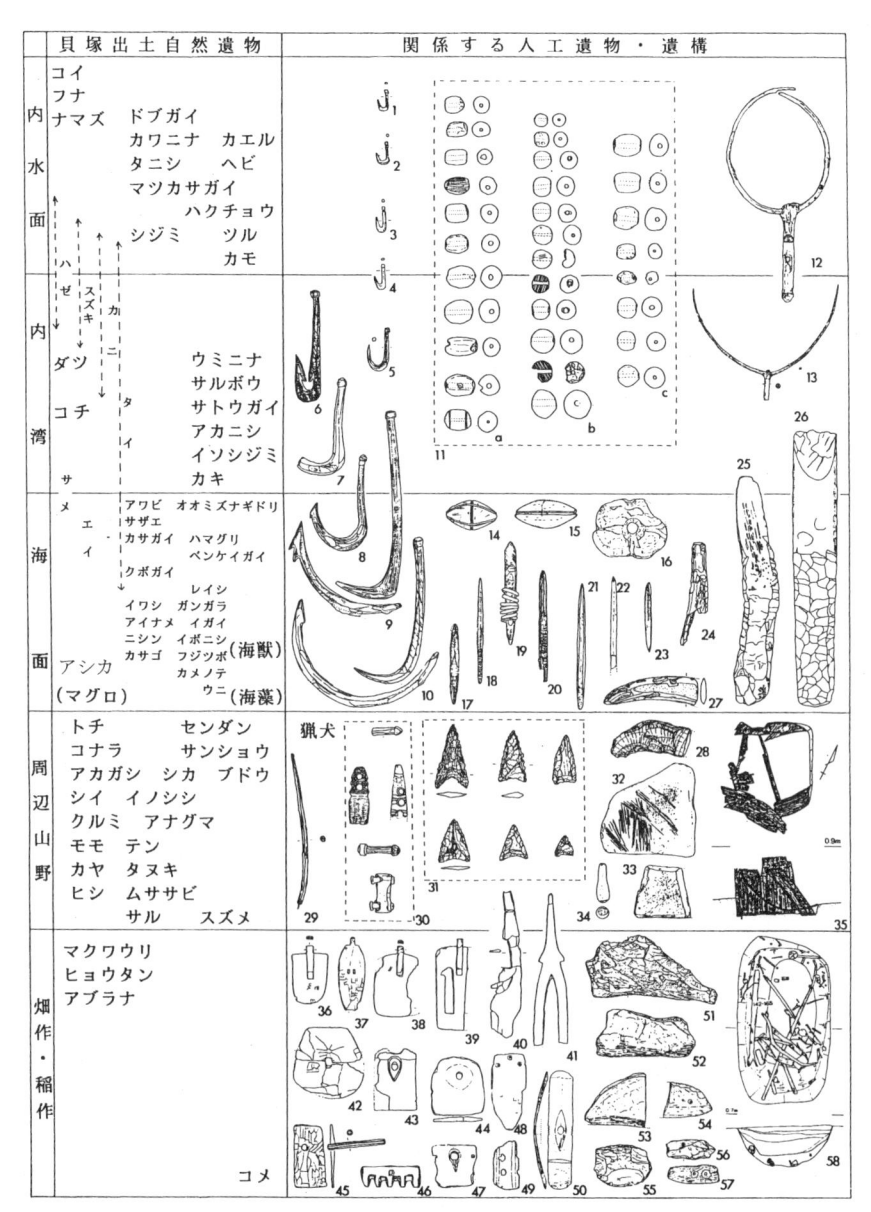

図78　西川津遺跡生業関係図（内田1991より一部加筆）

ものがあり、後者が多い。そして、今のところ弥生前期には前者のものは出土例がない。結合式釣針が西北九州と深い関係にあることは知られるが、東日本にも縄文時代から結合式釣針、あるいは大型釣針と離頭式銛が共伴する遺跡もあるので、単に伝播や受容あるいは交流といった用語で片づけられない問題を含んでいるように思われる。

　結合式釣針に関係して、青谷上寺地遺跡では興味深い骨角器が出土している。ポイント状骨角器（湯村2002）とされているものである（図82-1〜13）。報文では、これらを北海道地方の恵山文化にみられる魚形石器と比較して、棒状石製品と組み合わせて使用するポイント、つまり針先と考えられている。これに対し、福井淳一氏はこの種の骨角器を「骨角製魚鈎状製品」とし、ベーリング海峡周辺の民族誌を引きながら、「その機能は日本列島の民俗例に見られる手鈎や魚鈎の機能と大差ないようである」として、大型魚類を捕獲した際に船縁に引き寄せたり、船上に引き上げたりする鈎を想定されている（福井2006）。しかし、マグロやサメの鈎は第1章第5節で示したように、少なくともこの地方の民俗例では大型である。仮に魚鈎とすれば、小〜中型の魚類を市場のようなところで選別するような場合は使用可能であるが、大型魚類や海獣に対しての使用は難しいのではなかろうか。ここでは報文で湯村功氏が考察されているように、石製疑似餌とセット関係にある結合式釣針の針先としたい。石製の軸部は渡辺誠氏が指摘されるようにオサンリ型結合式釣針として朝鮮半島東海岸にあり（渡辺1995b）、青谷上寺地遺跡が恵山文化地域との間にあることは注意を要する[6]。恵山文化におけるこの種の釣針はヒラメ・オヒョウ・マダラ・カサゴ類が捕獲対象とされている。とすればヒラメやカサゴ類ならば山陰の日本海沖ならば可能性は十分にある。

　離頭銛による海獣漁がこの時代に行われていたことは、島根県西川津遺跡や鳥取県青谷上寺地遺跡から、離頭銛およびニホンアシカやクジラ類の遺存体が出土していることから知られる。奈良時代に編述された『出雲国風土記』によれば嶋根郡条等等嶋に禺禺（トド）＝アシカが常にいると記されており、離頭銛による海獣漁が行われていたのは疑う余地はない。とくに青谷上寺地遺跡で

終章　日本海沿岸の漁撈民　243

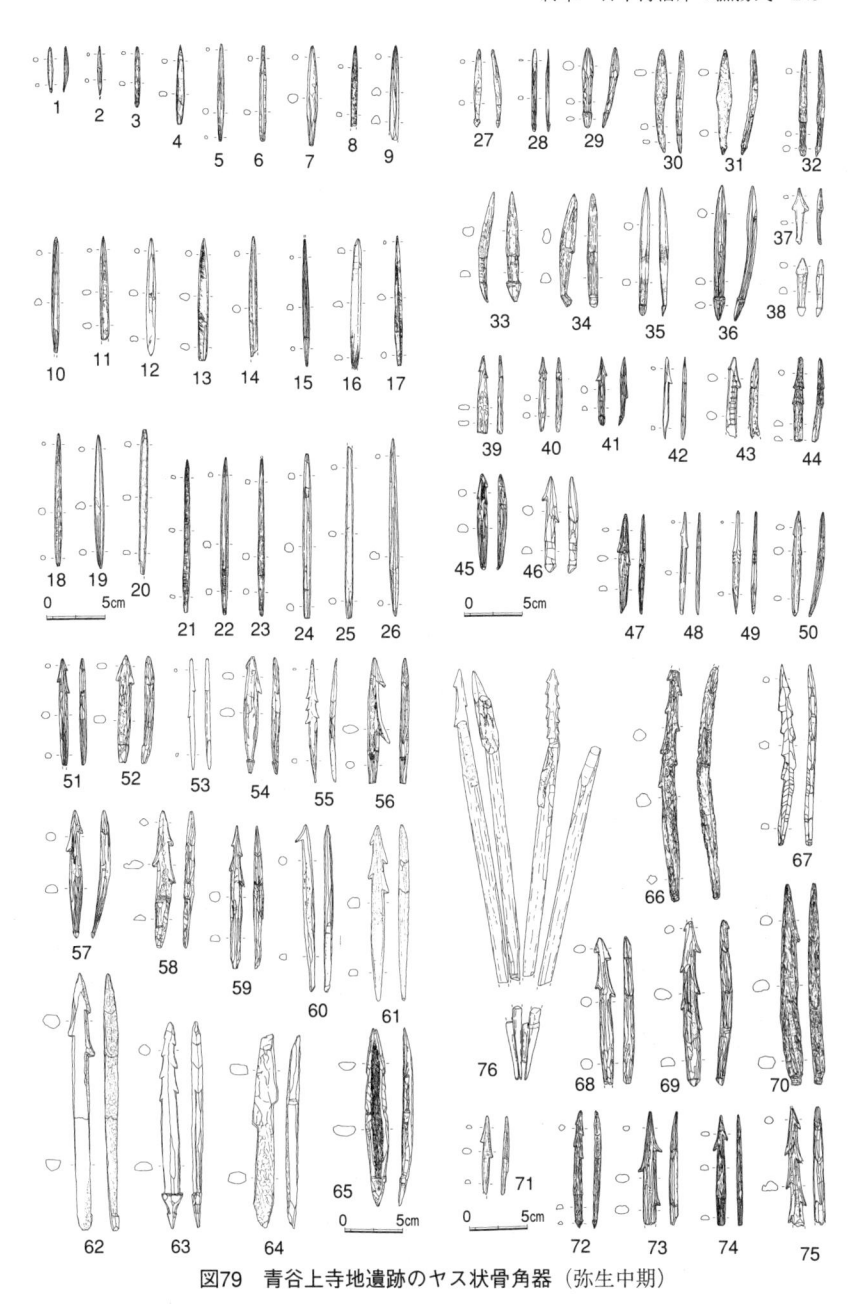

図79　青谷上寺地遺跡のヤス状骨角器（弥生中期）

は多くの回転式離頭銛が出土している（図81）。クジラ類の遺存体も80点を越え、その中にはバンドウイルカが同定されている（井上・松本 2002）。小規模なアシカ漁は近代まで日本海で広く行われた。乱獲によりニホンアシカは現代になって絶滅したといわれている。日本海の竹島はアシカの最後の棲息地であった。このアシカは、風土記の時代までは確実に島根半島に棲息しており、日常的に古代人にも認識されていた。近現代ではイルカは基本的には漁の対象としていないが、昭和30年代までは鳥取県東部から兵庫県西部にかけての日本海沿岸で小規模ではあるがイルカ漁が行われていた。それはチョキリ銛（第1章第7節）と呼ばれる鉄製の回転式離頭銛が用いられており、可耕地のきわめて少ない漁村地域で行われていたことは示唆的である。青谷上寺地遺跡はサメ（シュモクザメ）を琴板やその他の木製品、土器や石に数多く描いているのが特徴であるが、その中にはイルカと思われる一群もあり、多くの回転式離頭銛の出土は、この遺跡を残した人々の漁撈民としての性格の一端を示している。山陰では古墳時代以降にはイルカ類以外の大型のクジラ類への本格的な捕獲には向かわなかったが、近世の主要捕鯨地が可耕地の少ない島嶼部やリアス式海岸を多くかかえる藩であったことは、原始・古代の捕鯨を考えるのに興味深い。東アジアの先史時代の漁撈具を検討された甲元眞之氏によれば、とくに縄文時代後期には西北九州において、組合わせ銛（石鋸）や石銛は、結合式釣針と組み合わさって大型回遊魚、とりわけサメ類を捕獲対照とする漁撈具であった可能性が高いと指摘されている（甲元 2002）。日本海沿岸の縄文時代後期〜弥生時代後期の遺跡において、土器・木器・石器などにサメ＝シュモクザメが描かれ、漁撈民の信仰の対象にもなっていたことが考えられるが（第3章第3節）、こうした背景には、形態には若干の違いはあったとしても、機能的に共通した生産用具による漁撈活動が日本海沿岸に広まっていたと推定される。山陰の銛頭や結合式釣針は西北九州との関連がもっとも深いと考えられるが、系譜を一つに限定するのではなく、複数の場合も念頭に、少なくとも海獣漁に関しては沿海州地域をも睨んだ視点が必要なのかもしれない。

　骨角器の中で結合式釣針や離頭銛と並んで注目されるのはアワビオコシであ

終章　日本海沿岸の漁撈民　245

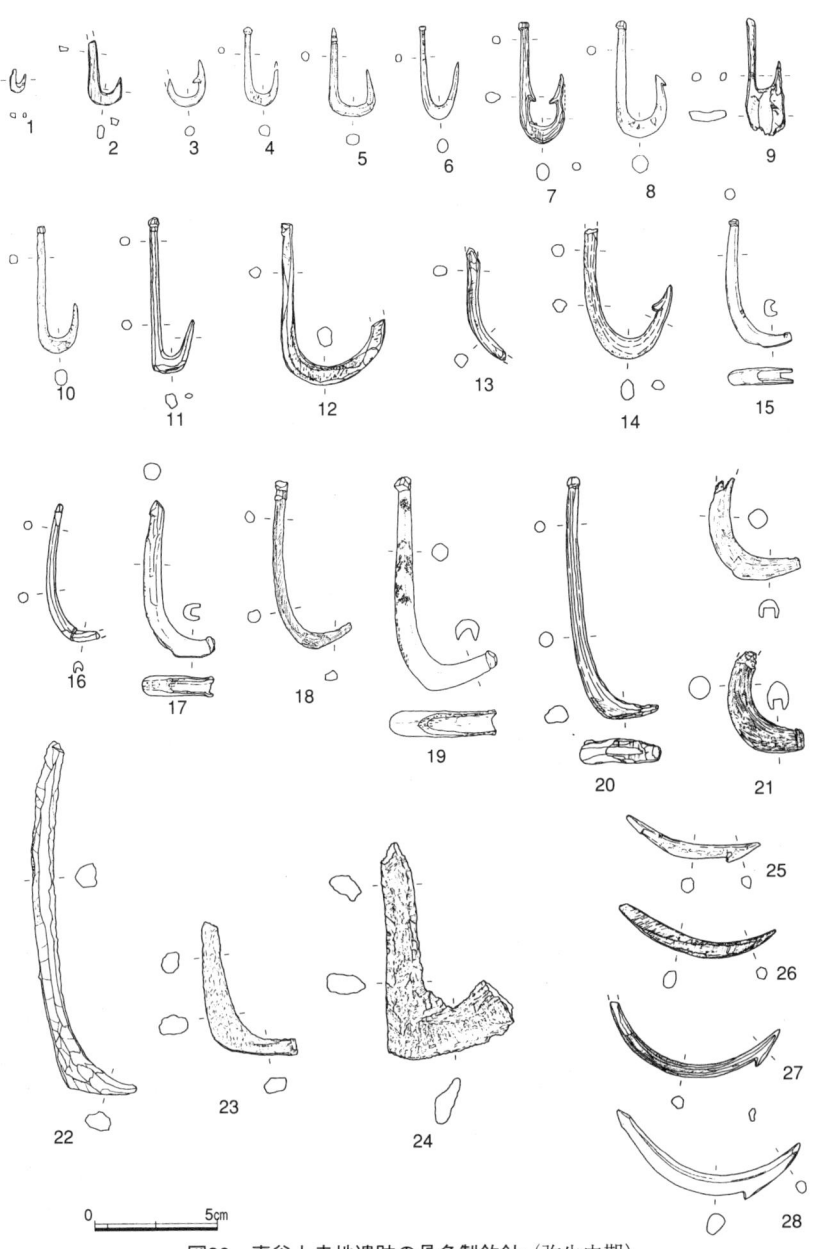

図80　青谷上寺地遺跡の骨角製釣針（弥生中期）

246

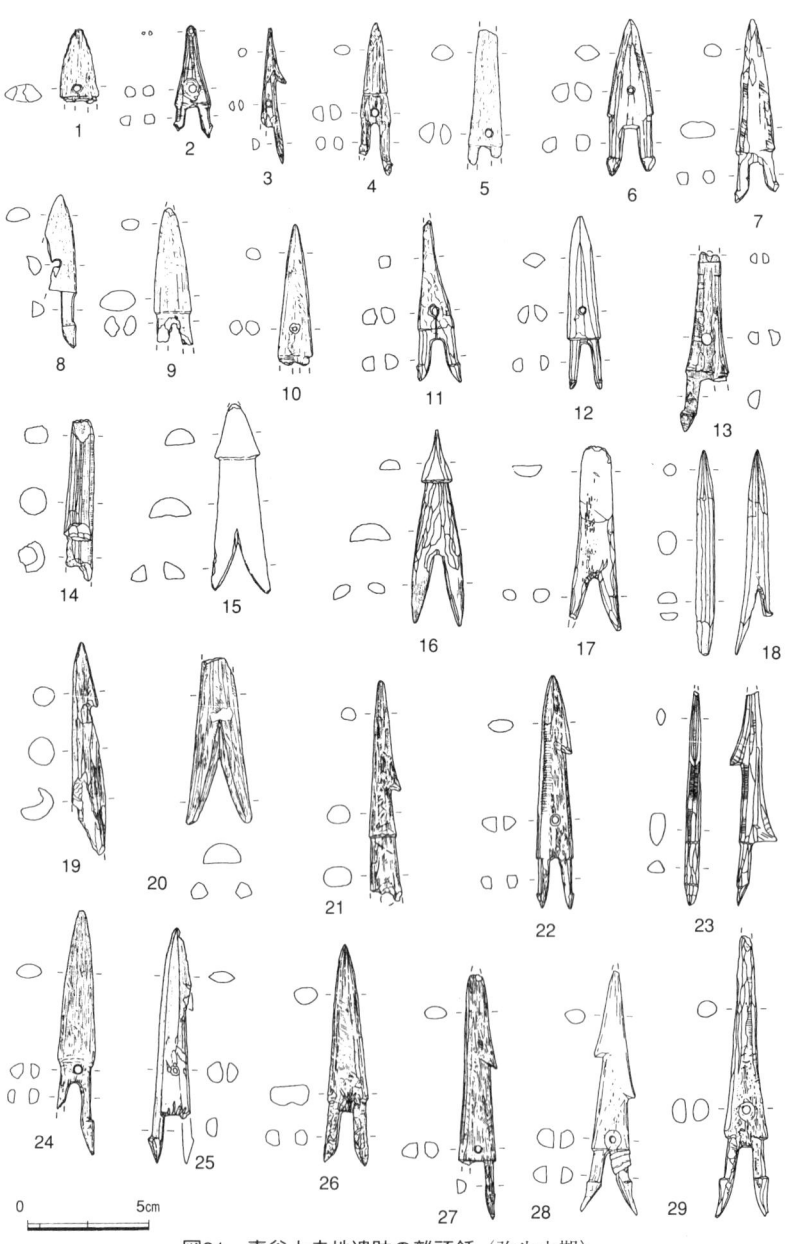

図81　青谷上寺地遺跡の離頭銛（弥生中期）

終章　日本海沿岸の漁撈民　247

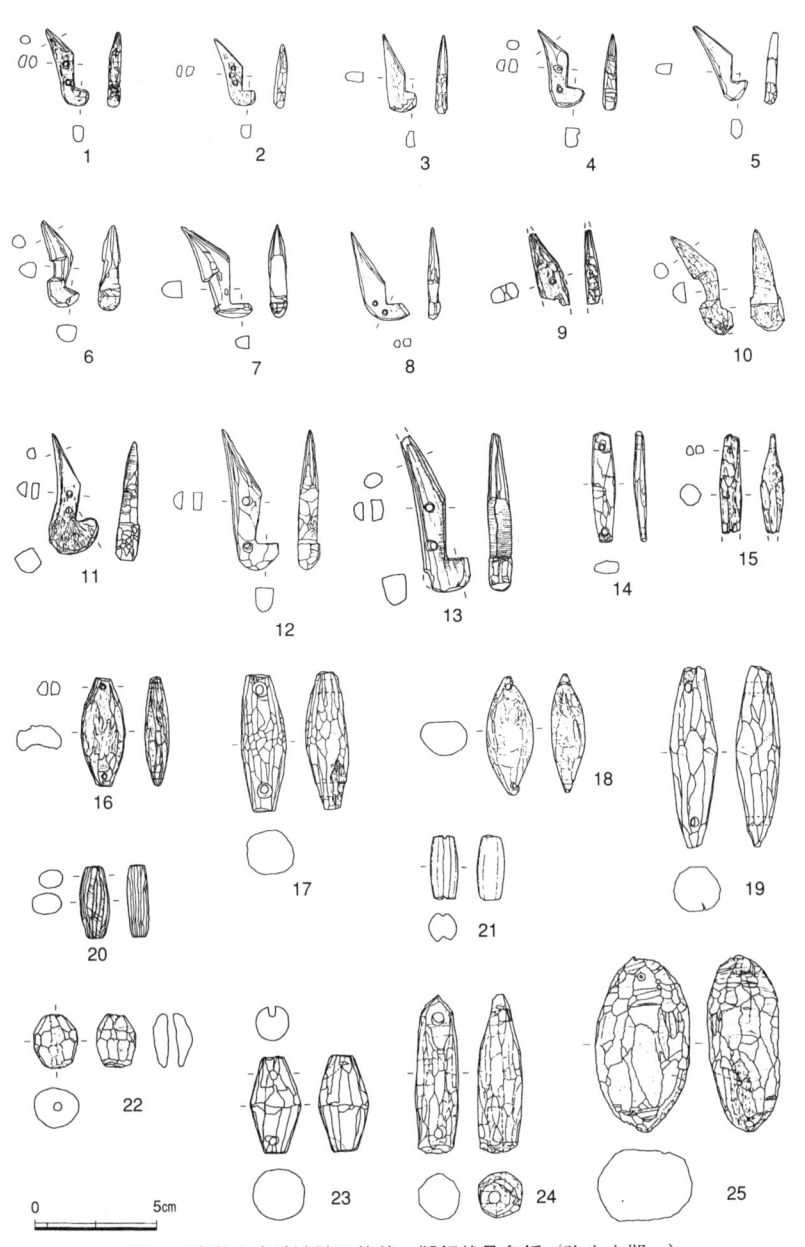

図82　青谷上寺地遺跡の鈎状・擬餌状骨角銛（弥生中期〜）

る。アワビオコシには鹿角製と鯨骨製があり、50cmを越えるような長いものは後者を素材としないと作れない。山陰では20cm以下のものであり、それは夏を中心にして行われた季節的な潜水漁に伴うものと推定した（第1章第5節）。比較的浅い岩礁にいる貝類を捕獲対象としている。刺突具は縄文時代以上に発達し（図79）、後のカナギ漁（見衝き漁）の淵源がこの時代にあったことを推測させる。山陰地方は基本的には潜らない漁撈民であった[7]。

　刺突具の具体例の一つに青谷上寺地遺跡出土の複合式の4本ヤスがある。これは4本の中柄を横に並列し、扇状にして1本の柄に装置したものである（図79-76）。4本のうち3本に鹿角製のヤス先が白色の接着剤で装着されている状態で発見されている。注目されるのは、残っている鹿角製のヤス先が3本ともそれぞれ異なる形態をしていることである。この種のヤスの形状を具体的に知ることができる好例である。ヤス先がすべて異なることが一般的な姿であったとは考えにくいが、刺突具の発達した一例であることは指摘できよう。このような横に並列するヤスは、今日の民俗例では河川や沼などの淡水魚に使われることが多い。出土地点が「湖沼堆積層に突き刺さった状態で検出された」という報文の記述を（北浦 2001）重視するならば、コイ・フナ・ライギョ・ナマズ・スズキなどが対象魚であったと想定しておきたい。

　弥生時代の生業の特徴は稲作農耕である。稲作農耕は継続して毎年作付けができるけれども、通年水田の管理が必要である。水田の開発は定住を促し、狩猟・漁撈のあり方にも変化をもたらした。安定した農耕は、安定した狩猟・漁撈を保証する（図78）。この点が縄文時代の生業と大きく異なるところである。弥生時代前期～中期の西川津遺跡や青谷上寺地遺跡はそのような弥生集落であった。優れた農耕民は優れた漁撈民でもあった。

4．弥生時代後期～古墳時代

　弥生時代の後期になると漁撈具には大きな変化が生じる。それまでの骨角器にかわって鉄製の漁撈具が出現する。京都府与謝郡岩滝町の大風呂南1号墓（高田 2000）は、その中心主体部である第1主体部から銅釧、ガラス製釧、鉄

終章　日本海沿岸の漁撈民　249

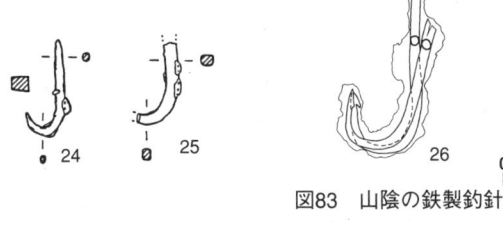

1～23：長瀬高浜（古墳前～中期）
24・25：長瀬高浜（古墳後期）
26：今浦3号横穴（古墳後～奈良）

図83　山陰の鉄製釣針

剣などとともに鉄製の組合わせ3本ヤスが出土している（図84-12～16）。この種のヤスは前期の前方後円墳で、多量の三角縁神獣鏡を出土した京都府椿井大塚山古墳（梅原1964a）や、中期の前方後円墳である島根県安来市姫塚古墳（山本1971）など首長墳の副葬品にもみられる。これらは小型のヤスであるが、実用品であれば小～中型の魚類用であろう。このほかに律令期以降に下るが、沿岸の岩礁地帯で使用されたと考えられる大型製品は鳥取県長瀬高浜遺跡（清水1981・1983）、島根県松江市南講武草田遺跡（赤澤1992）、出雲市中分貝塚（西尾1981）など集落遺跡から出土している。内鐵のものと（図84-20・21・23）、外鐵のもの（図84-22）がある。いずれもこの地方で今日みられるカナギ漁で使用されるヤスと同じ形態であるところが注目される。民俗例では、普通は2～4本を、互いに鐵を内側に向かい合わせて根元で1本の柄に組み合わせて装着し、船上から魚介類を衝く。

　生産遺跡での例をみると、鉄製ヤスは島根県邑智郡邑智町（現在の美郷町）の弥生時代後期の集落跡である沖丈遺跡の竪穴建物（SI08）からも出土している（牧田2001）。江川の中流域にあり、鍛冶工房を伴う遺跡である（村上2001）。ヤスとしてはやや大型のものであり（図84-1）、第2章第1節で指摘したサケ・マス漁に関係したものであろう。海面のみならず内水面の漁撈具もいち早く鉄器化が進んだとみなされる。島根県雲南市平田遺跡では奈良時代の鍛冶工房からヤス状の鉄製品が出土している（図84-8～11）。

　弥生時代後期の問題としては九州型石錘・土錘がある。今のところ山陰地方にこの種の石錘（図78-14・15）が確実にみられるようになるのは後期になってからである。しかし、いくつかの遺跡においては中期を上限とする包含層からの出土のものもある。この種の石錘の中には鉄製釣針とセット関係にあるものも含まれるているのかもしれない。しかし、なぜかこの種の石錘・土錘は古墳時代後半期まで続かない。釣針に伴う錘については不明な点が多い。北陸～北海道地方に特徴的な大型石錘もこの地方に分布を広げており（柚原1990）、両者の錯綜する地域として魚網錘以外の錘についても今後取り組みたい課題である。

終章 日本海沿岸の漁撈民 251

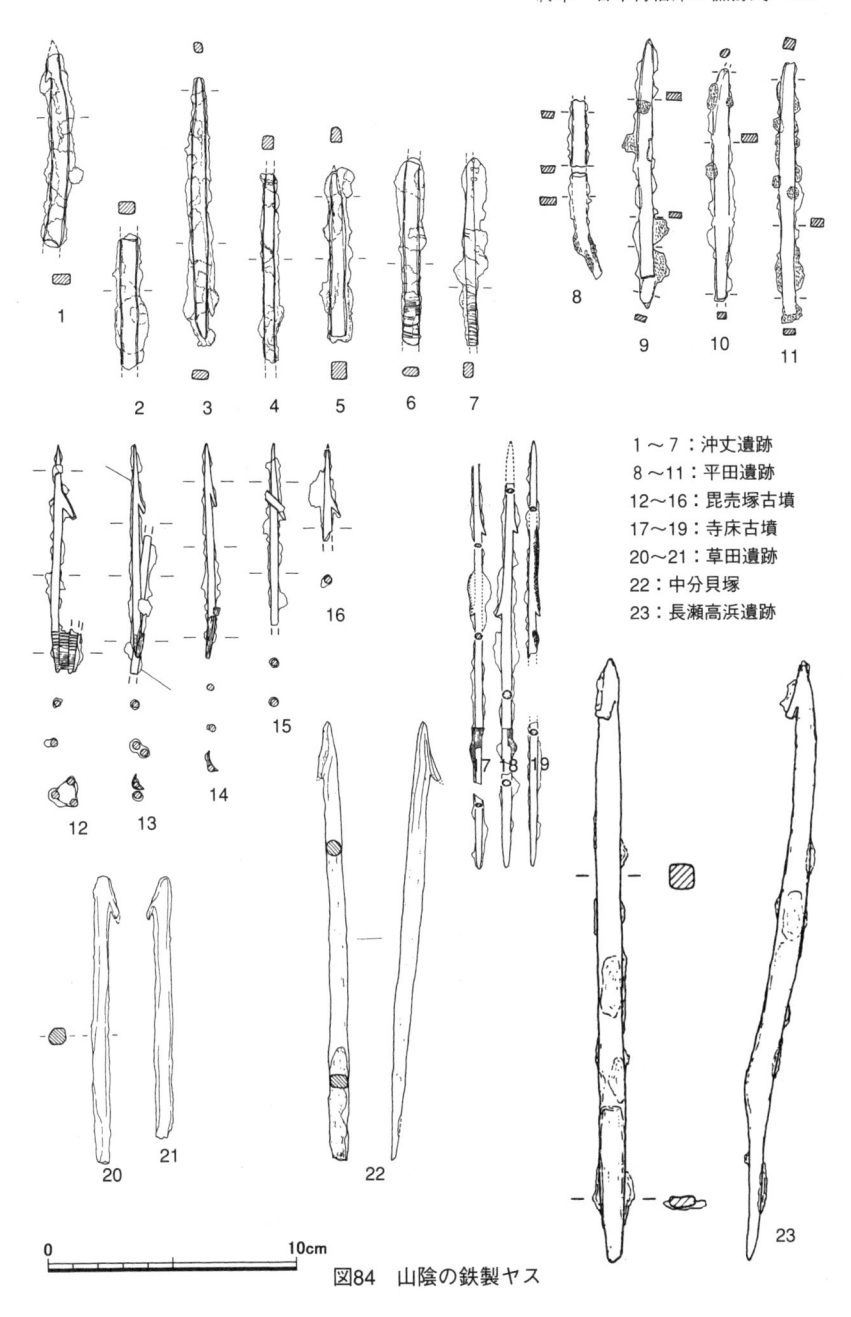

1～7：沖丈遺跡
8～11：平田遺跡
12～16：昆売塚古墳
17～19：寺床古墳
20～21：草田遺跡
22：中分貝塚
23：長瀬高浜遺跡

図84 山陰の鉄製ヤス

古墳時代に入るとさらに鉄器は普及したとみられるが、山陰地方ではいまだ発見例が少ない。しかし、鳥取県の砂丘遺跡である長瀬高浜遺跡では、古墳時代の集落遺跡から各種の釣針が出土しているので、その普及の様子の一端がうかがわれる（清水 1981・1983）。魚類の遺存体の出土がなく、釣針と対応させることができないが、今後現生魚類の調査を踏まえて検討したい。青谷上寺地遺跡でも1本の鉄製釣針の出土例がある。隠岐の御波横穴墓からは2本の大型鉄製釣針が出土しているが、共伴する須恵器や土師器から、律令期に入ってからのものである可能性がある。なお長瀬高浜遺跡では、両端を欠くが細い針を3本束ねた鉄製品が出土している（図83-23）。これは釣針を3本束ねている可能性が高く、報文も釣針としている。青谷上寺地遺跡では鹿角製疑似餌と考えられる資料がいくつか出土しているが（図82-14～25）、第1章第2節と第3節で論じたようにそれらと組み合わさり、イカ釣具やその他の魚類をねらった擬餌針の針部の可能性がある。漁撈具のみならず各種の生産用具の鉄器化が進む点で、弥生時代後期は大きな画期であった。

5. 製　塩

　漁撈民に関係して見逃せないのは製塩の問題である。原始・古代の製塩法は基本的には土器製塩である。山陰地方で製塩土器がみられるようになるのは、古墳時代前期になってからのことである（内田 1994）。それらは備讃瀬戸系のものであるが、飛田恵美子氏が指摘するように、備讃瀬戸から北部九州で受容されたものが日本海沿岸を北上したと考えられる（飛田 2002）。弥生時代後期から古墳時代前期にかけて、山陰地方には西部瀬戸内から北部九州にかけての土器が散見されるのもそのことを裏づけているようだ（内田 2004b）。その後、西山陰では山口県美濃ヶ浜式製塩土器に代表されるような、低脚から棒状脚へ、東山陰ではコップ型へと地域差をみせながら変化を遂げるが（飛田 2002）、律令期に至っては玄界灘式と六連式のセット関係の範疇に入ってしまう。律令国家の成立と深く関係している（近藤 1984）。当地方で独自の製塩土器が成立するのは古墳時代中期である。それらはリアス式海岸の狭隘な谷地形で始まるが、

そのころから海浜部で漁撈民による塩生産の専業化が促進されたと思われる。魚介類に加え、塩が交易品として在地社会に機能を果たし始めたと考えられるからである。漁村成立の前史として捉えられよう。

また、製塩土器を出土する遺跡ではしばしば蛸壺が共伴する。島根県古浦遺跡出土例も、やはり備讃瀬戸にみられる形態のものである。いまだ出土例が少なく即断はできないが、これも海路で伝播してきたと考えられよう。

6．延縄漁の問題

第1章および第3章で取り上げた延縄漁は、古典にみえる記述から奈良時代まではさかのぼることが確認できるが、考古学的にはその起源は不明である。鉄製釣針を用いた確実な考古資料は中世（13〜15世紀）の新潟県城願寺遺跡が最古例である（第1章第4節、図13）。しかし、1本の幹縄に複数の釣針を取りつける発想は既に弥生時代中期にあったことが知られる。瀬戸内海〜大阪湾に多く分布を示す飯蛸壺がそれである。それは近現代に残る飯蛸壺漁と同じ形態の蛸壺であることによる。

この延縄漁に関係する問題に逆T字型釣針がある。両端を尖らせ、中央にハリスをつける逆T字型釣針は長さ10cm以下のものは縄文時代後期までさかのぼる可能性がある。佐賀貝塚を始め西北九州の縄文時代後期の遺跡から出土している。甲元眞之氏によれば、BC6000年紀に渤海湾周辺で出現し、BC3000〜2000年紀に遼東半島で卓越して発達し、それが朝鮮半島南部や西北九州に及んだものとされている。そして、この種の釣針が延縄漁に用いられ根拠として、渤海湾周辺地域において1遺跡あたりの出土例が多いことと、中国東北部やアメリカインデアンの民族誌を類例として引きつつ、スズキ・ボラ・クロダイ・マダイなど沿岸部に接近してくる魚類を捕獲の対象としていたとされる（甲元1999）。山陰沿岸の縄文〜弥生時代の遺跡から出土する骨角器の中において、刺突具として扱われているものの中にも逆T字型釣針として使用可能な資料が散見されるので、今後注意しておく必要がある。この逆T字型釣針を念頭に置きながらこの地方の延縄漁を想定すると、まず内湾や海に近い湖沼においてス

ズキ・クロダイ・ボラ・ウナギなどを対象として始まり、それは鉄製釣針の普及した奈良時代まで続いた。しかし、平安時代になると内湾や沿岸に加え日本海沖合が延縄漁の漁場としても開発され、マダイ・アマダイ・カサゴ・サバ・メバル・タラなど、より豊富な魚が捕獲の対象となったとすることができよう。

7．浦（漁村）の成立

　縄文時代には優れた狩猟民が優れた漁撈民であり、弥生時代にあっては優れた農耕民が優れた狩猟・漁撈民であったとするならば、今日的意味での漁撈民と漁村はいつ、どのようにしてでき上がったのだろうか。漁村の成立は、主たる生業が漁撈に特化し、基本的に漁撈民が狩猟や農耕と切り離されることを意味する。もちろん、海浜部においては自然条件によっては半農半漁という場合も数多くあったと思われる。

　島根半島にはサルガ鼻洞窟（美保関町）、権現山洞窟（美保関町）、小浜洞窟（美保関町）、猪目洞窟（平田町）といった洞窟遺跡が存在し、それらは縄文時代には主として住居に利用されていた。土器や石器、骨角器のほかに、狩猟・漁撈の捕獲対象となった各種の動物遺存体が出土する。ところが弥生時代以降には、これらの洞窟遺跡では自然遺物の出土は少なく、住居というより墓地として利用されたようである。小浜洞窟遺跡では弥生時代中期の壺棺が、猪目洞窟遺跡では弥生時代のゴホウラ製貝輪を装着した埋葬人骨や古墳時代の船棺が出土している（山本 1963）。

　『出雲国風土記』出雲郡条宇賀郷には次のような記述がある。

　　宇賀郷（中略）即ち、北の海の濱に礒あり。脳の礒と名づく。高さ一丈ばかりなり。上に松生ひ、芸りて礒に至る。里人の朝夕に往來へるが如く、又、木の枝は人の攀ぢ引けるが如し。礒より西の方に窟戸あり。高さと廣さと各六尺ばかりなり。窟の内に穴あり。人、入ることを得ず。深き浅きを知らざるなり。夢に此の礒の窟の邊に至れば必ず死ぬ。故、俗人、古より今に至るまで、黄泉の坂、黄泉の穴と號く。

　この脳の磯の窟戸はこれまで出雲市平田町の猪目洞窟遺跡と考えられてきた

が（山本 1963）、異論もある（梶谷 1999）。いずれにせよ、天平期には海浜部の洞窟は既に漁撈民にとっては黄泉の国への入り口であり、日常的な生活の場ではなかった。洞窟に対するそのような観念が生まれるのは、墓地として利用される弥生時代以降のことであった。

　島根半島部の濱や浦が漁村として成立していたことは『出雲国風土記』によって知られる。もうしばらく風土記の濱・浦の記述に注目してみよう。表12は『出雲国風土記』の濱・浦の記述である（比定地は旧行政区名）。そこには、濱・浦の広さ、百姓の家や神社、特徴的な生業などが記されている。とくに4ヵ所の浦にのみ船の記載があることから、水野祐は文献史学の立場から、船は艦船、浦は軍港とする（水野 1983）。その当否はともかく『出雲国風土記』は濱と浦を律令国家の行政上の必要から区別して表記していることは間違いない。それは秋鹿郡条恵曇濱において知ることができる。恵曇濱の記述は、「恵曇濱　廣さ二里一百八十歩。東と南は並びに家あり。西は野、北は大海なり」で始まるが、次に濱の具体的な説明においては、「即ち浦より在家に至るまでの間、四方並びに石木なし。白砂の積れるがごとし。（以下略）」として浦が用いられている。さらに決定的であるのは、文末において「（中略）浦の西の磯より起こりて、楯縫郡の堺なる自毛埼に尽るまでの間の濱は、壁埼雀鬼しく、風静かなりと雖も、往来の船停泊つる頭なし」と記述されていることである。つまり、浦＝恵曇濱と、秋鹿郡と楯縫郡の堺にある自毛埼との間にはいくつかの小さな濱＝漁村があるのだが、日本海を航行する官営の大型船では、このあたりの地形が険しく停泊することができないというもので、恵曇濱の説明をするにあたり、浦を用いているのである。したがって、特定の漁村のみを「浦」で、一般の漁村を「濱」で表記したと考えられるのである。その理由は「浦」が官営の大型船を停泊できたからである。嶋根郡条の「葦浦濱」は、もともと「葦浦」と呼ばれていたものにそのまま「濱」をつけたと考えられよう。このように、風土記の表記は行政上の必要から浦と濱を峻別しているのであるが、実際には漁村としての実態は同じであったことが知られよう。平城京出土木簡には、

表12 『出雲国風土記』島根半島の濱・浦一覧（●＝浦。内田2001より）

郡 名	濱・浦	本文	双行書き部	雲陽誌(1717)	比定地
島根郡	宇由比濱	廣さ八十歩	志昆魚を捕る。		八束郡美保関町宇井
	鹽道濱	廣さ八十歩	志昆魚を捕る。	福浦？	八束郡美保関町福浦？
	瀨由比濱	廣さ五十歩	志昆魚を捕る。		八束郡美保関町長浜？
	加努夜濱	廣さ六十歩	志昆魚を捕る。		八束郡美保関町海崎？
	美保濱	廣さ一百六十歩	西に神社あり。北に百姓の家あり。志昆魚を捕る。	美保関	八束郡美保関町美保関
●	久毛等浦	廣さ一百歩	東より西に行く。十の船泊つべし。	雲津	八束郡美保関町雲津
	邇田濱	長さ二百歩			八束郡美保関町法田
●	質留比浦	廣さ二百二十歩	南に神社あり。北に百姓の家あり。三十の船泊つべし。	七類浦	八束郡美保関町七類
	玉結濱	廣さ一百八十歩	碁石あり。東の邊に唐砥あり。又、百姓の家あり。		八束郡美保関町玉江
	方結濱	廣さ一里八十歩	東西に家あり。	片江浦	八束郡美保関町片江
	須義濱	廣さ二百八十歩		菅浦	八束郡美保関町菅浦
	稲上濱	廣さ一百六十二歩	百姓の家あり。	北浦	八束郡美保関町稲積
	千酌濱	廣さ一里六十歩	東に松林、南の方に驛家、北の方に百姓の家あり。郡家の東北一十七里一百八十歩。此は謂はゆる隠岐國に度る津是なり。	千酌浦	八束郡美保関町千酌
	葦浦濱	廣さ一百二十歩	百姓の家あり。	笠浦	八束郡美保関町笠浦
	野浪濱	廣さ二百八歩	東の邊に神社あり。又、百姓の家あり。	野波浦	八束郡島根町野波
	川來門大濱	廣さ一里一百歩	百姓の家あり。	加賀浦	八束郡島根町加賀
	大埼濱	廣さ一百八十歩	西北に百姓の家あり。	大芦	八束郡島根町大芦
	御津濱	廣さ二百歩	百姓の家あり。	水浦	八束郡鹿島町御津
	虫津濱	廣さ一百二十歩			八束郡鹿島町片句
●	手結浦	廣さ四十二歩	船二つ許泊つべし。	手結浦	八束郡鹿島町手結
秋鹿郡	惠曇濱	廣さ二里一百八十歩	東、南は並びに家あり。（以下略）	古浦	八束郡鹿島町惠曇
楯縫郡	佐香濱	廣さ五十歩		坂浦	平田市坂浦
	己自都濱	廣さ九十二歩		古井津	平田市小伊津
	御津濱	廣さ三十八歩		三津浦	平田市三津町三浦
	能呂志濱	廣さ八歩		唯浦？	平田市唯浦？
	鎌間濱	廣さ一百歩		釜浦	平田市釜浦
	許豆濱	廣さ一百歩	出雲と楯縫と二郡の境なり。	古津	平田市小津
出雲郡	意保美濱	廣さ二里一百二十歩			平田市
	井呑濱	廣さ四十二歩		猪目	平田市猪目
	宇太保濱	廣さ三十五歩		鵜峠	簸川郡大社町鵜峠
	鷲濱	廣さ二百歩		鷲浦	簸川郡大社町鷲浦
	米結濱	廣さ二十歩			簸川郡大社町目井
●	宇禮保浦	廣さ七十八歩	船二十許泊つべし。	宇龍	簸川郡大社町宇龍
	大埼濱	廣さ五十歩			簸川郡大社町御坐
	御前濱	廣さ一百二十歩	百姓の家あり。	日御碕	簸川郡大社町日御碕
	意能保濱	廣さ一十八歩			簸川郡大社町黒田
	邇田濱	廣さ一百歩			簸川郡大社町邇田
	二俣濱	廣さ九十八歩			簸川郡大社町二俣

(a)下総国海上郡酢水浦若海藻○御贄太伍斤中
(b)上総国夷＝郡茂濱若海藻壱籠

の資料があり、酢水「浦」と茂「濱」から若海藻が貢納されている。近世には島根半島部の濱・浦はことごとく「浦」で表記されていることを勘案すれば、どちらかといえば「ウラ」のほうがより一般的であったと思われる。こうした漁村としての濱・浦は山陰地方においても横穴式石室や横穴墓が普及し始める6世紀ごろまでには成立していたようで、『出雲国風土記』記載の浦・濱の比定地にも、そのころ以降の古墳や横穴墓がみられるようになる。前述したごとく在地における製塩土器の成立とも連動するようだ。大和王権の地方での各種の部民設置・支配が農耕民と漁撈民の分離を促進したともいえよう。

たとえば、風土記の嶋根郡条質留比浦は、「廣さ二百二十歩。南に神社あり。北に百姓の家あり。三十の船泊つべし」と記載されている（表12）。質留比浦は現在の松江市美保関町七類である。この浦の南側にある神社とは風土記記載の質留比社である。現在の神社から湾を挟んだ北側の山の斜面には奈良時代の須恵器・土師器・製塩土器などが採集される遺跡があり、その裏手には横穴式石室を主体部とする後期古墳がある（図85）。考古学的な調査はいまだ行われ

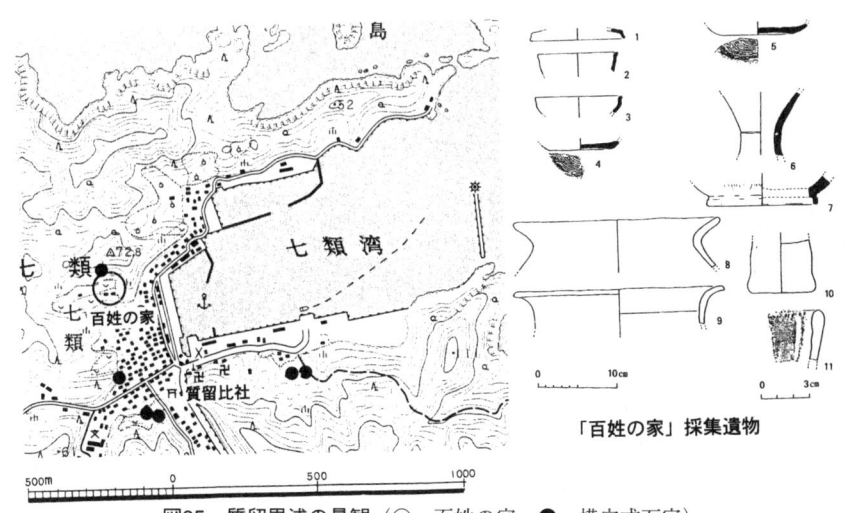

図85　質留毘浦の景観（○＝百姓の家、●＝横穴式石室）

「百姓の家」採集遺物

ていないが、奈良時代の遺物が採集される遺跡は「百姓の家」とみなされるのであり、まさに風土記の記載どおりの景観がそこにある。

弥生時代後期以降、このような濱・浦がいつ、どのような形で成立していくのか、今のところ考古資料に乏しく明確に述べることができない。しかし、第1章第5節で取り上げたように、『出雲国風土記』が記す島根半島部には弥生時代以来の伝統的な漁撈民の「ムラ」があり、これらの考古学的な調査に期待したい。この濱・浦には古代の漁村がパックされているのである。

8．内水面漁撈の発達

第2章で論じた内水面漁撈は、古墳時代後期以降に、とりわけ宍道湖周辺で発達したと思われる。古墳時代前期〜中期にみられた双孔棒状土錘はこの地方では姿を消し、管状土錘の中でも細く長い形状のそれが主流を占めていくことになる。このころの内水面漁撈の漁法には、釣漁のほかに筌や鵜飼があったが、各種の網漁はもっとも発達した。この時期にはどこの遺跡からもこの種の土錘が出土する。とりわけ刺網用の葉巻型をした管状土錘は内水面に棲息する魚種に応じて形態が分化し始めている。今日みられる魚網錘の原形はほぼ律令期までにでき上がっていたと推測される。

また、河川においても葉巻形の土錘が主流になり、アユ・フナ・コイが捕獲対象となったと思われる。サケ・マス漁は河川漁では重要な位置を占めていた。『出雲国風土記』には河川とその流域で生活する人々との関係を垣間見ることのできる記述がある。出雲郡条出雲大川がそれである。

> 出雲大川　源は伯耆と出雲との二國の堺なる鳥上山より出で、流れて仁多郡の横田村に出で、即ち、横田・三處・三澤・布勢等の四郷を経て、大原郡の堺なる引沼村に出で、即ち、來次・斐伊・屋代・神原等の四郷を経て、出雲郡の堺なる多義村に出で、河内・出雲の二郷を経て、北に流れ、更に折れて西に流れて、即ち、伊努・杵築の二郷を経て、神門水海に入る。此は則ち、謂はゆる斐伊川の下なり。河の両邊は、或は土地豊沃えて、五穀、桑、麻稔りて枝を頠け、百姓の膏腴なる薗なり。或は土體豊沃えて、草

木叢れ生ひたり。則ち、年魚・鮭・麻須・伊具比・鮎鱧等の類ありて、潭湍に雙び泳げり。河口より河上の横田村に至る間の五郡の百姓は、河に便りて居めり。出雲・神門・飯石・仁多・大原の郡なり。孟春より起めて季春に至るまで、材木を校へる船、河中を沿泝れり。

　すなわち、①斐伊川は中国山地に源をもち、出雲国の5郡を通過して河口にある神門水海に至り日本海に注いでいること、②そしてアユ・サケ・マス・ウグイ・ウナギなどの魚が所狭しと泳いでいるのがみえること、③川下の平原部は肥沃な土地で農耕が行われ豊かに穀物が収穫できること、④空気が乾燥して材木を切り出すのに適した季節には建築材の筏流しが行われていること、⑤こうして上流部から下流部に至る流域の人々は皆、この斐伊川に頼って生活していることが記載されている。文学的な誇張もあるかもしれないが、流域の人々が河川に頼って生活をしている様子がうかがわれる。とくに漁撈については、アユ・サケ・マス・ウグイ・ウナギは斐伊川を代表する捕獲対象魚であったと考えられよう。また伯耆以東の日本海沿岸の国々では、サケは律令期まで貢納が定められており重要な位置を占めていた。

　日本海沿岸を通過する海流には暖流と寒流がある。暖流は日本列島を北上する黒潮が南西諸島あたりで分かれ、対馬海峡を通過すると対馬暖流と呼ばれ、いくつかの支流となって日本海を北上する。これに対して寒流はリマン海流と呼ばれ、大陸沿岸沿いに南下し、朝鮮半島を下り日本海に逆流してくる。このリマン海流にもいくつかの支流があり、日本海沿岸は複雑な海流の流れにさらされている。これらの海流を文化や漁撈民の動きに置き換えてみることもできるだろう。

　本書で取り上げた山陰を中心とする日本海沿岸は、これまで主として暖流の影響下の地域としてとらえられてきた。それはたとえば、縄文時代の轟式土器や曾畑式土器、弥生時代の遠賀川式土器、土笛、銅矛、南海産貝輪、古墳時代の九州系横穴式石室など西からの文化である。漁撈具も同様なことがいえよう。しかし、大動脈はそうであっても、寒流域の文化もこの地域の基層文化の中に

しっかりと根づいている。鮭神社や海獣漁の銛などである。すなわち、この地域は単なる文化や人々の通過地点ではないのであって、漁撈民の活動を掘り起こしていけば、より豊かな歴史像を描くことができると考えられる。

註

(1) 図77-12〜15は佐々木・小林（1937）より転載し、他は佐々木謙・島根大学・鹿島町教育委員会所蔵のものを実測した。

(2) これは岡山県真菰谷遺跡出土例のような結合式釣針の軸部とも考えられなくもないが、今のところは針部に相当する資料が見当たらないので、ここでは垂飾りとしておく。

(3) 動物遺存体の炭素・窒素同位体分析。これまで人骨の食性分析やイノシシ・ブタの野生・家畜判定に用いられていた方法を魚介類において行い、地域差を求めるもの。

(4) 図79〜82は北浦（2001）、湯村（2002）より作図、図83は埋蔵文化財研究会第19回研究集会『海の生産用具—弥生時代から平安時代まで—』資料集2（1986）、清水（1981・1983）および筆者の図を加えて作図。図84は西尾（1981）、松本（1983）、赤澤（1992）、大谷・清野（1996）、坂本（1997）、牧田（2001）より作図。

(5) たとえば、いわき地方の縄文時代から弥生時代の骨角器をみると、縄文時代後期には釣針の中に大型のものが現れ、固定銛やヤス類も発達する。晩期には結合式釣針と離頭銛も加わり弥生時代まで続く。薄磯貝塚に代表されるこの地方の貝塚からは、捕獲の対象になったサメ・カメ・アシカ・アザラシなどの大型魚類や海獣類が豊富に発見されている（大竹1988）。東北地方でも釣針と銛・ヤス類が大型魚類の確保にセットとして使用されたと考えられ、広くこのような漁法が各地で行われていたと推定される。

(6) 弥生期の雌型銛頭の系譜を検討された山浦清氏は、朝鮮半島南部〜西北九州—山陰地方に類似するそれがあり、北海道恵山文化期の雌型銛頭との関連を指摘されている（山浦2004）。

(7) ただし、第1章第5節で論じたように、『出雲国風土記』出雲郡の「御崎の海子」は潜水漁を専業とする漁撈民であった。彼らは、壱岐・対馬など西北九州の海人の流れをくむ人々であったと思われる。

引用文献一覧

日　本

青崎和憲・繁昌正幸　1984　「外川江遺跡・横岡古墳」『鹿児島県埋蔵文化財発掘調査報告書(30)』鹿児島県教育委員会

青砥可休栄人　1863　『松江湖漁場由来記』島根県立図書館蔵

赤澤秀則　1985　『県営林道澄水山線開設事業に伴う御津中の津古墳発掘調査報告書』鹿島町教育委員会

　　　　　1992　「南講武草田遺跡」『講武地区県営圃場整備事業発掘調査報告書5』鹿島町教育委員会

秋本吉郎　1958　『風土記』日本古典文学大系2

　　　　　1984　『出雲国風土記諸本集』勉誠社

浅岡俊夫　1993　『月若遺跡第10地点・第13地点』六甲山麓遺跡調査会

朝山　皓　1954　『出雲風土記水産攷』(自費出版)

足立克己　1999　「布志名焼窯跡群」『小久白墳墓群――一般国道9号安来道路建設予定地内埋蔵文化財発掘調査報告書西地区Ⅻ―』島根県教育委員会

熱田貴保　2007a　「家の後Ⅱ遺跡2・北原本郷遺跡2」『尾原ダム建設に伴う埋蔵文化財発掘調査報告書』9　島根県教育委員会

　　　　　2007b　「原田遺跡3」『尾原ダム建設に伴う埋蔵文化財発掘調査報告書』10　島根県教育委員会

阿部勝行　1996　「糸大谷遺跡」『来島大橋建設に伴う埋蔵文化財報告書』第2集　㈶愛媛県埋蔵文化財調査センター

荒居英次　1998　「隠岐の俵物生産・集荷と役場引請制」『近世海産物経済史の研究』荒居英次先生遺著刊行会

荒牧宏行　1995　『大原C遺跡1―大原C遺跡群第1次調査の報告―』福岡市教育委員会

池田　毅　1994　「東播磨における漁撈活動についての考察」『文化財学論集』文化在学論集刊行会

池田哲夫　1993　「佐渡のイカ漁―その周辺のことなど―」『漁民の活動とその習俗』Ⅰ　神奈川大学日本常民文化研究所報告　第17集　神奈川大学日本常民文化研究所

　　　　　2004　『近代の漁撈技術と民俗』吉川弘文館

池田哲夫他　1986　『海府の研究―北佐渡の漁撈習俗―』両津市郷土博物館

池橋達雄　1986　「近代の美保関」『美保関町誌』上巻　美保関町
池畑耕一　1979　「隼人の漁撈生活」『隼人文化』第5号　隼人文化研究会
池邊　彌　1981　『和名類聚抄郡郷里名考證』吉川弘文館
池辺元明　1992　「荒堀雨久保遺跡」『福岡県文化財調査報告書』第99集　福岡県教育委員会
池峰龍彦・白神典之　1998　「東浅香山遺跡発掘調査概要報告Ⅳ」『堺市文化財調査概要報告』第78冊　堺市教育委員会
伊崎俊秋　1989　「稲元日焼原」『宗像市文化財調査報告書』第22集　宗像市教育委員会
井沢洋一・谷沢　仁　1986　「藤崎遺跡Ⅲ」『福岡市埋蔵文化財調査報告書』第137集　福岡市教育委員会
石毛直道　1971　「タコのかたきうち」『季刊人類学』2-3
石原義剛　1985　『三重県水産図説』海の博物館
石部正志　1956　「若狭大飯」『同志社大学文学部考古学調査報告』第1冊　同志社大学文学部
石丸恵利子・海野徹也・陀安一郎　2006　「動物遺存体の産地同定に関する基礎研究」『日本文化財科学会第23回大会資料』日本文化財科学会
石母田正　1938a「天平十一年出雲国大税賑給歴名帳について（一）」『歴史学研究』8-6　歴史学研究会
　　　　　1938b「天平十一年出雲国大税賑給歴名帳について（二）」『歴史学研究』8-8　歴史学研究会
　　　　　1938c「天平十一年出雲国大税賑給歴名帳について（三）」『歴史学研究』8-11　歴史学研究会
井尻　格・中村大介　2003　『住吉宮町遺跡第37次発掘調査報告書』神戸市教育委員会
井尻　格　2003　『小路大町遺跡第4次調査発掘調査報告書』神戸市教育委員会
板楠和子　1982　「文献から見た海の中道遺跡」『海の中道遺跡』福岡市埋蔵文化財調査報告書87集
市川武夫　1977　『日本のサケ』NHKブックス
市橋重喜　1986　「沖ノ島古墳群」『海の生産用具』埋蔵文化財研究会第19回研究集会資料集
伊豆川浅吉　1943a「土佐鯨史　上巻」『日本常民文化研究彙報』第53　日本常民文化研究所
　　　　　　1943b「土佐鯨史　上巻」『日本常民文化研究彙報』第54　日本常民文化研究所
伊藤照雄　1986　「垢田舟原・柏原遺跡」『下水道山陰終末処理場建設計画にともなう遺

構確認調査報告』下関市教育委員会

井上貴央・松本充香　2002　「青谷上寺地遺跡から検出された動物遺存体について」『鳥取県教育文化財団調査報告書74』㈶鳥取県教育文化財団

井上光貞　1951　「国造制の成立」『史学雑誌』60-11

猪熊樹人　2006　「中世鎌倉のイカ釣針」『動物考古学』第23号　動物考古学会

井場好英　1998　『友田町遺跡第2・3次発掘調査概報』和歌山市文化体育振興事業団調査報告書　㈶和歌山市文化体育振興事業団

　　　　　2001　「太田・黒田遺跡第45次発掘調査概報」『和歌山市文化体育振興事業団調査報告書』第27集　㈶和歌山市文化体育振興事業団

今岡一三　1996　『斐伊川放水路発掘調査報告書』Ⅴ　島根県教育委員会

岩瀬　透　1997　『大和川今池遺跡発掘調査概要・ⅩⅣ』大阪府教育委員会

岩橋孝典　1996　「徳見津遺跡」『一般国道9号（安来道路）建設予定地内埋蔵文化財発掘調査報告書』12　島根県教育委員会

植垣節也　1991　『風土記研究』13号

上村俊雄　1985　「神川堤第一地点遺跡」『鹿児島大学工学部危険物薬品庫改築工事に伴う埋蔵文化財発掘調査報告書』鹿児島大学工学部鹿児島大学法学部考古学研究室

上山佳彦　2000　「赤迫遺跡（C地区）」『山口県埋蔵文化財センター調査報告』第19集　山口県埋蔵文化財センター

宇垣匡雄　1999　「原尾島遺跡」『岡山県埋蔵文化財発掘調査報告』139　岡山県教育委員会

内田律雄　1981　「オノ峠遺跡」『国道9号線建設予定地内埋蔵文化財発掘調査報告書Ⅲ』島根県教育委員会

　　　　　1984　「出雲刈山4号墳と搬入須恵器」『ふぃ～るど・の～と』№6　本庄考古学研究室

　　　　　1987a　「『出雲国風土記』と考古学」『出雲古代史の諸問題』第15回古代史サマーセミナー発表記録

　　　　　1987b　「出雲地方における奈良・平安時代の塩の流通」『島根史学会会報』第11・12号

　　　　　1989　「原始・古代の朝酌川流域」『朝酌川河川改修工事に伴う西川津遺跡発掘調査報告書Ⅲ』島根県教育委員会

　　　　　1990　『朝酌川河川改修工事に伴う西川津遺跡発掘調査報告書Ⅳ』島根県教育委員会

　　　　　1990　「中海・美保関のタコ壷漁」『季刊文化財』第69号　島根県文化財愛護協

会
内田律雄　1991　『朝酌川河川改修工事に伴う西川津遺跡発掘調査報告書Ⅴ』島根県教育委員会
　　　　　1993　「原始・古代の出雲」『古代を考える　出雲』吉川弘文館
　　　　　1994　「鳥取・島根」『日本土器製塩の研究』青木書店
　　　　　1995　「古代出雲の塩と鉄」『出雲世界と古代の山陰』名著出版
　　　　　1996　「門遺跡」『志津見ダム建設予定地内埋蔵文化財調査報告書』3　島根県教育委員会
　　　　　2000　「イカ釣具の成立と展開」『外浜遺跡』西ノ島町教育委員会
　　　　　2001　「『出雲国風土記』の四浦」『八雲立つ風土記の丘』№178　島根県立八雲立つ風土記の丘
　　　　　2002　「山陰のウグイ漁」『第6回動物考古学研究集会発表要旨集』動物考古学研究会
　　　　　2004a「内水面漁業における土製魚網錘」『考古論集』河瀬正利先生退官記念論文集
　　　　　2004b「大津町北遺跡・中野清水遺跡」『一般国道9号バイパス建設予定地内埋蔵文化財発掘調査報告書5』島根県教育委員会
　　　　　2005　「古浦遺跡出土の疑似餌」『古浦遺跡』鹿島町教育委員会
内本勝彦　1991　「四ッ池遺跡発掘調査概要報告書」『堺市文化財調査概要報告』第24冊　堺市教育委員会
宇野愼敏　2002　「牛丸遺跡」『北九州市埋蔵文化財報告書』第279集　㈶北九州市芸術文化振興財団埋蔵文化財調査室
宇野愼敏　2004　「双孔棒状土錘について」『海峡の地域史』水島稔夫追悼集刊行会
海の博物館　1998　『海の図鑑』㈶東海水産科学協会
梅木茂雄　1998　「竹ヶ崎遺跡の調査」『一般国道9号（安来道路）建設予定地内埋蔵文化財発掘調査報告書』西地区Ⅸ　島根県教育委員会
梅原末治　1964a『椿井大塚山古墳　附　向日町元稲荷古墳』京都府教育委員会
　　　　　1964b「鵜養を表した子持台附須恵器」『考古学雑誌』第50巻第1号　日本考古学会
梅原　猛・渡辺　誠　1989　「縄文の神秘」『人間の美術』第1巻　学習研究社
梅本健治　2003　「三太刀遺跡(1)」『広島県埋蔵文化財調査センター調査報告書』第206集　㈶広島県埋蔵文化財調査センター
江坂輝弥　1965　「清竜刀形石器学」『史学』38巻1号
遠藤嘉基・春日和男校注　『日本霊異記』日本古典文学大系70　岩波書店

大川　清　　1989　「益子の汽車土瓶」『国士舘大学文学部人文学会紀要』別冊第1号　国士舘大学文学部
大川　浩　　1953　「フカ（サメ）底延縄漁業」『日本沿岸の漁具漁法』水産庁調査研究部第二課
大隈清治　　2003　『クジラと日本人』岩波書店
大　阪　市　1980　『池上遺跡』大阪文化財センター
大竹憲治　　1988　「いわき地方の釣針と銛」『季刊考古学』第25号　雄山閣
　　　　　　1998　「鮫と鰐」『うえいぶ』第20号
大谷晃二・清野孝之　1996　「安来市毘売塚古墳の再検討」『島根考古学会誌』第13集　島根考古学会
大槻清準　　1808　『鯨史稿』（1976『江戸科学古典叢書』2　恒和出版に収録）
大野左千夫　1980　「有孔土錘について」『古代学研究』93　古代學研究会
大庭良美　　1992　『日原民具誌』日原町教育委員会
大庭康時　　1998　「吉塚4―吉塚遺跡群第4次調査の概要―」『福岡市埋蔵文化財調査報告書』第552集　福岡市教育委員会
大山真充・真鍋昌宏　1998　「大浦浜遺跡」『瀬戸大橋建設に伴う埋蔵文化財発掘調査報告』Ⅴ　香川県教育委員会
岡　一彦・河田泰之　2002　「男里遺跡発掘調査報告書」『泉南市文化財調査報告書』第37集　泉南市教育委員会
岡田喜一　　1978　『薩摩烏賊餌木考』内田老鶴圃新社
岡田　博　　1995　「米田遺跡」『岡山県埋蔵文化財発掘調査報告書』101　岡山県教育委員会
　　　　　　2004　「中撫川遺跡」『岡山県埋蔵文化財発掘調査報告書』182　岡山県教育委員会
岡山真知子　1998　『富島遺跡』北淡町教育委員会
奥谷喬司　　1989　『イカはしゃべるし空も飛ぶ』講談社
奥野良之助　1971　『磯魚の生態学』創元新書
尾崎雅一　　1996　「東禅寺・黒山遺跡Ⅰ」『山口県教育財団埋蔵文化財調査報告』第2集　㈶山口県教育財団
小田和利　　1992　「赤幡森ヶ坪遺跡」『椎田バイパス関係埋蔵文化財調査報告書』8　福岡県教育委員会
小野忠凞　　1961　「筏石遺跡」『山口県文化財概要』第4集　山口県教育委員会
小野秀幸　　2002　「坪井遺跡」『四国横断自動車道建設に伴う埋蔵文化財発掘調査報告』第四十冊　香川県教育委員会・㈶香川県埋蔵文化財調査センター

2005　「花池尻北遺跡・西久保遺跡」『県道高松志度線及び県道丸亀詫間豊浜線建設に伴う埋蔵文化財発掘調査報告書』香川県教育委員会
小野田義和・秦　憲二　1998　「住吉宮町遺跡（第17次・第18次調査）」『阪神・淡路大地震復興に伴う発掘調査』神戸市教育委員会
甲斐寿義　2001　「二目川遺跡」『大分県文化財調査報告書』第122輯　大分県教育委員会
貝川克士　1998　「湊遺跡」『泉佐野市埋蔵文化財発掘調査報告』50　泉佐野市教育委員会
柿木村教育委員会　1986　『柿木村誌』
角田徳幸　1998　「板屋Ⅲ遺跡」『志津見ダム建設予定地内埋蔵文化財調査報告書』5　島根県教育委員会
影山和雄　1988　『関金町内遺跡発掘調査報告書』Ⅳ　関金町教育委員会
梶谷　実　1999　「『出雲国風土記』出雲郡条宇賀郷―黄泉の穴の比定を中心として―」『出雲古代史研究』第9号　出雲古代史研究会
勝浦令子　1977　「律令制下贄貢納の変遷」『日本歴史』第352号　吉川弘文館
勝木重太郎　1946　『改訂漁具図説』左文字書店
勝部　昭　1993　「アワビ貝の副葬について」『御崎横穴群発掘調査報告書』隠岐島前教育委員会
勝部直達　1978a『釣針史料集成』渓水社
　　　　　　　　1978b『「釣鈎図譜」解題』渓水社
勝部正郊　1971　「漁業」『出雲中海沿岸地区の民俗―中海沿岸地区民俗資料緊急調査報告―』島根県教育委員会
　　　　　　　　1990　『山陰の民具』名著出版
勝部正郊・河岡武春　1997　「中海・宍道湖の漁具漁法と背景」『民具マンスリー』9巻9号　神奈川大学日本常民文化研究所
加藤誠司　1994『ニタ子塚遺跡発掘調査報告書』倉吉市教育委員会
加藤隆也　1999　「藤崎遺跡14」『福岡市埋蔵文化財調査報告書』第607集　福岡市教育委員会
加藤義成　1957　『出雲風土記参究』原書房
　　　　　　　　1962　『出雲風土記参究』改訂増補新版　今井書店
可児弘明　1957　「日本新石器時代人と章魚捕食の一問題」『史学』第30巻第3号
　　　　　　　　1966　『鵜飼』中公新書
金田禎之　1986　『日本漁具・漁法図説』増補改訂版　成山堂書店
嘉穂町　1983　『嘉穂町史』
釼持輝久　2006　「三浦半島の弥生時代から平安時代における魚網について」『考古学の

諸相Ⅱ』坂詰秀一先生古希記念論文集
神長英輔　2002　「東北アジアにおける近代捕鯨業の黎明」『スラヴ研究49』北海道大学スラヴ研究センター
上林史郎　1997　「男里遺跡発掘調査概要・Ⅱ」『府営地域総合オアシス整備事業（泉南地区・双子池改修工事）に伴う』大阪府教育委員会
亀井熙人　1981a 「鷺山古墳」『鳥取県装飾古墳分布調査概報』鳥取県教育委員会
　　　　　1981b 「空山古墳」『鳥取県装飾古墳分布調査概報』鳥取県教育委員会
　　　　　1983　『島遺跡発掘調査報告書』第1集　北条町教育委員会
亀島重則　2000　「麻生仲下代遺跡」『大阪府埋蔵文化財調査報告』1999-9　大阪府教育委員会
亀山行雄　1996　「津寺遺跡3」『岡山県埋蔵文化財発掘調査報告』104　岡山県教育委員会
　　　　　2003　「岡山城二の丸跡」『岡山県埋蔵文化財発掘調査報告』175　岡山市教育委員会
仮屋喜一郎　2001　「泉南市遺跡群発掘調査報告書ⅩⅧ」『泉南市文化財調査報告書』第三十四集　泉南市教育委員会
河合　修　1995　「川合遺跡」『静岡県埋蔵文化財調査研究調査報告』第63集　㈶静岡県埋蔵文化財調査研究所
河岡武春　1981　「海部と手繰網」『図説日本の古典』第三巻月報　集英社
川上厚志　2001　『二葉町遺跡発掘調査報告書（第3・5・7・8・9・12次調査）』神戸市教育委員会
川上　稔　1996a 『山持川川岸遺跡』出雲市教育委員会
　　　　　1996b 『上長浜遺跡』出雲市教育委員会
河田泰之　1997　「男里遺跡発掘調査概要・Ⅰ」『府営地域総合オアシス整備事業（泉南地区・双子池改修工事）に伴う』大阪府教育委員会
川畑　聡　2001　「松縄下所遺跡」『高松市埋蔵文化財調査報告書』第52集　高松市教育委員会
河本いずみ　1998　「瀬戸35・36号墳の調査」『瀬戸岩子山遺跡発掘調査報告書』大栄町教育委員会
神野　信　2003　『青木松山遺跡・沢辺遺跡発掘調査報告書』㈶総南文化財センター
神野善次　1984a 「鮭の精霊とエビス信仰」『列島の文化史』1号
　　　　　1984b 「駿河湾北部のイカ釣漁」『沼津市歴史民俗資料館紀要』8　沼津市歴史民族資料館
岸崎佐久治　1683　『出雲風土記抄』（桑原家本）

北浦弘人　2001　「青谷上寺地遺跡3」『鳥取県教育文化財団調査報告書72』㈶鳥取県教育文化財団
木太久守　1986　「長野A遺跡Ⅰ」北九州市埋蔵文化財調査報告書第47集　㈶北九州市教育文化事業団埋蔵文化財調査室
　　　　　1990　「上清水遺跡Ⅰ区」『北九州市埋蔵文化財調査報告書』第90集　㈶北九州市教育文化事業団埋蔵文化財調査室
木下　良　1992　「『国府と駅家』再考―坂本太郎博士説の再検討―」『國學院大學紀要』第30巻　國學院大學
清野謙次　1969　『日本貝塚の研究』岩波書店
楠本政助　1976　『縄文人の知恵にいどむ』筑摩書房
久住猛雄　1998　「博多63」『福岡市埋蔵文化財調査報告書』第558集　福岡市教育委員会
久世仁士　1989　「大阪湾南岸における蛸壺形土器出土遺跡の検討」『法政考古学』第14集
久保和士　1992　「土錘」『難波宮址の研究』第9
久保禎子　2003　「西庄遺跡における漁撈活動」『西庄遺跡』㈶和歌山県文化財センター
久保脇美朗　1998　「土佐泊大谷遺跡」『徳島県埋蔵文化財センター調査報告書』第19集　徳島県教育委員会・㈶徳島県埋蔵文化財センター
倉野憲司・武田祐吉　1991　『古事記・祝詞』日本古典文学大系1　岩波書店
栗田勝弘　1991　「会下遺跡・的場2号墳・塩屋伊像野原遺跡」『大分県文化財調査報告書』第83輯　大分県教育委員会
栗田則久　1988　『東関東自動車道埋蔵文化財調査報告書』Ⅳ　㈶千葉県文化財センター
黒板勝美　1965　『国史大系』吉川弘文館
黒沢直尚　1717　『雲陽誌』(『大日本地誌体系』27　1971に収録)
小池史哲　1992　「日奈古・寺尾遺跡」『椎田バイパス関係埋蔵文化財調査報告書』7　福岡県教育委員会
河野賢太郎　2003　「北中遺跡」『宮崎市文化財調査報告書』第56集　宮崎市教育委員会
嵩元政秀・当真嗣一　1981　「考古学上よりみたる南島の墓制について」『南島研究』第22号　南島研究会
甲元眞之　1994　「東北アジアの先史時代漁撈」『熊本大学文学部論叢』45号　熊本大学文学部
　　　　　1999　「環東中国海の先史漁撈文化」『熊本大学文学部論叢』65号
　　　　　2002　「東アジアの先史時代漁撈」『東アジアと日本の考古学』Ⅳ　同成社
児島俊平　1976　「瀬戸ケ島の捕鯨考」『亀山』第4号　浜田市文化愛護協会
小島孝夫　1987　「安房地方の捕鯨―ツチクジラ漁をめぐって―」『民具研究』76　日本

　　　　　　　　　　民具学会
小嶋善邦　　2004　「百間川原尾島遺跡6」『岡山県埋蔵文化財発掘調査報告』179　岡山県
　　　　　　　　　　教育委員会
小寺誠他　　2000　「袴狭遺跡」『兵庫県文化財調査報告書』第197冊　兵庫県教育委員会
後藤蔵四郎　1918　『出雲風土記考證』島根縣神職会
小葉田淳　　1951　「西海捕鯨業について」『平戸市学術調査報告』平戸市教育委員会
小林青樹　　2006　「朝日遺跡出土の鯨骨製アワビ起こし」『動物考古学』第23号　動物考
　　　　　　　　　　古学会
駒井正明　　1987　「芝ノ垣外遺跡」『㈶大阪府埋蔵文化財協会調査報告書』第8輯　大阪
　　　　　　　　　　府教育委員会・㈶大阪府埋蔵文化財センター
近藤広・雨森智美　2007　「滋賀県」『古墳時代の海人集団を再検討する』第56回埋蔵文
　　　　　　　　　　化財研究集会実行委員会
近藤義郎　　1984　『土器製塩の研究』青木書店
紺野義夫　　1975　『日本海の謎』築地書館
斉藤　剛　　2002　「古町遺跡」『徳島県埋蔵文化財センター調査報告』第43集　徳島県教
　　　　　　　　　　育委員会・㈶徳島県埋蔵文化財センター
坂井和夫　　1982　「越後のサケ取り漁具と小屋」『中部地方の民具』（谷川健一編 1996
　　　　　　　　　　『鮭・鱒の民俗』日本民俗文化資料集成19）
佐賀県立博物館　　1980　『玄海のくじら捕り』佐賀県教育委員会
坂本太郎他　1993　『日本書紀』日本古典文学大系68　岩波書店
坂本論司　　1997　『平田遺跡』木次町教育委員会
坂本嘉弘　　2005a「豊後府内1」『大分県教育庁埋蔵文化財センター調査報告書』第1集
　　　　　　　　　　大分県教育庁埋蔵文化財センター
　　　　　　2005b「豊後府内2」『大分県教育庁埋蔵文化財センター調査報告書』第2集
　　　　　　　　　　大分県教育庁埋蔵文化財センター
坂本嘉弘・衛藤麻衣　2001　「清太郎遺跡」『大分県文化財調査報告書』第115輯　大分
　　　　　　　　　　県教育委員会
佐香漁業共同組合編　1987　『第37年度業務報告書』
桜井勝之進　1969　『伊勢神宮』学生社
櫻田勝徳・山口和雄　1935　『隠岐島前漁村探訪記』アチック（『日本常民生活資料叢書』
　　　　　　　　　　第20巻に収録）
桜田　隆　　1978　「青森県三内遺跡」『青森県埋蔵文化財調査報告書』37　青森県教育委
　　　　　　　　　　員会
笹生　衛　　2004　「房総半島における擬餌針の系譜—考古学からのアプローチ—」『研究

紀要』Vol.1　千葉県安房博物館
佐々木謙・小林行雄　1937　「出雲國森山村崎ヶ鼻洞窟及び権現山洞窟遺蹟」『考古学』
　　　　　　　　　　　　　第8巻第10号　東京考古学会
佐藤浩司　1991　「上清水遺跡Ⅱ区―九州縦貫自動車道関係文化財調査報告23―」『北九
　　　　　　　　州市埋蔵文化財調査報告書』第100集　(財)北九州市教育文化事業団埋
　　　　　　　　蔵文化財調査室
　　　　　2002　「黒崎遺跡」『北九州市埋蔵文化財調査報告書』第280集　(財)北九州市
　　　　　　　　芸術文化振興財団埋蔵文化財調査室
佐藤　隆　2000　『難波宮址の研究第11―前期難波宮内裏西方官衙地区の調査―』(財)大
　　　　　　　　阪市文化財協会
真田廣幸　1993　「夏谷遺跡」『倉吉市内遺跡分布調査報告書』Ⅷ　倉吉市教育委員会
讃岐和夫　1990　「下郡遺跡群」『大分市下郡地区土地区画整備事業に伴う発掘調査報告
　　　　　　　　概報(1)』大分市教育委員会
讃岐和夫・坪根伸也　1991　「下郡遺跡群」『大分市下郡地区土地区画整理事業に伴う発
　　　　　　　　掘調査報告概報(2)』大分市教育委員会
更谷大介　2000　「下ノ坪遺跡Ⅲ」『野市町埋蔵文化財発掘調査報告書』第7集　高知県
　　　　　　　　野市町教育委員会
志賀　剛　1981　『式内社の研究（第4巻　山陰道）』雄山閣出版
重藤輝行　1999　「寺田遺跡第95地点発掘調査概要報告書」『芦屋市文化財調査報告』第
　　　　　　　　32集　芦屋市教育委員会
篠宮　正　1987　「明石のタコ、タコ壷、壷作り」『文化財研究会月報』第11号　文化財
　　　　　　　　研究会
柴尾俊介　1980　「アワビ貝を伴う埋葬習俗について」『考古学研究』第27巻第1号　考
　　　　　　　　古学研究会
澁澤敬三　1884　『明治前日本漁業技術史』（新訂版　日本学士院編　1982　臨川書店）
島崎久恵　2002　「亀川遺跡」『(財)大阪府文化財調査研究センター調査報告書』第75集
　　　　　　　　(財)大阪府文化財調査研究センター
島根県神社庁　1981　『神国島根』
島根新聞社　1963　『島根新聞』昭和38年7月30日付
清水和男・平田洋司　1999　「山之内遺跡発掘調査報告書Ⅱ」『市営住宅建設工事に伴う
　　　　　　　　発掘調査報告書』その2　(財)大阪市文化財協会
清水真一　1981　『鳥取県羽合町長瀬高浜遺跡発掘調査報告書』Ⅲ　(財)鳥取県教育文化
　　　　　　　　財団
　　　　　1983　『長瀬高浜遺跡発掘調査報告書Ⅰ』(財)鳥取県教育文化財団

下澤公明	1996	「斎富遺跡」『岡山県埋蔵文化財発掘調査報告』105　岡山県教育委員会
下條信行	1984	「弥生・古墳時代の九州型石錘について」『九州文化史研究所紀要』第29号　九州大学九州文化史研究施設
	1989	「島根県西川津遺跡からみた弥生時代の山陰地方と北部九州」『朝酌川河川改修工事に伴う西川津遺跡発掘調査報告書』Ⅴ（海崎地区3）　島根県教育委員会
	1993	「わが国初期稲作期における土錘の伝来と東伝」『考古論集』塩見浩先生退官記念事業会
下山　覚	1985	「双孔棒状土錘に関する一考察」『神川堤第一地点遺跡』鹿児島大学法文学部考古学研究室
正林　護	1982	「水人の伝統」『里田原歴史民俗資料館』田平町里田原歴史民俗資料館
	1989	「佐賀貝塚」『峰町文化財調査報告書』第9集　峰町教育委員会
書陵部	1979	「葉山御用邸内遺跡発掘調査報告書」『書陵部紀要』第31号
白神典之	2000	「東浅香山遺跡発掘調査概要報告Ⅴ」『堺市文化財調査概要報告』第88冊　堺市教育委員会
白数真也・肥後弘幸・長谷川達・高田健一	2000	「大風呂南墳墓群」『岩滝町文化財調査報告書』15集　岩滝町教育委員会
城野博文	2005	「戎畑遺跡発掘調査報告書」『泉南市文化財調査報告書』第45集　泉南市教育委員会
水産庁	1953	『日本沿岸の漁具漁法（釣漁業のうち延縄漁具類、雑漁業）』水産庁調査研究部研究第二課
末永弥義	2000	「豊前国府跡惣社地区Ⅰ」『豊津町文化財調査報告書』第23集　豊津町教育委員会
末広恭雄	1989	『魚の博物辞典』講談社学術文庫
菅本宏明・石島三和	1999	「北青木遺跡発掘調査報告書—第3次調査—」神戸市教育委員会
菅原康夫	1984	『光勝院寺内遺跡』徳島県教育委員会
杉原敦史	2000	「線刻絵画土器発見」『原の辻ニュウスレター』長崎県教育庁原の辻遺跡発掘調査事務所
杉山一雄	2001	「天瀬遺跡・岡山城外堀跡」『岡山県埋蔵文化財発掘調査報告書』154　岡山県教育委員会
	1998	「伊福定国前遺跡」『岡山県埋蔵文化財発掘調査報告』125　岡山県教育委員会
鈴鹿千代乃	1999	「『海人語り』の構造」『えびす信仰辞典』

須藤健一　1987　「サンゴ礁における磯漁の実態調査中間報告(2)―石垣市登野城地区漁民の潜水漁法―」『国立民族学博物館研究報告』3巻3号
隅昭志他　1988　『沖ノ原遺跡』五和町教育委員会
関　和彦　1987　「『出雲国風土記』と古代社会」『出雲古代史の諸問題』第15回古代史サマーセミナー発表記録
　　　　　1994　『日本古代社会生活史の研究』塙書房
　　　　　1999　「琴板の起源」『八雲立つ風土記の丘』No158　島根県立八雲立つ風土記の丘
　　　　　2003　「『出雲国風土記』註論」『島根県古代文化センター調査研究報告15』島根県古代文化センター
太地　亮　2001　『太地角右衛門と鯨方』（自費出版）
高尾和長　2002　「船ヶ谷遺跡」『松山市文化財調査報告書』88　松山市教育委員会・㈶松山市生涯学習振興財団・埋蔵文化財センター
高木市之助他　1967　『日本霊異記』日本古典文学大系70　岩波書店
高木芳史・深江英憲　2000　「亀田遺跡（第1分冊）」『兵庫県文化財調査報告』第210冊　兵庫県教育委員会
高島　徹　2005　『陶器千家・陶器遺跡発掘調査概要―府営集落基盤整備事業（陶器北地区）に伴う―』大阪府教育委員会
高瀬一嘉　1997　「三条九ノ坪遺跡」『兵庫県文化財調査報告』第168冊　兵庫県教育委員会
高田健一　2000　「大風呂南墳墓群」『岩滝町文化財調査報告書』第15集　岩滝町教育委員会
高野晋司他　1980　「串島遺跡」『長崎県文化財調査報告書』第51集　長崎県教育委員会
高野裕二　2003　「上葛原遺跡第1地点」―上葛原第二土地区画整備事業に伴う埋蔵文化財調査―　北九州市教育委員会
高橋　桂　1972　「魚形線刻画のある土器片」『信濃』第11号　信濃志学会
高安克己・角館正勝　1991　「西川津遺跡弥生層出土の貝類について」『朝酌川河川改修工事に伴う西川津遺跡発掘調査報告書Ⅴ』島根県教育委員会
高山正久　2002　「寺田遺跡」『高山歴史学研究所文化財調査報告書』第7冊　高山歴史学研究所
宅野幸徳　2000　「高津川の鵜飼」『民具研究』86　日本民具学会
武田光正　1999　「尾崎・天神遺跡Ⅳ」『遠賀町文化財調査報告書』第13集　遠賀町教育委員会
武部真木　1996　「瀬戸内型土錘・工字型土錘」『埋蔵文化財愛知』No46　㈶愛知県埋蔵

　　　　　　　　　　文化財センター
　　　　　　1997　「大毛池田遺跡」『愛知県埋蔵文化財センター調査報告書』第72集　㈶愛知県埋蔵文化財センター
竹村忠洋　1999　「津知遺跡第17地点発掘調査概要報告書」『芦屋市文化財調査報告』第34集　芦屋市教育委員会
竹村忠洋・白谷朋世　2004　「月若遺跡(第71地点)発掘調査報告書」『芦屋市文化財調査報告』第51集　芦屋市教育委員会
田中和廣　2002　「伽羅橋」『㈶大阪府文化財調査研究センター調査報告書』第70集　㈶大阪府文化財調査研究センター
田中精夫　1983　『鳥取県羽合町長瀬高浜遺跡発掘調査報告書』Ⅳ　㈶鳥取県教育文化財団
田辺　悟　1993　『海女』ものと人間の文化史73　法政大学出版局
田部秀男・伊藤照雄　2005　「宮ノ下遺跡・神田遺跡」『下関市文化財調査報告書』8　下関市教育委員会
谷　正俊　1989　『日暮遺跡発掘調査報告書』神戸市教育委員会
　　　　　　2003　「御蔵遺跡Ⅴ(第26・37・45・51次調査)」『国道28号線道路改築工事(長田工区)に伴う埋蔵文化財発掘調査報告書』神戸市教育委員会
谷岡陽一　1989　『栗谷遺跡発掘調査報告書』Ⅰ　福部村教育委員会
　　　　　　1990　『栗谷遺跡発掘調査報告書』Ⅱ　福部村教育委員会
谷口　栄　1995　「東京湾北部における漁撈活動」『王朝の考古学』大川清博士古希記念論文集
谷口俊治　2004　「朽網南塚遺跡3」『北九州市埋蔵文化財調査報告書』第317集　㈶北九州市芸術文化振興財団埋蔵文化財調査室
谷村友三　1720　『西海鯨鯢記』(立平進編 1980『西海鯨鯢記』平戸市教育委員会に収録)
谷若倫郎　1986　「朝倉南甲遺跡」『県営圃場整備事業(朝倉村南甲平林地区)関連埋蔵文化財調査報告書』㈶愛媛県埋蔵文化財調査センター
玉城一枝　2003　「古代真珠考」『古代近畿と物流の考古学』学生社
千葉県立安房博物館　1988　『房総半島の漁撈用具』第1集　千葉県文化財保護協会
千葉徳爾注解　1970　『日本山海名物名産図会』
津川ひとみ　1997　『国指定史跡　梶山古墳』国府町教育委員会
土山健史　1990　「堺環濠都市遺跡・翁橋遺跡発掘調査報告」『堺市文化財調査報告』第46集　堺市教育委員会
坪根伸也　1993　「下郡遺跡群」『大分市下郡地区土地区画整理事業に伴う発掘調査概報⑷』大分市教育委員会

出原恵三	1996	「船戸遺跡」『高知県埋蔵文化財センター発掘調査報告書』第27　高知県教育委員会　㈶高知県文化財団埋蔵文化財センター
寺井　誠	2002	「大阪城跡Ⅴ」『平成11年度大阪市住宅局による空清住宅建設工事に伴う大阪城跡発掘調査報告』㈶大阪市文化財協会
寺原　徹	2002	「小倉畑遺跡」『鹿児島県立埋蔵文化財センター発掘調査報告書（34）』鹿児島県立埋蔵文化財センター
東京都教育委員会	1992	「小笠原諸島の考古学的資料集成」『東京都埋蔵文化財調査報告書』19集
東野治之	1997	『木簡が語る日本の古代』岩波新書
当真嗣一	1977	「大地に埋れたシマの歴史」『渡名喜島遺跡群』渡名喜村教育委員会
	1978	「木綿原―沖縄県読谷村渡具知木綿原遺跡発掘調査報告書―」『読谷村文化財調査報告書』第5集　沖縄県読谷村教育委員会
	1980	「大原―久米島大原貝塚群発掘調査報告―」『沖縄県文化財調査報告書』第32集　沖縄県教育委員会
十河良和	1998	「四ッ谷遺跡発掘調査概要報告書」『堺市文化財調査概要報告』第70冊　堺市教育委員会
鳥取市教育委員会	1985	「秋里遺跡Ⅳ」『鳥取市文化財報告書19』鳥取市遺跡調査団
飛田恵美子	2002	「山陰の製塩土器について」『出雲古代史研究』第12号　出雲古代史研究会
飛野博文	1998	「下原遺跡」『福岡県文化財調査報告書』第134集　福岡県教育委員会
富長源十郎	1984	『大仙道西遺跡発掘調査報告書』名和町教育委員会
富永盛治郎	1946	『魚の生活』角川新書
富山直人	2003	「御蔵遺跡（第5・7・11～13・18～22・24・28・29・31・33～36・39・41・43次発掘調査報告書）」『御菅西地区震災復興土地区画整備事業地内における民間事業に伴う埋蔵文化財発掘調査報告書』神戸市教育委員会
直木孝次郎	1975	「贄に関する二三の考察」『飛鳥奈良時代の研究』塙書房
直良信夫	1976	『釣針』ものと人間の文化史17　法政大学出版局
中尾篤志	2002	「後漢の秤」『発掘「倭人伝」海の王都、壱岐・原の辻遺跡展』（図録）長崎県教育委員会
	2005a	「鯨骨製アワビオコシの拡散とその背景」『西海考古』第6号　西海考古同人会
	2005b	「弥生時代における結合式釣針の拡散と展開」『考古論集―川越哲志先生退官記念論文集―』川越哲志先生退官記念論文集

中島政国　1955　『美保関町史資料』美保関町教育委員会
中園成生　2001a『くじら取りの系譜』長崎新聞新書
　　　　　2001b「日本における捕鯨法と、捕鯨の歴史的展開の体系的研究についての考察」『島の館だより』Vol.5　生月町博物館
長門市教育委員会　1981　「捕鯨業」『長門市史』
中村淳子　1992　『鯨の郷・土佐』高知県立歴史民俗資料館
中村淳磯　2005　「男里遺跡」『㈶大阪府文化財センター調査報告書』第127集　㈶大阪府文化財センター
　　　　　2003　「泉佐野市湊・旭町・大宮町所在　湊遺跡他」『㈶大阪府文化財センター調査報告書』第87集　㈶大阪府文化財センター
中村徹也　1985　「小野田松山窯」『小野田市埋蔵文化財調査報告』第1集　小野田市教育委員会
　　　　　1985　「奥正権寺遺跡Ⅱ・大崎岡古墳群・大崎遺跡」『山口県埋蔵文化財調査報告書』第82集　山口県教育委員会
中村利吉　1889　『釣鈎図譜』(渓水社復刻版　1979)
永松みゆき　1999　「原遺跡七朗丸1地区・口寺田遺跡」『大分県国東町文化財調査報告書』第18集　国東町教育委員会
　　　　　2001　「国史跡　安国寺集落遺跡」『大分県国東町文化財調査報告書』第23集　国東町教育委員会
仲道　裕　1998　『灘・八幡遺跡Ⅰ』妙見山麓遺跡調査会
奈良国立文化財研究所　1990　『平城京発掘調査出土木簡概報(22)―二条大路木簡2―』
　　　　　1991　『平城京発掘調査出土木簡概報(24)―二条大路木簡2―』
　　　　　1994　『平城京発掘調査出土木簡概報(24)―二条大路木簡3―』
成瀬正和　2002　「正倉院宝物の素材」『日本の美術』第439号　至文堂
西尾克己　1981　「大社・中分貝塚」『島根県埋蔵文化財調査報告書』第Ⅷ集　島根県教育委員会
西尾秀道　1999　「御崎古墳群Ⅰ」『御崎漁港関連道整備事業に伴う埋蔵文化財調査報告書』中山町教育委員会
西岡義貴　1994　「下市遺跡」『山口県埋蔵文化財調査報告』第169集　山口県教育委員会
　　　　　2002　「吉永遺跡(Ⅳ地区)」『山口県埋蔵文化財センター調査報告』第33集山口県埋蔵文化財センター
西宮一民　1990　『上代祭祀と言語』桜楓社
西村彰滋　1983　『鳥取県羽合町長瀬高浜遺跡発掘調査報告書』Ⅳ　㈶鳥取県教育文化財団

西本豊弘　1993　『戸井貝塚』Ⅲ　北海道亀田郡戸井町教育委員会
西本安秀　2003　『吹田市五反島遺跡発掘調査報告書』吹田市教育委員会
西脇対名夫　1991　「青竜刀形石器ノート」『北海道考古学』第27輯　北海道考古学会
野口光比古　1987　「大谷谷窯跡」『四国縦貫自動車道埋蔵文化財発掘調査報告書』Ⅱ
　　　　　　　　　㈶愛媛県埋蔵文化財調査センター
野島　稔　2000　『奈良田遺跡・奈良井遺跡発掘調査概要報告書』四條畷市教育委員会
野田久男　1981　「土下229号墳」『鳥取県装飾古墳分布調査概要』鳥取県教育委員会
野田芳正　1989　「堺環濠都市遺跡発掘調査報告」『堺市文化財調査報告』第44集　堺市
　　　　　　　　教育委員会
野津佐馬之助　1926　『八束郡誌』八束郡
野中寛文　1987　「大門遺跡」『四国横断道自動車建設に伴う埋蔵文化財発掘調査報告』
　　　　　　　　第二冊　香川県教育委員会
野村史隆　1976　「三重県下の捕鯨漁具」『海と人間』4号　海の博物館
萩本　勝　1980　『大法3号墳（三塚谷古墳）発掘調査報告書』東伯町教育委員会
　　　　　1990　『白浜遺跡発掘調査報告』本浦遺跡群調査委員会
橋浦泰雄　1965　『熊野の太地　鯨に挑む町』熊野太地浦鯨史編纂委員会
橋口達也・副島邦弘　1980　「干潟遺跡Ⅰ」『福岡県文化財調査報告書』第59集　福岡県
　　　　　　　　教育委員会
羽柴雄輔　1916　「オースケコースケ」『郷土研究』4巻6号（谷川健一編　1996　『鮭・
　　　　　　　　鱒の民俗』日本民俗文化資料集成19）
橋本裕行　1994　「弥生時代に内在する象徴性について」『原始の造形』日本美術全集第
　　　　　　　　1巻
畑　暢子　2000　「河内平野遺跡群の動態Ⅷ」『近畿自動車道天理～吹田線建設に伴う埋
　　　　　　　　蔵文化財発掘調査報告書』大阪府教育委員会・㈶大阪府文化財調査研
　　　　　　　　究センター
畑中　寛　1994　「世界のタコを食べまくる日本人」『タコは、なぜ元気なのか』草思社
八戸市博物館　1992　『八戸のイカ釣』八戸市教育委員会
服部　寛・寒川　旭　2002　「住吉宮町遺跡第33次調査」『兵庫県文化財調査報告書』
　　　　　　　　第226冊　兵庫県教育委員会
服部美登里・上野　仁　1996　「箱作今池遺跡発掘調査報告書」『㈶大阪府文化財調査研
　　　　　　　　究ンター調査報告書』第14集　㈶大阪府文化財調査研究センター
花崎　徹　2005　「定留遺跡田畑地区」『中津市文化財調査報告』第35集
羽原又吉　1949　『日本古代漁業経済史』改造社
　　　　　1953　『日本漁業経済史』中巻1　岩波書店

羽原祐吉　1963　『漂流民』岩波新書
林　健介　1997　「古八幡付近遺跡」『一般国道9号江津道路建設予定地内埋蔵文化財発掘調査報告書』Ⅱ　島根県教育委員会
原　俊二　1992　『修理免本郷遺跡』大社町教育委員会
阪田育功　2000　「小島北磯遺跡」『㈶大阪府文化財調査研究センター調査報告書』第54集　㈶大阪府文化財調査センター
東森　晋　2000　「古八幡付近遺跡」『一般国道9号江津道路建設予定地内埋蔵文化財発掘調査報告書』Ⅲ　島根県教育委員会
兵庫県教育委員会　1994　『ひょうごの遺跡』15　埋蔵文化財調査事務所
平井直房　1989　『出雲国造火継ぎ神事の研究』大明堂
平井泰男　1998　「窪木遺跡2」『岡山県埋蔵文化財発掘調査報告書』124　岡山県教育委員会
平川啓治　1988　「タコ手釣り漁における漁撈文化の一側面」『日本民族・文化の生成』永井昌文教授退官記念論文集
平川　南　1995　「長崎県壱岐郡原の辻遺跡出土の木簡」『原の辻遺跡』長崎県教育委員会
平田部教育振興会　1952　『平田地方の実態』
広島県立三次高等学校史学部　1875　「『ワニ』の刺身を食べる地域について」『広島県三次盆地の民俗調査』第1集
廣瀬和雄　1981　『大園遺跡発掘調査概要』Ⅵ　大阪府教育委員会
深田　浩　1996　「島根県頓原町下山遺跡出土の屈折像土偶」『考古学雑誌』第81巻第4号
　　　　　　1998　「山陰地方の土偶」『考古学ジャーナル』435
冨加見泰彦　2003　「西庄遺跡」『都市計画道路西脇山口線道路改良工事に伴う発掘調査報告書』㈶和歌山県文化財センター
福井市教育委員会　2002　『免鳥5号墳現地説明会資料』
福井淳一　2006　「骨角製魚鉤状製品について」『考古学の諸相Ⅱ』坂詰秀一先生古希記念会
副島和明　1995　「原の辻遺跡」『長崎県文化財調査報告書』第124　長崎県教育委員会
福本和夫　1960　『日本捕鯨史話』（新装版　法政大学出版局　1978）
藤田　淳　1998　「出石町袴狭遺跡出土の「箱形木製品」について」『考古学ジャーナル』432
藤田　等　1987　「島根県　古浦遺跡」『探訪　弥生の遺跡』西日本編　有斐閣選書
　　　　　　2005　『古浦遺跡』鹿島町教育委員会

藤本英夫　1977　「サケを漁る太古の人々―サケ文化への序論―」『消えた縄文人』産報デラックス99の謎　第2巻第3号
藤好史郎　1990　「下川津遺跡」『瀬戸大橋建設に伴う埋蔵文化財発掘調査報告書』Ⅶ　香川県教育委員会・㈶香川県埋蔵文化財調査センター
堀　維孝　1920　「上古の伝説に見えたる鰐」『輔仁会雑誌』第112　学習院大学輔仁会
前迫亮一・森田郁朗　2003　「中原遺跡」『鹿児島県立埋蔵文化財調査センター発掘調査報告書（54）』鹿児島県立埋蔵文化財センター
前田佳久　2002　「寺田遺跡発掘調査報告書第127・130・132・133地点」『芦屋市文化財調査報告書』第45集　芦屋市教育委員会
　　　　　　2003　「寺田遺跡発掘調査報告書132・133・137・139・141・142地点」『芦屋市文化財調査報告』第46集　芦屋市教育委員会
前山精明　1985　『城願寺跡・防ヶ入墳墓』巻町教育委員会
槇島隆二・坂本嘉弘　2003　「野村台遺跡」『大分県文化財調査報告書』第156輯　大分県教育委員会
牧田公平　2001　「沖丈遺跡」『主要地方道川本波多線道路改良工事に伴う埋蔵文化財発掘調査報告書』島根県邑智町教育委員会
牧本哲雄　1996　『桂見遺跡』㈶鳥取県教育文化財団
益田　晃　1989　「長山長籠遺跡」『溝口町埋蔵文化財調査報告書』第5集　溝口町教育委員会
益田雅司　2002　「太田・黒田遺跡第46次調査」『和歌山市内遺跡発掘調査概報』和歌山市教育委員会
枡本　哲　2002　「磯ノ上十ノ坪遺跡」『大阪府埋蔵文化財調査報告』2001-4　大阪府教育委員会
松尾信裕　2004　『大阪城下町跡Ⅱ』㈶大阪市文化財協会
松尾法博　1985　「御手洗古墳・鬼ノ口古墳」『呼子町文化財調査報告書』第3集　呼子町教育委員会
松尾充晶　2006　「青木遺跡Ⅱ」『国道431号道路改築事業（東林木バイパス）に伴う埋蔵文化財発掘調査報告書』Ⅲ　島根県教育委員会
松永泰彦　1995　『原の辻遺跡』長崎県教育委員会
松本岩雄　1983　『寺床遺跡調査概報』東出雲町教育委員会
　　　　　　1986　「原始・古代の美保関」『美保関町誌』美保関町
松本岩雄・三宅博士　1992　「小才遺跡」『中国横断自動車道広島浜田線建設予定地内埋蔵文化財発掘調査報告書』Ⅳ　島根県教育委員会
松本和男　1999　「加茂政所遺跡・高松原古才遺跡・立田遺跡」『岡山県埋蔵文化財発掘

調査報告』138　日本道路公団中国支社津山工事事務所・岡山県教育委員会

真鍋篤行　1993　「瀬戸内地方出土土錘の変遷」『瀬戸内地方出土土錘調査報告書（Ⅱ）』瀬戸内海歴史民俗資料館

真鍋昌宏・横田周子　1987　「矢ノ塚遺跡」『四国横断自動車道建設に伴う埋蔵文化財発掘調査報告』第3冊　香川県教育委員会

馬淵義則　1985　『上種第5遺跡発掘著差報告書』大栄町教育委員会

丸山　潔　1990　『楠・荒田町遺跡Ⅲ』神戸市教育委員会

三木　弘・城野博文　1994　「男里遺跡」『大阪府埋蔵文化財協会調査報告書』第83輯　㈶大阪府埋蔵文化財協会

水野　祐　1983　「出雲の四浦と古代の水軍」『出雲国風土記論攷』早稲田大学古代史研究会

三谷文夫　1960　「ブリの漁業生物学的研究」『近畿大学農学部紀要』第1号　近畿大学農学部

宮崎哲治　2005　「前田東・中村遺跡Ⅱ」『四国横断自動車道建設に伴う埋蔵文化財発掘調査報告』第55冊　香川県教育委員会

宮下　章　1974　『海藻』ものと人間の文化史11　法政大学出版局

宮田栄二・平木場秀男　2005　「大島遺跡」『鹿児島県立埋蔵文化財センター発掘調査報告書（80）』鹿児島県立埋蔵文化財センター

みよし風土記の丘　1984　「江の川の漁撈」『昭和58年度江の川水系の漁撈民俗文化財調査報告書』みよし風土記の丘友の会

　　　　　　　　　1985　「江の川の漁撈」『昭和59年度江の川水系の漁撈民俗文化財調査報告書』みよし風土記の丘友の会

向井祐介　2005　「漁具」『紫金山古墳の研究』京都大学大学院文学研究科

宗岡克英　2003　「森遺跡・白金原遺跡」『鹿児島県立埋蔵文化財センター発掘調査報告書（55）』鹿児島県立埋蔵文化財センター

村尾政人・白谷朋世　1998　『大開遺跡』大開遺跡調査団

村上恭通　2001　「沖丈遺跡出土の鉄製品について」『沖丈遺跡』邑智町教育委員会

村上富貴子　2000　「大和川今池遺跡（その1・その2）」『㈶大阪府文化財調査センター調査報告書』第53集　㈶大阪府文化財調査研究センター

室賀照子　1981　「出土真珠の科学的研究」『太安萬侶墓』奈良県教育委員会

物部茂樹　2001　「三須畠田遺跡」『岡山県埋蔵文化財調査報告書』156　岡山県教育委員会

　　　　　2002　「百間川米田遺跡4」『岡山県埋蔵文化財発掘調査報告』164　岡山県教

　　　　　　　　　　育委員会
森　浩一　1975　「近畿地方の隼人」『日本古代文化の探究・隼人』社会思想社
　　　　　　1987　「弥生・古墳時代の漁撈・製塩具副葬の意味」『海人の伝統』日本の古
　　　　　　　　　代8　中央公論社
森江直紹　1981　『防府市文化財調査年報』Ⅳ　防府市教育委員会
　　　　　　1984　『防府市文化財調査年報』Ⅵ　防府市教育委員会
森岡秀人　1998　「三条岡山遺跡」『芦屋市文化財調査報告』第36集　芦屋市教育委員会
　　　　　　1999　「若宮遺跡（第1・2地点）発掘調査報告書」『芦屋市文化財調査報告』
　　　　　　　　　第30集芦屋市教育委員会
　　　　　　2003　「寺田遺跡（第128地点）」『芦屋市文化財調査報告書』第47集　芦屋市
　　　　　　　　　教育委員会
森岡秀人・木南アツ子　1996　「芦屋市内遺跡発掘調査・月若遺跡」『芦屋市文化財調査
　　　　　　　　　報告書』第27集　芦屋市教育委員会
守岡利恵　2003　『古志本郷遺跡』Ⅵ　島根県教育委員会
森島中良　1787　『紅毛雑話』（菊池俊彦解説1980『紅毛雑話／蘭畹摘芳』江戸科学古典
　　　　　　　　　叢書）
森須和男　1998　「板絵着色瀬戸ヶ島捕鯨図」『浜田市の文化財』浜田市教育委員会
森田勝昭　1994　『鯨と捕鯨の文化史』名古屋大学出版会
森田喜久男　2006　「朝酌促戸の筌漁について」『古代文化研究』第14号　島根県古代文
　　　　　　　　　化センター
森田純一　1981　「梶山古墳」『鳥取県装飾古墳分布調査概報』鳥取県教育委員会
盛本　勲　1981　「奄美・沖縄地方における貝製魚網錘の研究」『物質文化』37　物質文
　　　　　　　　　化研究会
　　　　　　1982　「奄美・沖縄地方における貝製魚網錘の研究（その2）」『物質文化』38
　　　　　　　　　物質文化研究会
　　　　　　1988　「琉球列島の貝製魚網錘」『季刊考古学』第25号　雄山閣
諸橋轍次　1958　『大漢和辞典』巻9　大修館書店
八木　充　1987　「五・六世紀の出雲岡田山古墳太刀」『山陰史談』22号
安井良三　1991　「跡部遺跡発掘調査報告書」『㈶八尾市文化財調査研究会報告書』31
　　　　　　　　　㈶八尾市文化財調査研究所
安田　滋　2001　「御蔵遺跡（第4・6・14・32次発掘調査報告書）」『御菅西地区震災復
　　　　　　　　　興土地区画整理事業に伴う埋蔵文化財発掘調査報告書』神戸市教育委
　　　　　　　　　員会
柳田國男　1969　「阿也都古考」『定本柳田國男集』第18巻　筑摩書房

柳田國男	1974	『妹の力』角川文庫　改版四版
	1975	『一つ目小僧その他』角川文庫　改版四版
柳田康雄	1996	「徳永川ノ上遺跡Ⅱ」『一般国道10号線椎田道路関係埋蔵文化財調査報告』第7集　福岡県教育委員会
矢野憲一	1979	『鮫』ものと人間の文化史35　法政大学出版局
	1981	『魚の民俗』雄山閣
	1989	『鮑』ものと人間の文化史62　法政大学出版局
山内清男	1964	「日本先史時代概説」『日本原始美術』Ⅰ　講談社
山内紀嗣	1982	「長門国分寺」『長門国府周辺遺跡発掘調査報告』Ⅴ　下関市教育委員会
山浦　清	2004	「日本列島雌型銛頭の系譜問題と韓半島」『北方狩猟・漁撈民の考古学』同成社
山岡邦章	2000	「春木宮ノ上遺跡」『岸和田市埋蔵文化財発掘調査報告書』9　岸和田市教育委員会
山口信義	1980	「勝円B遺跡—北九州市小倉南区大字曽根所在—」『北九州市文化財調査報告書』第38集　㈶北九州市教育文化事業団・北九州市教育委員会
	1991	「上清水遺跡Ⅱ区」『北九州市埋蔵文化財調査報告書』第100集　㈶北九州市教育文化事業団埋蔵文化財調査室
	2000	「北方遺跡」『北九州市埋蔵文化財調査報告書』第251集　北九州市教育文化事業団埋蔵文化財調査室
山崎純男	1985	「多々良込田遺跡Ⅲ」『福岡市埋蔵文化財調査報告書』第121集　福岡市教育委員会
山崎純男他	1993	『海の中道遺跡』海の中道遺跡発掘調査実行委員会・朝日新聞社西部本社
山田真宏	1995	『桂見遺跡発掘調査報告書』㈶鳥取市教育福祉振興会
山手誠治	1997	「大積前田遺跡」『北九州市埋蔵文化財調査報告書』第201集　㈶北九州市教育文化事業団埋蔵文化財調査室
	2004	「朽網南塚遺跡4」『北九州市埋蔵文化財調査報告書』第318集　㈶北九州市芸術文化振興財団埋蔵文化財調査室
山中英彦	1978	『貝島古墳群』北九州市教育委員会
山本　彰	1978	『大園遺跡・古池北遺跡発掘調査概要』大阪府教育委員会
山本　清	1956	「集落の発達」『八束村誌』八束村
	1963	『島根の文化財』島根県教育委員会
	1971	「山陰の須恵器」『山陰古墳文化の研究』

山本ひろみ　2004　「古城遺跡」『豊田市埋蔵文化財発掘調査報告書』第23集　豊田市教育委員会
山本雅和　2002　『深江北町遺跡（第9次）埋蔵文化財発掘調査報告書』神戸市教育委員会
山本素子　2000　『八丁池遺跡　本村・横内遺跡』香川県教育委員会・㈶香川県埋蔵文化財調査センター
山本義信　1997　「東禅時・里山遺跡Ⅱ」『山口県教育財団埋蔵文化財調査報告』第3集　㈶山口県教育財団
　　　　　1999　「大浦古墳群・梅ヶ崎古墳群」『山口県埋蔵文化財センター調査報告』第11集　山口県埋蔵文化財センター
柚原恒平　1990　「隠岐島発見の大型石錘について」『隠岐の文化財』第8号　隠岐島前教育委員会・隠岐島後教育委員会
　　　　　2004　「外浜遺跡」『島根考古学会誌』第20・21集合併号　島根考古学会
湯村　功　2002　「青谷上寺地遺跡4」『鳥取県教育文化財団調査報告書74』㈶鳥取県教育文化財団
横山浩一・山崎純男　1982　「海の中道遺跡」『福岡市埋蔵文化財調査報告書』87集　福岡市教育委員会
吉岡博之　2002　『浦入遺跡群発掘調査報告書（遺物図版編）』舞鶴市教育委員会
吉田東明　1998　「下唐原宮園遺跡」『一級河川山国川築堤関係埋蔵文化財調査報告書2』福岡県教育委員会
吉原友吉　1976　「丹後国伊根浦の捕鯨」『東京水産大学論集』第11号
米田美恵子　1995　「白枝荒神遺跡出土の絵画土器」『動物考古学』第4号　動物考古学会
若狭　徹　2002　「古墳時代における鵜飼の造形—その歴史的意味—」『動物考古学』第19号　動物考古学研究会
和久田幹夫　1989　『舟屋むかしいま—丹後・伊根浦の漁業小史—』あまのはしだて出版
和田晴吾　1982　「弥生・古墳時代の漁具」『考古学論考』小林行雄博士古希記念論文集刊行委員会
渡辺　誠　1984　『縄文時代の漁業』雄山閣考古学選書7
　　　　　1986a「勒島のタコ釣具」『ちょっとそこまで』第2号　民具と考古学の会々報
　　　　　1986b『考古資料ソフテックス写真集』第1集　名古屋大学考古学研究室
　　　　　1987　『考古資料ソフテックス写真集』第2集　名古屋大学考古学研究室
　　　　　1988　『考古資料ソフテックス写真集』第3集　名古屋大学考古学研究室
　　　　　1989a『考古資料ソフテックス写真集』第4集　名古屋大学考古学研究室

        1989b 「日間賀島北地古墳群出土のサメ釣針」『考古学の世界』新人物往来社
        1989c 「西川津遺跡出土漁具の文化史的背景」『朝酌川河川改修工事に伴う西
              川津遺跡発掘調査報告書』Ⅴ　島根県教育委員会
        1990 『考古資料ソフテックス写真集』第5集　名古屋大学考古学研究室
        1991 『考古資料ソフテックス写真集』第6集　名古屋大学考古学研究室
        1992 『考古資料ソフテックス写真集』第7集　名古屋大学考古学研究室
        1993a 「鉄製釣針の製作用具」『考古論集』塩見浩先生退官記念事業会編
        1993b 『考古資料ソフテックス写真集』第8集　名古屋大学考古学研究室
        1994 『考古資料ソフテックス写真集』第9集　名古屋大学考古学研究室
        1995a 『考古資料ソフテックス写真集』第10集　名古屋大学考古学研究室
        1995b 「朝鮮海峡における漁民の交流」『日韓交流の民族学』名古屋大学出版
              会

韓 国

李　殷昌　1975　「味鄒王陵地捆區第10浜區城皇南洞第110號古墳発掘調査報告」『慶州
                地區古墳発掘調査報告書』第一輯　文化財管理局慶州史蹟管理事務所
金　正完　1987　「陜川磻渓堤古墳群」『陜川ダム水没地區発掘調査報告』1　國立晋州
                博物館
朴東百・秋淵植　1988　「陜川苧浦里B古墳群」『昌原大学博物館学術調査報告第二冊』
                昌原大学博物館
朴　僧規　1998　「高霊池山洞30号墳」『嶺南埋蔵文化財研究院学術調査報告』第13冊
                ㈳嶺南埋蔵文化財研究院
朴　九秉　1987　『韓半島沿岸捕鯨史』
黄壽永・文明大　1988　笹山炫球訳「蔚州大谷里岩壁彫刻・盤亀台第二岩壁彫刻」『地域
                文化研究』第3号　梅光女学院大学地域文化研究所
              1989　笹山炫球訳「蔚州大谷里岩壁彫刻・盤亀台第二岩壁彫刻」『地域
                文化研究』第4号　梅光女学院大学地域文化研究所
              1991　笹山炫球訳「蔚州大谷里岩壁彫刻・盤亀台第二岩壁彫刻」『地域
                文化研究』第6号　梅光女学院大学地域文化研究所
伊　容鎭　1989　『臨河ダム水没地域文化遺跡発掘調査報告書』(Ⅱ)慶北大学博物館
任　世權　1989　「安東安幕洞古墳」『安東大学博物館叢書』5　安東大学博物館
張　容碩　2004　「大邱―釜山間高速道路工事區間内　大邱 佳川洞遺跡」『嶺南埋蔵文化
                財研究院学術調査報告』第78冊　㈳嶺南埋蔵文化財研究院
崔　夢龍　1976　『馬山外洞城山貝塚発掘調査報告』文化広報部　文化財管理局

あとがき

　本書に収録した論文の作成にあたっては数え切れないほどの人々のご協力を得ている。それだけでも一冊の本になりそうである。その中でもとりわけお世話になった方々や関係機関のお名前を以下に記して謝意を表したい（五十音順）。

　東和幸、穴沢義功、荒井秀規、アンディス・カールキビスト、池田哲夫、伊藤実、稲田信、井之本秦、今泉潔、入江文敏、上谷昌巳、上田久充、内田陽治、江上幹幸、江川幸子、江尻守人、大上周三、大竹憲治、大橋康二、大浜永亘、岡本登見雄、尾崎葉子、片岡詩子、勝部正郊、金坂武一郎、金田明大、金築繁蔵、河瀬正利、河村吉行、木下尚子、久保和士、古賀信行、小林覚、榊原信也、佐々木清隆、佐々木謙、庄司正実、関和彦、関口広次、千家和比古、太地亮、高橋紀男、高安克己、瀧音能之、土屋幹雄、常松幹雄、中園成生、中野萌、中村諄子、永田公夫、西尾良一、西本豊弘、西脇対名夫、秦愛子、平賀大蔵、深澤芳樹、藤田等、藤原義光、飛田恵美子、間壁忠彦、増岡磯市、松井章、松本強、真野修、三田健一、村尾秀信、盛本勲、屋賀部忍、山浦清、山崎純男、山本清、由木雄一、柚原恒平、渡辺貞幸、渡辺誠

　なお、本書をまとめるにあたって島根県埋蔵文化財調査センターの久保田一郎氏と熊本大学教授の甲元眞之先生に全般にわたりご指導をいただいた。衷心より感謝したい。最後になったが出版の便宜を図っていただいた同成社の山脇洋亮社長に篤く御礼申し上げる次第である。

　　平成20年11月

　　　　　　　　　　　　　　　　　　　　　　　　　　　内田　律雄

初出一覧

本書は以下の既発表論文に修正を加えて成稿した（掲載のない節は新稿）。
第1章
　第1節
　　「鉄製釣針の出現」『古代文化研究』第4号　島根県古代文化センター　1996
　第2節
　　「古浦遺跡の疑似餌」『古浦遺跡』島根県鹿島町教育委員会　2005
　第3節
　　「イカ釣具の成立と展開」『外浜遺跡埋蔵文化財発掘調査報告書』島根県西ノ島町教育委員会　2000
　第4節
　　「古代出雲の延縄漁」『貝塚』41　物質文化研究会　1988
　第7節
　　「近世捕鯨銛の成立と展開」『日本海域歴史大系』第5巻近世篇Ⅱ　清文堂　2006
第2章
　第1節
　　「鮭を食わぬ村―西日本におけるサケ・マス論ノート―」『青山考古』第16号　青山考古学会　1999
　第2節
　　「内水面漁業における土製魚網錘―宍道湖の浮子付刺網用土錘の調査―」『考古論集（河瀬正利先生退官記念論文集）』退官記念事業会　2004
　第3節
　　「いわゆる「朝酌促戸渡」と熊野大神」『出雲古代史研究』第3号　出雲古代史研究会　1993
　第4節
　　「魚網錘を出土する古墳」『青山考古』第23号　青山考古学会　2006
第3章
　第2節
　　「中海・美保湾の蛸壺漁」『季刊文化財』第69号　島根県文化財愛護協会　1990
　　「日本海のタコ釣具」『古代文化研究』第2号　島根県古代文化センター　1994
　第3節
　　「『出雲国風土記』意宇郡条安来郷のいわゆる〈毘賣崎〉伝承について」『出雲古代史研究』第11号　出雲古代史研究会　2001
　　「河をのぼる和爾」『古代近畿と物流の考古学』学生社　2003

ものが語る歴史⑰
古代日本海の漁撈民

■著者紹介
内田律雄（うちだ　りつお）
1951年　島根県に生まれる
1975年　日本大学法学部政治経済学科卒業
1979年　青山学院大学文学部史学科卒業
現　在　島根県埋蔵文化財調査センター主幹

主要著作
『出雲国造の祭祀とその世界』（大社文化事業団 1998）
「古代出雲の塩と鉄」『出雲世界と古代の山陰』（名著出版 1995）
「『出雲国風土記』五烽」『風土記の考古学』（同成社 1995）

2009年2月5日発行

著　者　内　田　律　雄
発行者　山　脇　洋　亮
印　刷　モリモト印刷㈱

発行所　東京都千代田区飯田橋
　　　　4-4-8 東京中央ビル内　㈱同 成 社
　　　　TEL 03-3239-1467　振替 00140-0-20618

ⒸUchida Rituo 2009. Printed in Japan
ISBN978-4-88621-465-2 C3321